JN065938

古代の食を再現する

みえてきた食事と生活習慣病

三舟隆之・馬場 基[編]

吉川弘文館

は じ め に

　歴史学は，人間の過去の営為を対象とする学問であり，「人間」こそが研究の主対象である。その人間にとって「食べる」ことは必要で必然であるから，当然歴史学も「食」と切り離せない。日本古代史においても，これはまったく同様である。

　しかも，奈良時代，食は現在の我々が，現在の我々の生活のなかで直ちに想起するよりも，多様な意味と役割を担わされていた。古代官人たちは「給食」を「共食」することで帰属意識と連帯感を高めていたし，天皇と貴族たちは「宴席」で君臣関係を深めていた。

　さらには，諸国からの貢納食料品は，諸国と天皇のつながりを直截に表現する。国土の，それぞれの土地の，その土地の恵みの結晶である食物を，天皇が食して体内に取り入れること。それは，全国土が生み出すエネルギーを天皇の体内に取り入れていく行為にほかならない。そうしたわけで，「食す国の政」という言葉が使われる。食を知ることは，古代国家を知ることだ。

　天皇が摂取した全国のエネルギーは，神々にも捧げられる。あるいは，「お下がり」として天皇の仕え奉る人々に配分される。かくして，食に結晶化した国土の実りは，王と神々と，代々に仕え奉るミコからオホミタカラに至る全国民の紐帯とを確固たるものとし，その弥栄を支えていた。食を知ることは，古代社会を知ることだ。

　そして，律令法をはじめとする古代法律群が定める貢納品は多種多様であり，土中から出土する貢納品につけられていたタグ——いわゆる荷札木簡——に記された品々は実に幅広い。豊かな国土の，豊かな山野河海が生み出す豊穣の実りは，国土に住まう人々の命を豊かに満たしていた。

　はずなのだが。

　我々が今日手にすることができる，古代官人たちの健康状況をみると，なかなかに不健康だ。腹痛あり，皮膚病あり，できものあり，眼病あり。さらに，今日の新型コロナウィルス禍で改めて注目を浴びている天平7・9年のパンデ

1

ミックで露呈した栄養状態もまた，決して褒められたものではなさそうだ。これはどうしたことなのだろうか。

　繰り返そう。古代の食を知ることは，古代国家と社会を，知ることだ。だから，この大きなギャップを，しっかりと解明することには，大きな意義がある。

　幸い我々は，関根真隆氏になる『奈良朝食生活の研究』（吉川弘文館，1969 年）などの，古代食に関する優れた先行研究を知っている。そこでは，古代国家が「夢」として描く食とはいささか異なる，古代食生活の実相が描かれている。この成果を受けながら，関根氏が，「手を出せなかった」部分にも研究を及ぼして，今日の研究水準で，より先鋭な研究を展開し，より深く古代食を理解したい。

　例えば廣野卓『食の万葉集』（中公新書，1998 年）は，食材の栄養素に言及がある。ならば，食事全体での栄養的評価は，どうなるのか。近年は，自然科学的な分析で食物を推定する研究が驚異的な広がりをみせている。尾道龍男・足立秀滋氏は，料理人の立場から古代食復元に奮闘している。となれば，食品加工の実態にも迫れるのではないか。だがここにもさらに課題がある。1 万人に及ぼうという平城宮勤務の古代官人たちに，くまなく「食わせる」ための給食システムは，一体どういった設備で，どのように運営されていたのだろうか。さらには，食事の作法といった「食べ方」も，俎上に載せるべきかもしれない。食べ方は「食育」でも重要なポイントだ。問題の広がりも大きい一方，新たな研究手法が見いだされ，研究実績も積み重ねられてきている。

　古代食に対する，多様な研究分野や研究手法による総合的研究が可能になり，勃興し，求められる状況が，展開しつつある。古代食は「食べ物」なのに，「食べる」という行為があまりに動物的な欲求と直結しているためか，どうも「食べること」から切り離されて研究されてきた気がする。今ようやく，古代食研究が「皮膚感覚」を取り戻し，再び「人間」に近づきはじめた。

　本研究の代表者・三舟隆之は，東京医療保健大学に奉職しており，日常的に栄養学や調理学などの研究者と交流しており，この状況に向き合う最適任者である。かくして，本共同研究は産声を上げることになった。

　さて煮塩鮎の研究は，本共同研究に先立つ成果であるが，本書に至るまでの本共同研究の精神をよく示している。それは，安易な「融合」ではなく，各分

野がその専門を精一杯とがらせて，角を突き合わせるように議論を重ねながら「実験」を繰り返すことで，新たな発見と真の学問融合をめざす姿勢である。

　学際共同研究では，確たる問題意識，個々の十分な専門性，各分野間相互のリスペクト，そしてしなやかな感性とを兼ね備えることが必須である。本共同研究は，この点においてきわめて高い水準を誇り，本書にも現れていると自負している。

　実際には，食べること飲むことが大好きな研究代表者が，同僚諸氏を口車にのせて巻き込んだうえで，奈良の俗物に声をかけたところ，早速周辺の同類をかき集めてこれ幸いと合流して，みんなで大いに楽しんだ，という実情については，あまり深く触れないことにしよう。

　いずれにせよ，本書では新しい視点と方法で，日本古代食の解明に挑戦した。食文化研究にとどまらず，国家論・文化論，国民病研究など，幅広い波及・展開を期待している。ぜひ，お楽しみいただきたいと思う。

　It's a "Shoku" time!

馬　場　　基

目　　次

III 写経生の食事と生活習慣病

総論　古代食研究の歩みと課題

三 舟 隆 之

1　古代食研究の研究史と方法論

日本人は何を食べてきたのか──考古学からのアプローチ──

　人は，食べなければ生きては行けぬ。これは人類が誕生してから現代まで，不変の真理である。それゆえ，人類が何をどのように食べてきたかを知ることは，人類の歴史にとって大変重要なテーマとなる。しかし同時に食べ物は食べられることによって消費され，その瞬間食べ物は消滅する。だから食べ物そのものが残るということは，大変難しい。そのため，古代の日本人が何を食べてきたかということは，これまで考古学の分野からのアプローチが中心であった。それは主に遺跡から出土した遺物から判明するが，しかしそこから明らかになるのはあくまでも「食材」であり，どのように加工して食したかまでは，なかなかわからない。

　たとえば旧石器時代では，出土する遺物は主に打製石器であり，氷河期時代にはナウマン象やオオツノシカなどの大型獣が存在したことから考えれば，それらを狩猟を行って解体し，おそらく火で加熱したであろうということは想像に難くない。長野県野尻湖遺跡のように，ナウマン象の化石とナイフ形石器やスクレイパーなどの石器がともに見つかる例もある。そこから旧石器時代の人がナウマン象などの大型獣を食べていたと推測することはできるが，さてそのほかに何を食べていたかについては，ほとんどわからない。

　縄文時代になって気候が温暖化して海進が進むと，やがて縄文人は漁撈を行い，イノシシやシカなどの小型獣も食するようになったというよく聞く解説は，貝塚から出土する魚の骨や獣骨でできた釣り針などを根拠にしている。さらにドングリなどの堅果類を食していたことも石臼などの存在から明らかであ

る。しかしそれでも「どのように食べたか」を知るのは難しい。

　このように「古代の日本人が何を食べてきたか」というテーマについては，ほとんど考古学分野の研究に頼らざるをえない〔間壁 1979，佐原 1996，樋泉ほか 2007〕。またいわゆる食物史・食文化史・食生活史などの概説書も，これらの考古学分野の研究成果に依拠するところが大きい〔渡辺 1964，江原ほか 2009，石毛 2015〕。

民俗学や他分野からのアプローチ

　一方で民俗学分野からのアプローチも，日本の食文化を考えるうえで重要である。たとえば『日本の食文化』シリーズ 1〜6（吉川弘文館，2018〜19 年）なども，「日本人は何を食べてきたか」を考えるうえで重要な視点となる。さらに植物文化史の視点などの自然科学分野からのアプローチや〔松田 1984〕，『万葉集』などの文献にみえる食材を科学面から検証することも重要であろう〔廣野 1998〕。

　また，人類が自然環境のなかで生活しなければならない事実から，当然「何を食べたのか」を議論するには，「食性」（食物利用の習性）の視点も重要であろう〔南川 2014〕。最近では，アブラナ科の植物を中心に農学・植物学・アジア史・仏教史・考古学・日本古代史・日本中世史などの研究者が参集した学際的な研究の成果が現れており，今後の食文化研究を考えていくうえで，方法論的にも非常に大きな影響を与えるものと思われる〔武田ほか 2019〕。

　さらに調理学からのアプローチも，見逃すことはできない研究方法の 1 つである。古代食の復元を考えていくうえで，実際の調理を行って食材の実態を探ろうとする重要な研究方法も現れている〔樋口ほか 1986，奥村 2014 など〕。

文献史学からのアプローチ

　しかしやはり何を食べたのかがはっきりわかるのは，記録などの文献史料である。文献史料からの古代食の研究といえば，やはり関根真隆氏の研究である〔関根 1969〕。「正倉院文書」や『延喜式』にみえる古代の食品について検証したもので，これを超える研究はまだない。このように文献史料から古代の食材を再現した研究はほかにも多いが〔永山 1976，同 1998 など〕，やはり文献史料か

らの解釈が中心であり，実際に再現を試みたものではなく，文献史学分野でも古代食の実態については依然として不明である。その後平城宮などの都城から出土した木簡の研究が進んだことで，食材についてある程度わかるようになってきたが，どのように加工して保存し，どのように調理して食べたかは，古代の文献史料からだけではほとんどわからないのが現状である。そのため，文献史学分野における古代食研究は停滞し，食材や調理法・加工法など食事そのものの研究ではなく，大臣大饗などの儀式や古代社会の再現の方に力点を置かざるをえなかった〔佐藤 2008，吉野 2020〕。

新たな研究に向かって

　しかし近年，考古学の分野では土器の使用法に関する研究が注目される。これまで土器の研究は製作技法の研究が中心であったが，あらためて本来の「食器」「調理具」としての使用法を，土器の付着物や痕跡から検討する研究が行われている〔小林 2017，同 2018 など〕。

　一方で，動植物遺体や炭化種子の分析から古代食の実態に迫ろうという研究も始まっている〔櫛原 1999 など〕。さらに動物考古学の分野における骨や歯の化学分析研究〔山崎 2019，奈良文化財研究所 2016〕も，今後の古代食研究に応用される可能性をもつ。また，これまでは稲作の伝播に関して穀類を中心とした研究が多かったが，家畜利用からの総合的な研究もこれから重要になるであろう〔馬場 2015〕。さらに，土器の内面に付着したコゲを安定同位体比や蛍光Ｘ線で分析するなど，理化学的な分野でも研究が始まっている。とくに今後は，「土器残存脂質分析」に代表される考古生化学的な研究方法が注目されるであろう。さらにこの研究方法は国内にとどまらず，イネ・コムギ・オオムギなどの穀物全体をどのように扱ったかという考古植物学的なテーマとして，ユーラシアから東南アジア・東アジアを含む国際的な研究にも発展する可能性がある〔庄田 2019〕。

　我々の祖先たちが「何を，どのように食べてきたか」を知るためには，当然土器の「食器」「調理具」としての本来の使用法を知り，「食材」を調理して土器の上に盛られた「料理」を推定することも重要であるが，人間の摂理として「口」から入ったモノは当然身体の外へ出ていく。そこで近年ではトイレ遺構

の検出とその土壌分析により花粉や寄生虫卵を抽出し，そこから「何を食べていたのか」を検証しようという研究も現れている〔黒崎 2009 など〕。

　このように「日本人は何を食べてきたか」というテーマを明らかにするためには，従来のように文献史料を読み解くだけでは限界があり，民俗学や調理学・食品学などの分野もアプローチの方法として視野に入れる必要があろう。また考古学分野においても従来の遺物研究にとどまらず，理化学的な手法もあわせて応用することによって，新たな古代食研究の世界を切り拓くことができると思われる。

表　東京医療保健大学の古代食再現の試み

		研究課題名	発表年
(1)教員による古代食再現研究	1	文献から見た官衙と土器―饗宴と給食の観点から―	2015
	2	奈良時代写経所における「飯」の炊飯法の一考察	2015
	3	古代の調味料としての鰹色利―鰹色利における保存性―	2015
	4	土器片の分光分析からの古代食解明のアプローチ	2017
	5	写経所における給食の復元	2017
	6	古代食研究の現状と課題	2019
	7	大甕を使う	2019
(2)学生による卒業研究	1	長屋王邸宅跡出土木簡からみられる古代食について	2011
	2	古代日韓の酒の製造法の比較	2011
	3	万葉集に見える食材	2011
	4	木簡に見える鮎の加工法	2012
	5	楚割の復元	2014
	6	『延喜式』に見える古代の漬物の復元	2015
	7	古代における「糖（飴）」の復元	2015
	8	古代の堅魚製品の復元	2015
	9	古代における猪肉の加工と保存法	2016
	10	古代における鰒の加工・保存法とその成分	2016
	11	古代における「豉」の復元	2017
	12	『延喜式』に見える古代の酢の製法	2017
	13	古代史料に見える「大豆餅」「小豆餅」の復元実験	2018
	14	西大寺食堂院跡出土木簡に見える漬物の復元	2018
	15	古代の「醤」の復元	2019

2 古代食再現への挑戦——東京医療保健大学の試み——

古代食再現の研究へ

東京医療保健大学医療保健学部医療栄養学科では，2011年から「卒業研究」の授業で古代食の再現をテーマとしたゼミ（担当：三舟隆之）を立ち上げ，古代食再現研究を行ってきた。基本的には，木簡や「正倉院文書」・『延喜式』などの文献史料にみえる古代食がどのようなものであるかを再現するのが目的であり，そのため食品学・食品衛生学・調理科学・栄養学の教員の手を借りながら，文献史料にみえる食材を手がかりにさまざまな方法で，あるときは微生物実験

担当者・共著者	刊行物
三舟隆之	『官衙・宮都と土器』第18回古代官衙・集落研究会（奈良文化財研究所，2015年）
西念幸江・三舟隆之	『東京医療保健大学紀要』10-1，2015年
五百藏良・西念幸江・三舟隆之	〃
大道公秀	『東京医療保健大学紀要』12-1，2017年
三舟隆之	『正倉院文書研究』15，2017年
〃	『日本歴史』858，2019年
〃	『官衙・集落と大甕』第22回古代官衙・集落研究会（奈良文化財研究所，2019年）
高橋亜弓	未発表
牧田明有美	〃
賴高穂波	〃
大平知未	『木簡研究』35，2013年
湯本奈津子	未発表
土山寛子	『東京医療保健大学紀要』11-1，2016年
橋本梓	『国立歴史民俗博物館研究報告』209，2018年
中村絢子	『国立歴史民俗博物館研究報告』218，2019年
高橋由夏莉・内藤千尋	『東京医療保健大学紀要』12-1，2017年
及川夏菜	『古代文化』71-3，2019年
小松本里菜・今野里咲	『東京医療保健大学紀要』13-1，2018年
小嶋莉乃・小牧佳代	〃
高橋奈瑠海	未発表
佐藤彩乃・佐藤清香	〃
卯月保奈美・佐々木優・永田尚子	〃

なども行いながら，さまざまな古代食の調理法や保存法などの再現を試みてきた。方法論的には，実験考古学的な手法によるものと思っていただいてよい。その成果については前ページの表を参照していただきたい。また主な研究成果については，あらためて附編として本書に載せることにした。

共同研究の開始

　まずはじめに木簡からみた鮎の加工法について，研究方法を模索した〔三舟2013〕。その結果『木簡研究』に研究成果を掲載でき，それから調理学や食品学の教員とともに学内で古代食再現の勉強会が始まった。さらに奈良文化財研究所の木簡や土器，動物考古学の研究者に参加してもらえたところから共同研究が始まり，その後も毎年の卒業研究は，拙い研究成果ではあるが，『東京医療保健大学紀要』を中心に発表し，またタイミングよく国立歴史民俗博物館の共同研究「古代の百科全書『延喜式』の多分野協働研究」（研究代表者：小倉慈司）にも参加できたことから，古代食研究の環境を整えることができた。

　そして幸いにも科研費による研究も始まって（科学研究費助成基盤B「古代食の総合的復元による食生活と疾病の関係解明」課題番号：17H02393, 研究代表者：三舟隆之），古代史・考古学・食品学・調理学・栄養学などを含んだ，学際的な研究を始めることができ，さらに，科学研究費助成基盤A「東ユーラシア東辺における古代食の多角的視点による解明とその栄養価からみた疾病」（課題番号：20H00033, 研究代表者：三舟隆之）が採択され，古代食の再現研究を継続的に発展させることができている。

3　古代食研究の問題点

古代の度量衡

　とはいえ，課題は山積している。まず一番の問題は，木簡にしろ「正倉院文書」にしろ食品・食材名しか記されておらず，加工・保存法や調理法がわからない点である。なかでも度量衡の問題は大きい。

　たとえば「正倉院文書」の瓜の漬物に関する記述では，「醤一斗五升〈六升瓜漬料〉」（天平宝字2年〈758〉食物用帳『大日本古文書』13-298, 以下『大日古』と略）

とあるが，醬（ひしお）が液体であるとすれば升という容積で量っている。しかし一方で
茄子の漬物に関する「（塩）四斗四升茄子十一石漬料〈斗別四合〉」（宝亀 2 年
〈771〉奉写一切経所解『大日古』6-233）をみると，茄子という固形物が重量や数
ではなく容積の升で量られている。また瓜の場合でも「瓜一百果別塩二升」（天
平 11 年〈739〉写経司解『大日古』7-273）とあり，果（顆）という個々の単位で数
えられているのに，塩漬けに使用する塩は「又塩六升〈瓜漬料〉」（天平宝字 2 年
食物用帳『大日古』13-312）とある。瓜や茄子を塩漬けにした漬物の存在は，「正
倉院文書」や『延喜式』だけでなく木簡からも明らかなのに，これでは再現し
ようにも計測単位が異なってしまっていて，塩分濃度を決めることができな
い。

　現在の食材は重量，すなわちキログラムやグラムで計るが，古代ではなぜか
容積の升を用いている。そのため実験を行う際，容積を重量に換算しなければ
ならないが，食材の性質を測るうえでは当然誤差が生じる。このように古代食
を実際に再現するのは，かなり困難なのである。

失敗と成功

　同じことは『延喜式』にもいえる。『延喜式』造酒司造雑給酒及酢法条には
「酢一石料。米六斗九升，糵（もやし）四斗一升，水一石二斗」とあって酢の原料が記さ
れているが，この通りの分量比で製造したところ，ほとんどが発酵せず腐敗し
てしまった。しかし米を酒米に変え，また同条にある「経レ旬為レ醋，並限二四
度一」を四段仕込みとみて実践したところ，発酵に成功した〔小嶋ほか 2018〕。
とすると平城宮跡造酒司地区から「酒米」「赤米」と書かれた木簡の出土が集中
するのは，発酵に適した米を古代でもすでに知っていた可能性があることを示
している。また発酵には技術や経験が必要とすれば，職員令造酒司条にみえる
酒部や酒戸のような，現在の杜氏のような専門工人がいなければできないこと
も判明した。同時に甕据え付け建物の存在も，発酵には合理的であることもわ
かった〔三舟 2019〕。

　一方，『延喜式』にみえる「糖（飴)」をその分量比通りに再現したところ，糵
（麦芽）を用いたものが米麹や麦麹を用いたものよりも糖度が高く，『延喜式』の
製法が正しいことを証明することができたが，その製法については民俗事例な

ど現在の製法も参照した〔三舟・橋本 2018〕。保存法や調理法については，料理書としてまとまるのはやはり江戸時代なので，その頃の料理書や民俗事例を参考にせざるをえないが，それが古代までさかのぼるかについては当然批判が生じるであろう。しかし食材の性質が変わらない限り最も合理的な方法を用いるのは当然であり，その特性をすでに古代の人々は知っていたと考えられる。

　たとえば市販品を使って「堅魚煎汁」の保存性を実験し，その後実際に鰹の煮汁を煮込んで煎汁を作ってみたが，現在の製法のようにアラも入れて煮込む方が塩分濃度が上がって長く保存ができることがわかった〔五百藏ほか 2015，三舟・中村 2019〕。また『令集解』に「謂，熟煮汁曰レ煎也，（中略）醤類也」とあるが，成分分析の結果からも調味料として有効であることが判明した。これなどは，文献史料だけではなかなかわからない例である。

　反対に，史料からその食品を知る手がかりがえられる例もある。飛鳥京跡苑池遺構から出土した七世紀後半の木簡には「病斉下甚寒薬師等薬酒食教豉酒」とあり，「豉（くき）」が薬として使用されている。『延喜式』にみえる「豉」は一般には納豆と考えられているが，同じ納豆でも我々が普段食する「糸引き納豆」と，「大徳寺納豆」に代表される「寺納豆」がある。そこでそれぞれの製造方法にそって古代の「豉」を再現して成分分析を行った結果，「寺納豆」の方がアミノ酸類が多く薬効があると思われ，「豉」がどのような食品であるかを推測する一助となる〔小松本ほか 2018〕。同様に木簡や『延喜式』にみえる鰒の種類は多いが，加工法という観点からみればかなり限定されると思われ，鰒の製品名は古代では統一されていなかった可能性がある〔三舟・及川 2019〕。

　このほか，学生と一緒に猪肉や鰒の加工法を再現し，あわせて成分分析や微生物実験なども行うなど，本学の教員や共同研究者を巻き込んで，さまざまな観点から古代食の再現を行っている。ただし必ずしも成功するとは限らず，失敗して腐敗した食品の処理は涙なしには語れない。ほとんどの実験が失敗から始まるが，ところがその過程のなかで史料をもう1度見直すと，新たな発見があることもある。現在，木簡や『延喜式』にみえる生鮭はどれくらい保存が利くかを，奈良文化財研究所の動物考古学の研究員と共同で実験しているが，そこで注目されたのは『延喜式』ではわさびが生鮭と一緒に出てくることであった（本書第Ⅰ部参照）。わさびの辛味成分のもとになっているアリルイソチオシ

アネートには高い制菌作用があることがわかっており，貢納される生鮭の保存に用いられていた可能性を実証しようとしている。

また同時に土器の使用痕やコゲの分析も行い，土器をどのように調理具として利用したかという，調理法の研究も進めている。とくに調理法については土器の器形や性質とも関係するので，現在モデル土器を製作し，それによる調理実験を行っている。

古代食の再現へ

さらに最終的には，実際それらを食した場合，どれだけ日常の疾病と関係するのかという，古代の生活習慣病の解明までを目指している。写経生の病気については従来から職業病とされてきたが〔新村 1973，丸山 1998〕，今回の報告では，写経生の給食とその栄養状態を調べ，「正倉院文書」に残る写経生の「請暇解」にみえる病気との関係を追究した結果，生活習慣病の可能性を考えている。しかし，そもそも写経所の給食では仏教上の関係から，魚や肉類などは禁忌の関係で食材にはみえない。そのため特殊な環境にあり，これを古代の人すべてに一般化するには少々問題があるのでは，と考えている。

今後の研究の目標としては，ユーラシア東辺・東アジアとの関係も考慮したいと考えている。とくに中国の百科全書『斉民要術』にはさまざまな調理・加工などの情報があるので，それがどのように日本に伝播してきたのか，食材の加工法・調理法への影響を検討し，東アジアのなかで古代の「和食」を考える必要があろう。

参考文献

五百蔵良・西念幸江・三舟隆之 2015「古代の調味料としての鰹色利―鰹色利における保存性―」『東京医療保健大学紀要』10-1

石毛直道 2015『日本の食文化史』岩波書店

江原絢子・石川尚子・東四柳祥子 2009『日本食物史』吉川弘文館

奥村彪生 2014『増補版日本めん食文化の 1300 年』農山漁村文化協会

櫛原功一編 1999『食の復元―遺跡・遺物から何を読みとるか―』(帝京大学山梨文化財研究所研究集会報告集 2)岩田書院

黒崎直 2009『水洗トイレは古代にもあった』吉川弘文館

小嶋莉乃・小牧佳代・峰村貴央・五百藏良・三舟隆之 2018「『延喜式』に見える古代の
　　酢の製法」『東京医療保健大学紀要』13-1

小林正史編 2017『モノと技術の古代史　陶芸編』吉川弘文館

小林正史 2018「総論　古墳時代・古代の米蒸し調理」『物質文化』98

小松本里菜・今野里咲・峰村貴央・西念幸江・三舟隆之 2018「古代における「豉」の
　　復元」『東京医療保健大学紀要』13-1

佐藤全敏 2008『平安時代の天皇と官僚制』東京大学出版会

佐原真 1996『食の考古学』東京大学出版会

庄田慎矢編著・訳 2019『アフロ・ユーラシアの考古植物学』クバプロ

新村拓 1973「写経生と病気」『日本医史学雑誌』19-2

関根真隆 1969『奈良朝食生活の研究』吉川弘文館

武田和哉・渡辺正夫編 2019『菜の花と人間の文化史―アブラナ科植物の栽培・利用と
　　食文化―』勉誠出版

谷口榮・山崎健・丸山真史編 2014『季刊考古学　歴史考古学における水産資源の研究』
　　128，雄山閣出版

永山久夫 1976『たべもの古代史』新人物往来社

永山久夫 1998『日本古代食事典』東洋書林

奈良文化財研究所編 2016『藤原宮跡出土馬の研究』（奈良文化財研究所研究報告 17）

馬場基 2015「古代日本の動物利用」松井章編『野生から家畜へ』ドメス出版

原田信男 2016『和食の歴史』（和食文化ブックレット 5）思文閣出版

樋泉岳二・田村晃一・木下正史・河野眞知郎・堀内秀樹 2007『食べ物の考古学』学生
　　社

樋口清之・奥村彪生・荻昌弘 1986『復元万葉びとのたべもの―奈良時代にさかのぼる
　　食文化の形成―』みき書房

廣野卓 1998『食の万葉集―古代の食生活を科学する―』（中公新書）

間壁葭子 1979「食生活」大塚初重ほか編『日本考古学を学ぶ』2，有斐閣

松田修 1984『自然を食べよう　古典にみられる古代食の話』集英社

丸山裕美子 1998「写経生の病気と治療」『日本古代の医療制度』名著刊行会

南川雅男 2014『日本歴史私の最新講義　日本人の食性―食性分析による日本人像の探
　　究―』敬文舎

三舟隆之 2013「木簡に見える鮎の加工法」『木簡研究』35

三舟隆之 2017「写経所における給食の復元」『正倉院文書研究』15

三舟隆之 2019「大甕を使う」『官衙・集落と大甕』（第 22 回古代官衙・集落研究会報告書）奈良文化財研究所

三舟隆之・橋本梓 2018「古代における「糖（飴)」の復元」『国立歴史民俗博物館研究報告』209

三舟隆之・中村絢子 2019「古代の堅魚製品の復元—堅魚煎汁を中心として—」『国立歴史民俗博物館研究報告』218

三舟隆之・及川夏菜 2019「古代における鰒の加工・保存法とその成分」『古代文化』71-3

山崎健 2019『農耕開始期の動物考古学』六一書房

吉野秋二 2020『古代の食生活—食べる・働く・暮らす—』（歴史文化ライブラリー）吉川弘文館

渡辺実 1964『日本食生活史』吉川弘文館

I　古代の食材と税

1 『延喜式』にみえる食品とその特徴

小 倉 慈 司

1 『延喜式』とは

　本章では，『延喜式』という史料にどのように食品が登場するのかということについて紹介したい。

　『延喜式』は10世紀に編纂された法典である。古代日本の主要法典は，「律」「令」「格」「式」の4種類よりなるが，『延喜式』はそのうちの「式」にあたる。延喜年間（901～923）初頭に編纂が始まり，延長5年（927）にいったん，天皇に奏進，その後，修訂作業が続けられ，最終的には康保4年（967）に施行された。わかりやすくいえば，古代の役人にとっての業務マニュアルにあたる。全50巻，条文数にして約3,540条，総文字数およそ38万7,000字弱よりなる。200頁ぐらいの文庫本に換算すれば，おおよそ4冊程度の分量になる。巻第1～10には神祇祭祀関係の内容が収められ，巻第11以下は太政官，中務省，式部省など官司ごとに規程がまとめられている。具体的には宮中祭祀，諸国神社のリスト，諸国の交通路や門の開閉時刻など諸官司における事務規程，帳簿の書式，宮中で使用される物品の原材料，諸国からの貢納品リストなどである。このように古代国家の運営に関わるさまざまなことが記されていることから，百科全書的性格ももっている。

　『延喜式』に先行する「式」には『弘仁式』『貞観式』があった。『弘仁式』は全官司にわたって初めて法典としてまとめられた式であり，9世紀前半に編纂された。『貞観式』は，『弘仁式』以降の改訂について編纂され，貞観13年（871）に完成施行された。この『弘仁式』と『貞観式』をまとめ，さらにその後の改訂を取り入れたのが，『延喜式』ということになる。

　このように『延喜式』は，たんなる法典にとどまるものではなく，古代日本

社会を考えるうえでの重要資料と位置づけられるが，利用にあたっては特に次の点に注意する必要がある。

　1つは『延喜式』が「業務マニュアル」であるために，後世の人間にとってはわかりにくい面があるということである。たとえば物品製作についてみてみると，巻第17には宮中で使用する物品を製作する官司である内匠寮に関する規程が収められている。そのなかに「天皇御璽」の印文をもち諸国に下される公文書に捺される銅印である内印の鋳造についての規定が記されているが，それによれば，内印を造るには，精錬された銅が1斤8両（約1kg），錫が3両（約126g），蜜蠟が3両，調布が2尺（長さ約60cm），荒炭（堅い炭）が3斗（約24ℓ），和炭（やわらかい炭）が2斗（約16ℓ）必要とされ，作業量は日が長い時期の1日換算で7人分（その内訳は蜜蠟で印の型を作るのに2人分，鋳造に2人分，鋳造後に磨くのに3人分），中程度の時期で8と3分の1人分，短い時期で9と3分の2人分であるという。記されているのはこれだけであり，これに考古学や後世の鋳造技術についての知見を加味して，実際の制作過程を考える必要がある。

　もう1つは，先ほど述べたように，『延喜式』が『弘仁式』と『貞観式』をもとにして編纂されたという点である。『延喜式』編纂にあたっては，もちろん『貞観式』以降の変化にも気が配られているものの，『弘仁式』と『貞観式』に由来する部分がかなりの割合を占めていると推測される。そうした部分については『弘仁式』や『貞観式』段階（あるいはそれ以前）の内容を含んでおり，単純に10世紀段階の内容と考えることはできないのである。

　以上の2点に注意しつつ，次節では『延喜式』にみえる食品について検討を加えたい。

2　『延喜式』にみえる食品

『延喜式』にみえる食品を，その記され方によって分けると，大きく5つに分類できる。

A　祭祀の幣帛・神饌，釈奠の供物
1つめは，祭祀の幣帛や神饌，また釈奠（孔子などを祭る儒教の祭祀）の供物と

してあげられているものである。神饌や釈奠供物はもちろんのこと，幣帛にも食品類は含まれている。

神饌についてはさらに（a）丸物神饌（生饌）と（b）熟饌（調理された神饌）とに分けられる。まずは神社祭祀における幣帛の事例として，奈良の春日神社の祭祀である春日祭をみてみたい。

『延喜式』巻第1四時祭上7春日祭条（原漢文を書き下す。以下，史料引用は同じ）

春日神四座の祭

祭神の料

安芸木綿大一斤，絁七尺，調布二丈三尺，〈已上は官物，神祇官の請くるところ。〉曝布一端八尺，商布十二段，筥八合，〈已上は封物，内膳司の請くるところ。稲六束，〈神祇官の送るところ。〉米・糯米各三斗，大豆・小豆各五升，〈已上は大炊寮の送るところ。〉酒一石五斗，〈社の醸る酒を用いよ。〉塩五升，鰒・堅魚・烏賊・平魚・海藻各六斤，腊十二斤，鮨三斗，雑菓子二斗，橘子一斗，韓竈四具，由加二口，叩盆四口，盆六口，堝十口，洗盤六口，片盤・片杯各卅口，窪坏廿口，椀形卅口，酒盞八口，〈台を加えよ。〉水桶二口，折櫃四合，匏四柄，杓二柄，箕一枚，籮一口，槲二俵，置簀四枚，食薦十枚。〈已上は大膳職の送るところ。〉

（○以下，散祭料，解除料，神殿を飾る料，神酒を醸りならびに駆使らの食料，斎服の料などの内訳やその調達方法などについての記載あり。略す）

春日祭は藤原氏の氏神であり，毎年2月最初の申の日と11月最初の申の日に朝廷より祭使が派遣されて行なわれる祭祀である。掲げたのは幣帛について記した箇所であるが，繊維製品や食器・容器類のほかに稲，米，モチ米，大豆，小豆，酒，塩，アワビ，カツオ，イカ，タイ，ワカメ，腊（魚や鳥肉を乾燥させたもの），鮨（魚介類を塩とともに漬け込んだもの），タチバナ（日本在来の柑橘種），そのほかの雑多な果物

図1　春日祭神饌のうち御戸開八種神饌（春日大社提供）

が神饌として挙げられている。ほとんどが丸物神饌であるが，ただしまったく加工しないということではなく，アワビやカツオなどの海産物は乾燥を経たものであった可能性が高い。これは神酒を除いて平安京から運び，神殿にある程度の時間，供えるものでもあったのであるから，当然ともいえるであろう。ただここに列挙されているのはあくまでも朝廷からの幣帛であり，後世の春日祭神饌をみてみると，これが幣帛・神饌のすべてではなく，ほかに神社が自前で用意する熟饌が加わっていた可能性が高いであろう。

　熟饌は，『延喜式』では大嘗祭などの宮中で実施される祭祀や釈奠などにみることができる。ここでは大嘗祭の熟饌を紹介したい。

『延喜式』巻第7大嘗祭27供神雑物条

　凡そ神御に供ずる雑の物は，大膳職の備うるところ，多加須伎八十枚，〈高さ五寸五分，口の径七寸，蓋無し，折足四所。別に隠伎鰒，烏賊各十四両，熬海鼠（ナマコの煮干し）十五両，魚の膴一升，海菜十両，塩五勺を盛れ。〉みな葉椀〈久菩弖。〉に居え，覆うに笠形の葉盤〈比良弓。笠の形に似たり。〉を以てし，木綿を以て結び垂らし装飾れ。比良須伎八十枚，〈高さおよび口の径，装飾は多加須伎と同じくせよ。ただし足を折らざれ。別に盛り具うる物は種々別に五合。〉山坏四十口，〈別に貽貝の鮨，鰒の鮓各一升を盛り，装飾は比良須伎と同じくせよ。〉麁盛の白筥三百合，〈長さ一尺五寸，広さ一尺二寸，深さ三寸。〉東鰒を盛れたる筥五合，〈別に十斤を納れよ。〉隠伎鰒の筥十六合，〈別に十二斤を納れよ。〉熬海鼠の筥十六合，〈別に十二斤を納れよ。〉烏賊の筥十二合，〈別に六斤を納れよ。〉佐渡鰒の筥四合，〈別に十斤を納れよ。〉煮堅魚の筥十五合，〈別に一籠，開かざれ。〉堅魚の筥二十四合，〈別に十二斤を納れよ。〉膴の筥五十五合，〈別に一籠，開かざれ。〉与理刀魚（サヨリ）の筥十一合，〈別に一斗五升を納れよ。〉鮭の筥二合，〈別に十隻を納れよ。〉昆布の筥四合，〈別に十五斤を納れよ。〉海松の筥六合，〈別に六斤を納れよ。〉紫菜の筥四合，〈別に一籠，開かざれ。〉海藻の筥六合，〈別納六斤，〉橘子の筥十合，〈別納十蔭，〉搗栗子筥五合，〈別納一斗，〉扁栗子の筥五合，〈別に二十籠を納れよ。開かざれ。〉干柿の筥二合，〈別に五十連を納れよ。〉梨子の筥五合，〈別に一斗を納れよ。〉煤栗子の筥六合，〈別に一斗を納れよ。〉削栗子の筥二合，〈別に二斗を納れ

よ。〉熟柿の筥三合，〈別に一斗を納れよ。〉柚の筥二合，〈別に三顆を納れよ。〉勾餅（米・麦の粉を練って紐状にし，油で揚げた唐菓子）の筥五合，末豆子の筥五合，大豆餅の筥十合，小豆餅の筥十合，捻頭（油で揚げた唐菓子の一種）の筥五合，粔籹（おこし）の筥五合，〈已上六種は，別に六枚に納れよ。〉（○後略）

大嘗祭は天皇が即位儀礼の一環として，即位後，初めて行う新嘗祭であり，宮中祭祀のなかで最も大規模かつ厳粛に執行される祭祀である。この条文では，その大嘗祭で供えられる神饌を入れる容器について記されているが，これによって神饌にどのようなものがあったかを知ることができる。注目されるのは，勾餅や捻頭・おこしといった唐菓子なども含まれていることである。もっともたとえば唐菓子がどのような食品であったかは『延喜式』からはあまりよくわからず，10世紀に編纂された辞書『和名類聚抄』や13世紀末頃編纂の食膳故実書『厨事類記』などといった書物をあわせみることによって推測することになる。

なお前近代の神饌は熟饌が主流であったが，明治以降，丸物神饌に変更されたところが少なくない。

B　宮中祭祀などに従事した人々への酒食，宮中の饗宴に提供される酒食など

幣帛・神饌の記事に関連して，祭祀などの宮中行事に従事する人々に対して支給される酒食や節会など宮中の饗宴に際して提供される酒食についての記載も『延喜式』にみえる。ここでは官人への食膳を担当する官司である大膳職が，11月に天皇の健康を祈るため

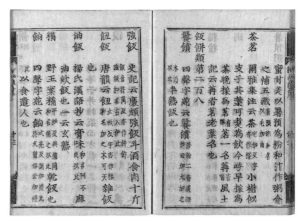

図2　『和名類聚抄』巻16飲食部・飯餅類より（国立国会図書館デジタルコレクション）

に行われる鎮魂祭に供奉した官人たちに賜う酒食についての規定を紹介したい。

『延喜式』巻第32 大膳職上4 雑給条

　雑給料

　参議已上

　人別に糯米一升四合，大豆一合八勺七撮，小豆二合八勺，醠酒一合，酢四勺，醤三合，滓醤二合九勺，東鰒一両二分，隠伎鰒五両，堅魚二両一分二銖，烏賊二両，熬海鼠三両二分，与理刀魚五両，鮭二分隻の一，雑の魚の楚割三両，堅魚の煎二両二分，鮨二斤四両，雑の鮨十一両，紫菜・海松各三分，海藻二両，漬菜二合，漬蒜房・蒜英・韮搗各二合，生栗子一升四合，搗栗子六合，干柿子三合，橘子卅三顆，木綿二分四銖，

　（○以下，五位以上30人・六位以下260人への支給物や食品を盛る食器についての記述あり。略す）

これによれば，モチ米，大豆，小豆，和え酒（和え物を作るときに使う酒），酢，醤（発酵調味料），滓醤，アズマアワビ，隠岐のアワビ，カツオ，イカ，イリコ，サヨリ，鮭，魚の楚割（細く割いて乾燥させたもの），鮨，海苔，海松，ワカメ，漬菜，生栗，搗ち栗，干し柿，タチバナなど

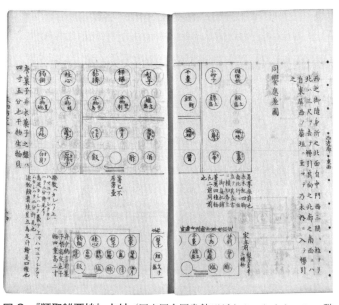

図3　『類聚雑要抄』より（国立国会図書館デジタルコレクション　群書類従巻470上）

が祭祀終了後にふるまわれる。ただこれらも，宮中で調理されるものについてはある程度詳しく記されていることもあるが，基本的には調理後の食品名もしくは原材料名のみが記されていることが多い。上述の書や宮中行事の

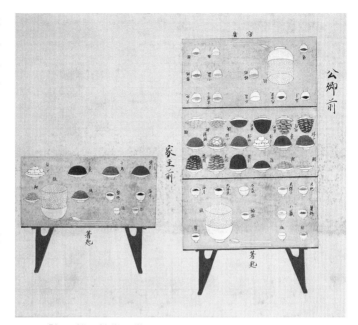

図4 『類聚雑要抄指図巻』（国立歴史民俗博物館所蔵。H-528-2 巻第1下より）

調度や饗膳・鋪設などについて記した 12 世紀頃編纂の『類聚雑要抄』，およびそれをもとに近世に描かれた『類聚雑要抄指図巻』などが参考となる。

C　天皇などに提供される食品とその原材料

天皇や皇后らに提供される食品やその原材料についての記述もみえる。

『延喜式』巻第 33 大膳職下 16 年料条

年料

索餅（むぎなわ）の料，小麦三十石，〈御ならびに中宮の料各十五斛。〉粉米九斛，〈同料各四斛五斗，〉紀伊の塩二斛七斗，絹ならびに薄絁の篩（ふるい）各三十二口，〈別に四尺。〉曝麦（さらしむぎ）の調布の単二条，〈別に三尺。〉承塵の帳（とばり）四条，〈別に二丈一尺，三年に一たび請けよ。〉麺（むぎこ）を裹む布十六条，〈別に五尺。〉水瓶（みずみか）の杷の布四条，〈別に六尺。〉席・折薦各六枚，韓櫃四合，明櫃・折櫃・麁筥・壺各四合，缶・洗盤各四口，瓮・堝各十六口，水麻笥（ほとぎ）八口，匏十六柄，槽（ふね）二隻，

箕四枚, 臼一腰, 杵二枚, 別脚の案〈あしかけ・つくえ〉四脚, 中取の案四脚, 刀子四枚, 籮四口, 乾索餅の籠十六口,〈長さ三尺, 広さ二尺,〉鍬二口, 竹一百五十株, 褠〈まえだれ〉十条,〈別に五尺,〉褌〈ちはや〉十条,〈別に六尺。〉頭巾二十条。〈別に三尺。〉薪, 日に卅斤。〈仕丁の採るところ。〉

　　右, 十一月一日より来る年十月三十日までの供御の料。女孺, 女丁を率いて内膳司に向かい, 司とともに料理り, 日別に供ぜよ。ただし韲〈あえ〉は内膳儲け備えよ,

手束の索餅の料, 小麦十七石七斗,〈御ならびに中宮, 各八石八斗五升,〉粉米五石三斗一升, 紀伊の塩八斗九升, 醬・未醬〈み・ぞ〉各一斛四斗二升六合, 酢七斗一升二合, 薪日別に三十斤。〈主殿寮より請けよ〉

　　右, 三月一日より八月三十日までの供御の料。其れ雑器は上の条を通わし用いよ。

（○以下, 九月から二月までの手束索餅料, 糖などについての記事あり, 略す）

　これによって天皇と皇后に年料として供される索餅が, 小麦と粉米・紀伊塩を材料として作られるものであることが知られる（手束の索餅にはさらに醬・未醬・酢といった調味料が加わる）。なぜ索餅, 手束の索餅が年料として規定されているのかは定かでないが, アメやモチ米の糒とまとめて記されているところからすれば, 間食か軽食としての意味合いがあるのであろうか。索餅についてはまた18造雑物法条にも記載がみえるが, そこで示される小麦・米粉・塩の比率とは差がある。このことがどのような意味をもつのか, そもそも『延喜式』に記される数量をそのまま計算式に当てはめてよいものなのか, 検討していく必要があろう。

　もう一例, 天皇の食膳を担当する官司である内膳司の式から粉熟〈ふずく〉の作り方についての規定をみてみたい。

『延喜式』巻第39内膳司27造粉熟料条

　白米四石, 大角豆〈ささげ〉一石八斗, 粉を漉む〈した〉薄絹の袋, 水篩各二口,〈袋は各長さ六尺, 篩は各一尺五寸。〉粉を干す暴布〈さらしぬの〉の帳〈とばり〉一条,〈長さ三丈。〉水瓶を杷う暴布一条,〈長さ四尺。〉粉を挙ぐる暴布の袋二口,〈各長さ六尺。〉水瓶〈おお〉麻笥〈おけ〉一口, 酒糟一隻, 由加二口, 杓一柄, 席〈むしろ〉二枚, 簀〈す〉二枚, 薪は日別に三十斤。

右，三月一日より八月三十日まで供ぜよ。

　春秋の間は粉熟を天皇に供することになっていたが，やはり原材料と調理道具，燃料が記されているのみである。これについては『源氏物語』の注釈書である『原中最秘抄』（鎌倉〜南北朝にかけて成立）に，稲・麦・大豆・小麦・胡麻をそれぞれ粉にして五色の餅にし，ゆでて甘葛をかけ，こね合わせて，細い竹筒の中におし入れて固め，しばらくしてから筒から突き出して食べることが記されており，調理法や食事方法を知ることができる。

D　諸国からの貢納品

　諸国から朝廷に納入される調・庸・中男作物（青年男子に調の代わりに課された税目）・交易雑物（諸国が購入して貢納）・贄（天皇等に貢納される食品）などの貢納品のなかにも食品が含まれている。一例として安房国の調・庸・中男作物についてみてみたい。

『延喜式』巻第24 主計寮上24 安房国条

　安房国〈行程，上三十四日，下十七日。〉

　調，緋の細布十二端，細貲布十八端，薄貲布九端，縹の細布二百五十端，鳥子鰒・都都伎鰒各二十斤，耳放（と）りの鰒六十六斤四両，耳着きの鰒八十斤，長鰒七十二斤。自余は細布，調布，凡の鰒を輸せ。

　庸，海松四百斤を輸せ。自余は布を輸せ。

　中男作物，紙，熟麻（けむし），枲（くれない），紅花，堅魚，鰒。

　調として鳥子アワビ，ツツキアワビ，耳とりのアワビ，耳つきのアワビ，長アワビ（長くのして乾燥させたアワビ），庸として海松，中男作物としてカツオやアワビが挙げられている。このような記載によって，諸国でどのような食品が生産され，都に運ばれたのかを知ることができる。ただし当該条についていえば，長アワビについては細長くむいて乾燥させたいわゆるノシアワビであろうとの推測が成り立つが，その

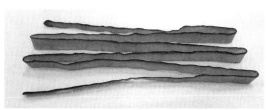

図5　長アワビ復元模型（国立歴史民俗博物館「古代の百科全書『延喜式』の多分野協働研究」作成）

ほかのアワビについてはどのような違いがあるのか，必ずしも明確でない。ノシアワビについては乾燥させ長期保存させるための加工であったと考えられるが，それだけでなく，乾燥させることによって旨味成分が増えるといったこともあった。

なお，『延喜式』に記されなかったということは，あくまでも貢納品目として規定されなかったことを示すだけであり，そのまま生産されなかったことにつながるわけではないことにも注意を払う必要がある。品目は中央から諸国への割り当てという側面もあり，また日常生活で消費される食品や運搬に適さない食品は当然のことながら貢納品として記されることはない。またより貢納に適した国が存在したために，貢納品として指定されなかったということも考えられるであろう。

E　貴族や官人等への支給物品

大膳式には貴族や官司に支給される食品・調味料についての記述もみえる。

『延喜式』巻第 33 大膳職下 28 菜料塩条・29 無品親王月料条

　菜の料の塩は〈秋もまた此に准えよ。〉親王に五十石，〈内親王も同じくせよ。〉太政大臣に三十石，（○中略）左右近衛府に各八石，（○中略）

　　右，前の件により，毎年二月・八月，符に随いて給え。（○中略）

　親王以下月料

　無品親王・内親王

　醤一斗二升，〈日に四合。〉未醤六升，〈日に二合。〉塩一斗五升，〈日に五合。〉東鰒九斤六両，〈日に五両。〉堅魚七斤八両，〈日に四両。〉鮭十五隻，〈日に二分の一。〉腊十五斤，〈日に八両。〉堅魚の煎，紫菜各一斤十四両，〈日に一両。〉海藻七斤八両。〈日に四両。〉

一部分のみ掲げたが，このほか後宮や女官，侍従，内舎人などにも支給されている。これらは官司一般への支給ではなく，皇族および天皇に近侍する官司へ特別に支給されたものであろう。それでも日常の食生活を探る手がかりとなるものではある。ただしこれら支給されたものがすべて食料として消費されたかどうかは不明であり，他の食料・調味料を購入する費用に充てられることもあったかもしれない。

3　『延喜式』食品研究の課題

　以上，『延喜式』にみえる食品関係記事を紹介しつつ，研究上の留意点について述べてきた。このように『延喜式』を食品研究に活用するには，いくつもの検討を要する問題がある。再現実験はこれらの問題を解決するうえで有用であるが，しかしそこにも課題が残されている。一番大きな問題としては，当時の食材料・調理道具・調理環境を推測し，整えることが難しい点が挙げられる。とくに食材料については，動物の場合はその生育環境が古代とは大きく変化しているし，植物であればそれに加えて品種改良も考慮する必要がある。さらには人間の側の味覚も変化していることであろう。

　ところで古代には食べられていたが，現在はあまり食用とされなくなったものもある。松の葉のような形をした海藻の海松はその1つであるが，朝鮮半島では今でもよくキムチの材料にされているという。このように，日本国内にとどまらず東アジアの視点から，古代食品を捉え直してみることも大切であろう。

参考文献

神道宗紀 1983「延喜式食物語句索引」『ておりあ（帝塚山学院中学部・高等部研究論集）』26

関根真隆 1969『奈良朝食生活の研究』吉川弘文館

2 古代の蠅害考
――生鮭実験の中間報告と副次的成果――

山 崎 　 健

は じ め に

　古代の食の復元に関連して，生鮭の保存性に関する実験を東京医療保健大学と共同で実施した。実験はまだ継続中であるために，本章では，実験にいたる背景，目的，方法とともに中間報告を行う。また，実験の副次的成果として，古代の蠅害について論じていきたい。

1 実験にいたる背景と目的

文字資料と動物遺存体の不一致

　『奈良朝食生活の研究』をまとめた関根真隆は，次のように述べている。

　　（長屋王家木簡の）動物性食料は，正倉院文書の世界よりも，特に魚貝類等，
　　豊かに感じられる。写経所の精進料理に比べて，一般では各種魚貝類，肉
　　類を豊富に食用していたと感じられる〔関根 2001：括弧内筆者〕。

　「正倉院文書」に残る写経生の食事内容により，私たちは奈良時代における実際の食生活を知ることができる〔関根 1969〕。しかし，写経生の給食は，いわゆる精進料理であるためか，動物性食料がほとんど含まれていない。そのため，荷札木簡や『延喜式』に記された内容が，古代における動物性食料の存在を示す貴重な資料となっている。

　鯛を例にすると，古代の都城から出土した木簡のうち，鯛（多比，田比）の加工法で最も多く見られた表記は「腊」であった。内臓を出さずに丸干ししたものと考えられる。次に多い表記は「楚割」や「鮨・鮓」であった。楚割は魚肉を細長く切って干したもの，鮨や鮓は魚の内臓を取り出し，中に飯と酒を合わ

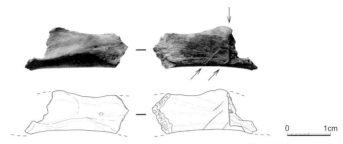

図1　マダイ主上顎骨に認められた刃物の痕跡

せたものを詰めて発酵させたものと推測される。『延喜式』でも，主計寮上2諸国調条や国別の諸条に「鯛楚割」「鯛捄割」「鯛腊」「鯛脯（ほじし）」，内膳司年料御贄条に「鯛春酢」「小鯛腊」「鯛塩作」「鯛醬」がみえる。また，「鯛楚割」「鯛臑」「干鯛」「甘塩鯛」は祭祀や饗宴に供されていた。以上のように，木簡や『延喜式』には具体的な鯛の加工法が記されており，干物や塩漬け，発酵食品といった長期保存の可能な加工品が多い。

　一方で，出土した動物遺存体（歯や骨，貝殻）の分析から得られた所見は，木簡や『延喜式』にみえる動物性食料とは少し印象が異なっている。藤原宮造営期の運河から出土したマダイの主上顎骨には，刃物によると考えられる切断痕や線状痕が認められた（図1）。主上顎骨（しゅじょうがくこつ）とは魚類の上顎後方に位置する骨で，頭部を割っていることから，出汁やうま味を取っていたものと推測される。したがって，尾頭付きの鯛が運ばれ，身だけでなく，頭部も汁物などに利用されていた可能性が高い〔山崎 2012〕。

　また，同じ遺構からサメ類の椎骨（ついこつ）も出土している。文字資料では，鮫（佐米）は魚肉を細長く切って干した「楚割」が知られており，骨付きの状態で搬入されたという所見とは一致しない。ほかにも，藤原宮や平城宮からはアワビやサザエ，ウニなどの殻が出土しており，殻付きの新鮮な状態で運ばれてきたことが示唆される〔宮沢・小笠原編 1978，山崎 2015，同 2019〕。

　このように，藤原宮や平城宮で見つかった動物遺存体の調査研究を進めていると，「文字資料に残る動物性食料は，保存食に偏りすぎてはいないだろうか」と感じるようになった。

実験の目的

古代の楚割を論じた瀧川政次郎は，次のように述べている。

奈良・平安の都びとは，白金のめぬきの太刀をさげ佩いて都大路を練り歩いたが，食う海さかなは，全部干物か塩物であったのである〔瀧川 1961〕。

動物性食料が記された木簡や『延喜式』の性格を考えれば，保存食が記されるのは当然である。動物性食料の加工法が記された木簡の多くは，荷札木簡や付札木簡であった。荷札木簡とは税物につけられた木製の荷札で，付札木簡とは物品の保管・整理のためにつけられた木製の付札である。また，『延喜式』に記された動物性食料の多くも，贄・調・庸・中男作物といった税の貢納品目や祭祀などの供物であった。澁澤敬三が指摘するように，木簡や『延喜式』にみえる動物性食料の多くは，税として全国各地から都へ運ばれてきた食料品であるため，長期保存の可能な加工品が記されやすかったと考えられる〔澁澤 1940〕。

木簡や『延喜式』に残る動物性食料は，古代における食料品収取制度の実態を示す貴重な資料である。しかし，この記載内容から古代の食を復元すると，保存食に偏った食事が再現されてしまうのではないだろうか。

つまり，古代の動物性食品を復元するためには，「干物や発酵食品のような保存食が記載されやすい」という資料特性をふまえて，木簡や『延喜式』に記されにくい側面を積極的に評価する姿勢が必要となる。たとえば，天平9年（737）に流行した疫病に対する対応を指示した「典薬寮勘申」には，コイ・マグロ・ウナギ・サバ・アユ・スズキなどの生魚を食べることが禁じられており，淡水魚や海水魚を生で食べる習慣の存在を物語る。

実際に，藤原京や平城京では，魚類を中間宿主とする寄生虫卵（肝吸虫（かんきゅうちゅう），横川吸虫（よこがわ），異形吸虫，日本海裂頭条虫（にほんかいれっとうじょうちゅう））が便所遺構などから検出されている。寄生虫卵は十分に熱を加えると感染が予防できるため，古代都城の人々は寄生虫に感染した魚を加熱せずに食べていたと考えられる〔山崎 2012〕。

木簡や『延喜式』は保存食に偏りやすくなるが，生鮮食品と考えられる記載もわずかながら存在している。たとえば，鮭である。丹後国や因幡国から「鮮鮭」を贄として貢納した荷札木簡が見つかっている。また，『延喜式』宮内省45例貢御贄条や内膳司42年料御贄条によれば，若狭国・越前国・丹波国・丹後

■ 鮮鮭（荷札木簡）と生鮭（延喜式）の貢進国

■ 生鮭（延喜式）の貢進国

図2　生鮭・鮮鮭を貢進した国

国・但馬国・因幡国から「生鮭」が納められており，6ヶ国から年間で計198隻の生鮭が貢納されたと試算されている〔澁澤 1941〕。一方で，信濃国・越中国・越後国など鮭の加工品を数多く貢納した国からは生鮭が運ばれておらず，生鮭を貢納できる距離的な範囲は存在していたと考えられる。この「生鮭（鮮鮭）」については，これまで積極的に論じられてこなかった。

　延喜内膳式の記載内容により，生鮭は2〜4隻程度を単位として，人が担いで運送したと想定される〔相澤 2018〕。平城京や平安京などへ「生鮭（鮮鮭）」を貢納した最も遠い地域は，因幡国（鳥取県東半部）である。しかし，古代に生の鮭を宮都まで運ぶことは本当に可能であったのだろうか。つまり，常温で生鮭の安全性をどこまで保持できるのだろうか。それが本実験の目的である。

2　古代の蠅害考　　29

2　実験の方法と中間報告

　実験は，以下の通りに実施した〔西念ほか 2019〕。
・頭部，鱗，塩の有無などさまざまな条件を変えた天然の鮭を屋外に放置した。
・放置した鮭を 2 枚に卸して，実験前後の重量，色や塩分，一般細菌数や大腸菌群数を測定した。
・実験は 10〜12 月に実施し，放置日数は最大 12 日程度までとした。
　実験の実施期間（10〜12 月）は，鮮鮭を進上した荷札木簡の貢進時期を参考とした。鮭の遡上・産卵時期でもあり，集中的に鮭を捕獲することができる。12 日間は，延喜主計式（上）にみえる因幡国から調庸を運搬するために上京した日数である。そもそも生鮭（鮮鮭）は贄であり，延喜主計式の日数も旅行中の食料支給基準で実際の旅行日数ではない〔榎 2008〕。あくまで最長の目安として設定した。
　最初の実験で，内臓を除去しただけの鮭は，すぐに蠅がたかり，頭部や腹部に大量の蛆が湧いていた。
　そこで，次の実験から鮭の表面を晒で覆い，蠅との接触を抑えたところ，同条件下でも蛆の発生はかなり抑制された。ただし，一般細菌数や大腸菌群数の測定結果について，設定した条件の差なのか，もともと鮭に付着した菌数などの個体差なのか，を明確にすることができなかった。そのため，翌年は養殖のニジマスを用いて試料数を大幅に増やし，分析項目を検討している〔西念ほか 2020〕。

3　水産物の蠅害

　最初の実験でハエの防除対策をしなかった結果，鮭に大量の蛆が湧いてしまった。生鮭実験の目的からすれば失敗であるが，水産物の蠅害が非常に大きな問題であることを改めて認識することができた。
　蠅害という視点から鮭の利用を見直してみると，アイヌでは，10 月頃までは

気温が高く，ハエが産卵して蛆が湧くため，遡上初期の鮭は天日干しではなく，焼き干しを余儀なくされたという。鮭の天日乾燥で最も危険なのはハエであった〔渡辺 1988〕。蝿害は生魚だけではなく，干物にも共通する問題であったことがわかる。

　そこで，水産物の蝿害に関する基礎研究を行った竹井誠の論考を参考にすると，魚へのハエのたかり方や産卵場所は次のようにまとめられる〔竹井 1961，同 1962，同 1963〕。

　　・魚肉の鮮度が低下するほど，ハエがたかって産卵した。初期腐敗程度の魚
　　　に最もハエがたかっていた。
　　・ハエが最もたかる部位は，幽門垂や腸であった。
　　・頭やえらには，肉よりもハエの産卵が多かった。
　　・肉の含有水分量が約 50％ 以下になると，ハエはたかりにくくなる。

　まず，腐敗した肉や内臓のように，においの発生する部位に多くのハエがたかっていた。それに加えて，ハエの産卵場所は，直射日光が当たらないこと，凹凸があること，固体であることが条件となる〔竹井 1964〕。固体でも水分の多い方が産卵されやすいが，腐敗が進みすぎて液体化してしまうと，産卵には向かなくなる。

　以上から，形状的に産卵しやすい頭部（頭・えら）や，においの発生する内臓が，ハエの産卵（蛆の発生）に適していることがわかる。これは頭部や腹部に大量の蛆がわいた生鮭実験の結果とも一致している。つまり，魚の頭部や内臓は，蝿害の大きなリスクといえる。

　また，魚の水分が少ないほどハエの付着は少なくなる。魚の表面が固まると，ハエを誘引する魚臭が揮発しにくくなるためと考えられている。ただし，鮮度の低下した干物やくさやのようなにおいの強い干物は，かなり低い水分量であってもハエがたかるそうである。

　水産物にたかるハエは，クロバエ科のケブカクロバエ・ミドリキンバエ・ヒロズキンバエや，ニクバエ科のゲンロクニクバエが多い〔竹井 1961〕。ハエの種類や発生時期は地域ごとに異なっているが，これらのハエの季節的消長をみると，ミドリキンバエ・ヒロズキンバエやゲンロクニクバエは 6〜9 月に集中し，ケブカクロバエは 3〜6 月頃と 10〜12 月頃に増加する〔林・篠永 1979〕。調

や庸の貢納時期は，養老賦役令の調庸物条に規定があり，近国は旧暦8月中旬
〜10月30日，中国は旧暦8月中旬〜11月30日，遠国は旧暦8月中旬〜12月
30日であった。季節的にみても，貢納される水産物（保存食品も含む）の加工・
運搬・保管に際して，ハエの害が生じていた可能性は十分にありうる。竹井に
よれば，鮮度が低下した魚や内臓を取り除かない丸干し，薄塩の塩蔵品にはハ
エがたかりやすいという〔竹井 1961〕。

お わ り に

　古代，全国から税として食料品が貢納された。とくに水産物が多く，神饌に
も用いられていた。こうした水産物の加工・運搬・保管には，蠅害防除が大き
な課題になっていたと考えられる。
　いわゆる「食料品収取制度」や「実物貢納経済」を実現するためには，長期
保管を可能にする保存加工技術とともに，ハエなどの食品害虫の適切な防除対
策が必要であったのではないだろうか。『延喜式』宮内省55月料魚宍条には
「凡応レ給二諸司月料魚宍一者，省司毎月臨二勘厨庫見物多少一，及可レ蠹之物一，申
レ官充用，勿レ致二蠹腐一，臨時雑用准レ此」とあり，大膳職の厨の食材保管庫で魚
や肉に食品害虫の被害が発生していたことがうかがえる。
　実際に遺跡からハエの蛹が見つかった事例もある。平城宮東方官衙地区の
SX19198は，寄生虫卵，種実，昆虫遺体の分析から，糞便処理と残飯処理を兼
ねたと考えられる土坑である〔今井 2010，芝ほか 2013〕。前述した平城宮のサ
ザエやウニの殻も，ここから出土したものである〔山崎 2015〕。この土坑から，
オオクロバエ・イエバエあるいはセンチニクバエ，キンバエ属，ヒメイエバエ，
ショウジョウバエ属といった，糞尿にたかるハエ類や食品に集まるハエ類の囲
蛹が数多く出土している〔芝ほか 2013〕。
　生鮭実験は，まだ中間報告の段階で結論は出せないが，水産物の蠅害という
観点からみると，頭部や内臓を除去すればリスクを低減することができる。木
簡や『延喜式』の生鮭（鮮鮭）は「隻」という単位で数えられているが，具体的
な形態は不明である。ただし，新潟県の八幡林遺跡から出土した物品名と数
量が記された木簡には，鮭24隻の内訳として「頭付壱拾漆隻」（頭付き17隻）と

「頭无漆隻」（頭なし7隻）とあり，頭部を落とした鮭も頭部の付いた鮭と同じように「隻」と数えられていた〔田中 1994〕。また，今回の実験で試みたように，鮭を布などで覆うことによってハエの付着を抑制することが期待できる。

　古代の食を復元しようと試みたとき，現代の私たちがもっている知識や経験，感覚は非常に狭く，偏っている。今後とも実験で試行錯誤を繰り返しながら，歴史資料と向き合うだけでは得ることのできないさまざまな気付きを大切にしていきたい。

引用文献

相澤央 2018「地域における調庸物の収取と運送―越後国の鮭を例に―」『帝京史学』18

今井晃樹 2010「東方官衙地区の調査―第 440・446 次―」『奈良文化財研究所紀要 2010』

榎英一 2008「延喜式諸国日数行程考」『立命館文学』605

西念幸江・吉村香子・宮田美里・大道公秀・五百藏良・山崎健・三舟隆之 2019「古代史料に見える生鮭の保存性」『日本家政学会第 71 回大会研究発表要旨集』

西念幸江・吉村香子・宮田美里・大道公秀・五百藏良・山崎健・三舟隆之 2020「古代史料に見える生鮭の保存性Ⅱ」『日本家政学会第 72 回大会研究発表要旨集』

芝康次郎・佐々木由香・バンダリスダルシャン・森勇一 2013「平城宮東方官衙地区 SK19198 の自然科学分析―第 440 次―」『奈良文化財研究所紀要 2013』

澁澤敬三 1940「式内魚名」『季刊アチック』1（『澁澤敬三著作集』第 1 巻，平凡社に所収）

澁澤敬三 1941「式内水産物需要試考（一）」『澁澤水産史研究室報告』1（『澁澤敬三著作集』第 1 巻，平凡社に所収）

関根真隆 1969『奈良朝食生活の研究』吉川弘文館

関根真隆 2001「長屋王家木簡にみる物名について」『長屋王家・二条大路木簡を読む』（奈良国立文化財研究所学報 61）149-182 頁

瀧川政次郎 1961「楚割考」『日本上古史研究』5-3（『日本社会経済史論考』増補新版，名著普及会に所収）

竹井誠 1961『水産乾燥品のハエ害防除並びに吸水に関する研究』京都大学博⊥論文（農学）

竹井誠 1962「水産物の蝿害防除に関する研究Ⅰ―魚体へのハエのたかり方―」『東海

区水産研究所研究報告』24，27-37 頁

竹井誠 1963「魚体へのハエの産卵」『衛生動物』14-1，19-23 頁

竹井誠 1964『ハエ』石崎書店

田中靖 1994「新潟・八幡林遺跡」『木簡研究』16，156-165 頁

林晃史・篠永哲 1979『ハエ―生態と防除―』文永堂

宮沢智士・小笠原好彦編 1978『飛鳥・藤原宮発掘調査報告書Ⅱ―藤原宮西方官衙地域の調査―』（奈良国立文化財研究所学報 31）

山崎健 2012「藤原宮造営期における動物利用―使役と食を中心として―」『文化財論叢Ⅳ』（奈良文化財研究所学報 92）

山崎健 2015「平城宮東方官衙地区 SK19189 出土の動物遺存体」『奈良文化財研究所紀要 2015』

山崎健 2019「平城宮跡から出土したウニの殻」『日本歴史』856

渡辺仁 1988「北太平洋沿岸文化圏―狩猟採集民からの視点Ⅰ―」『国立民族学博物館研究報告』13-2

付記：アイヌにおける鮭の蠅害について，福井淳一氏からご教示をいただいた。また，本稿の執筆にあたり，小倉慈司氏，西念幸江氏，馬場基氏，三舟隆之氏にお世話になった。記して謝意を表します。

3 鮭と古代国家

馬　場　　基

はじめに

　平城京には，「鮮鮭」が運び込まれていた。この「鮮鮭」をめぐって，数度に
わたる実証的実験を繰り返した〔本書第Ⅰ部第2章ほか〕。その結果については
さまざまな評価が可能であり，さらに今後深める必要がある。ただ，私の印象
を一言でいうと，「やはり生の鮭の品質を高度に維持しながら，各産地から平城
宮に運び込むには相当の工夫・労力＝エネルギーが必要だ」ということにつき
ると感じた。
　逆にいうならば，なぜそこまでして「鮮鮭」にこだわったのであろうか。こ
の疑問点から，古代律令国家と鮭の関係について，若干憶説をめぐらせてみた
い。

1 『延喜式』の鮭

古代のサケ

　古代国家における鮭（サケ）の位置づけの重要性について，最初に指摘したの
は，渋沢敬三氏であろう。渋沢氏が鮭にその供給・消費量の多さと語源の不確
かさの観点から注目していた様子は，「所感―昭和十六年十一月二日社会経済
史学会第十一回大会にて―」で直接的に述べられている。その背景には「式内
水産物需給試考」〔渋沢 1993〕，「『延喜式』内水産神饌に関する考察若干」〔渋沢
1993〕の2編での『延喜式』の分析がある。氏の成果の一部を抜き出してみよ
う。
　鮭の語源：アラスカ方面に類似する呼称が存在することを指摘し，「動物学上

同一魚種だけに偶然としても注目すべき」と述べる。

産地：出雲が南限で，『延喜式』では因幡が南限。突出した産地は越後。

供給：調・庸，中男作物，贄（諸国例貢御贄・諸国年料）

形態：生鮭・鮭・干鮭・鮭内子（いれこ）・鮭子・鮭楚割（すわやり）・鮭鮨・氷頭（ひず）・背腸（せわた）

用途：祭祀関係および給与。1万匹以上必要と推定。

神饌での位置づけ：神饌では塩・ワカメ・アワビ・カツオが絶対的な位置。サケはその4種の次に多く用いられていた。

　サケの消費量は非常に多い。給与としての用途も含めると，年間1万匹以上が中央政府で必要となっていた，と算定されている。このことは，サケが重要な食糧資源だったことを物語る。サケの各部位を余すところなく利用している様子からは，サケを食べる文化が成熟していた様相が知られる。

神饌としてのサケ

　さて今日，神社に奉納する神饌に用いられる魚，として直ちに思い起こされるものは，鯛ではないかと思う。しかしながら，『延喜式』の神饌では，鯛の魚影は薄い。神饌の中心は，塩・ワカメ・アワビ・カツオである。律令国家が，国家として整備して「標準化」した祭祀形態においては，この4種が重要なアイテムであった。

　そしてこの4種にサケが次ぐ。これは，サケが律令祭祀において，標準セットには組み込まれていないものの，きわめて重要な魚と位置づけられていた証左ととらえられるであろう。だが同時に，カツオ・アワビには及ばない状況にも留意しておきたい。

　このように，古代国家にとってサケは，祭祀の面からも，食糧資源の面からも重要な魚であった。そして，渋沢氏の整理をみていくと，『延喜式』には興味深い「齟齬」が見いだされる。鮭の利用規程では，生鮭はわずかに2隻しか出てこない。ところが，供給（貢納）規定をみていくと，198隻にのぼり，供給過多の状況にみえる。これをそのまま理解するならば，生鮭の利用場面は，祭祀や官人への給与ではないと考えられる。生鮭の税目に注目すると贄であり，天皇への供御である。すなわち，生鮭は天皇の供御に特化した貢納品だといえるだろう。サケは，祭祀面・食糧資源面で重要な魚であったが，同時に「生」で

天皇に供せられるべき魚でもあった。

　そこで，神饌の中核を占める４種のうち，塩を除いた海産物３種の「生」での貢進についてみてみよう。

　ワカメ・アワビ・カツオは，いずれも贄として貢納されている。だがより詳細にみると，ワカメは「稚海藻」＝わかめの新芽，アワビは「鮮鰒」があり，「ナマ」で貢納する規定があるとみられる。

　これに対して，カツオについては「生鰹」は見いだすことができない。都城への生カツオ貢納の法規定は存在していなかった。これは，赤身魚であるカツオが，アワビやワカメと比べて極端に劣化が早いこと，また沿岸地域であれ，海洋で魚群を発見してからの漁という漁獲方法が生鮮状態での安定的供給（＝法規定）にそぐわない，といった理由からであろうと推測する。そして，サケは魚体の劣化速度と漁獲という点で，カツオとは異なっていたため，生での貢納規定が存在した，と考える。サケの保存性については，上述のように現在実験中である。サケの保存ではアイヌの燻製技術が知られ，現在の鰹節にも燻乾（くんかん）が用いられるなど，保存のための手法にも共通点が多く，カツオの保存性の検討とあわせて，今後の研究の進展を期待したい。

2　出土木簡との比較検討

　『延喜式』は，包括的・総合的な法典であり，全体を俯瞰するうえで大きな威力を発揮する一方，個別の規定を詳細に理解するには，その成立時期や変遷などを考慮する必要がある。一方出土木簡は，それぞれの木簡は断片的であり，また出土といういわば「偶然性」に左右される側面もあるものの，ある時期に実際に運用されていた状況を直接的にトレースしている。両者の比較検討は，史料的性格の弱点を補完し合うものだと考える。

　調・贄，カツオ・サケ・ワカメについて，古代都城出土の荷札木簡を抽出し，それを内容をふまえて整理した（表1～3）。ここから，以下の指摘ができるであろう。

　全体的な傾向は，『延喜式』と共通する。そして，より詳細にみると，興味深い「偏り」が確認できる。

表1　古代都城出土のアワビ荷札木簡の整理

国　名	志　摩				志摩か				上　総				安　房			
総点数	55				35				7				32			
税　目	調	中男作物	贄	不明	調	中男作物	贄	不明	調	中男作物	贄	不明	調	中男作物	贄	不明
点数	1	1	53		1			34	7						32	
熨斗アワビ									4						26	
身取アワビ			5					5								
短アワビ																
玉貫アワビ			5					2								
生アワビ			3					5								
夏アワビ			8					1								
鮨アワビ			3					5								
腊																
比焉・カキ等			11					5								
その他・不明	1	1	18		1			11	3						6	

（品目別）

国　名	常　陸				若　狭				隠　岐				阿　波			
総点数	2				2				14				2			
税　目	調	中男作物	贄	不明	調	中男作物	贄	不明	調	中男作物	贄	不明	調	中男作物	贄	不明
点数		2					2		14				1			1
熨斗アワビ																
身取アワビ										5			1			
短アワビ										4						
玉貫アワビ																
生アワビ																1
夏アワビ																
鮨アワビ							2									
腊		2														
比焉・カキ等																
その他・不明										5						

（品目別）

国　名	長　門				不　明				合計
総点数	1				14				164
税　目	調	中男作物	贄	不明	調	中男作物	贄	不明	
点数				1	2		2	10	164
熨斗アワビ					1				31
身取アワビ									16
短アワビ									4
玉貫アワビ									7
生アワビ									9
夏アワビ									9
鮨アワビ									10
腊									2
比焉・カキ等								1	17
その他・不明				1	1		2	9	59

（品目別）

表2　古代都城出土のワカメ荷札木簡の整理

国名	志摩			上総			下総			常陸			若狭			佐渡		
総点数	8			1			1			2			1			1		
税目	調	中男作物	贄	調	中男作物	贄	調	中男作物	贄	調	中男作物	贄	調	中男作物	贄	調	中男作物	贄
点数	8				1			1			2		1					1
品目別　海藻	8												1					
品目別　若海藻					1			1			2							1
品目別　その他・不明																		

国名	丹波			丹後			但馬			因幡			伯耆			出雲		
総点数	1			2			5			9			2			5		
税目	調	中男作物	贄	調	中男作物	贄	調	中男作物	贄	調	中男作物	贄	調	中男作物	贄	調	中男作物	贄
点数		1		2			1	2	2	6		3		2		2		3
品目別　海藻				2			1	2	1	6		1		1		2		
品目別　若海藻		1							1			1		1				3
品目別　その他・不明												1						

国名	隠岐			石見			長門			紀伊			阿波			讃岐		
総点数	55			1			2			1			3			1		
税目	調	中男作物	贄	調	中男作物	贄	調	中男作物	贄	調	中男作物	贄	調	中男作物	贄	調	中男作物	贄
点数	55			1			1		1	1			1	2		1		
品目別　海藻	53			1			1			1			1			1		
品目別　若海藻	2								1					2				
品目別　その他・不明																		

国名	伊予			不明			合計
総点数	2			7			110
税目	調	中男作物	贄	調	中男作物	贄	
点数	2			3	3	1	110
品目別　海藻	2			3	3		91
品目別　若海藻						1	18
品目別　その他・不明							1

表3　古代都城出土のカツオ荷札木簡の整理

国　名	志　摩					遠　江					駿　河				
総点数	7					2					38				
税目	調	中男作物	贄	交易	不明	調	中男作物	贄	交易	不明	調	中男作物	贄	交易	不明
点数	3		4			2					34		4		
品目別 カツオ	3		3			2					14				
荒カツオ											17				
煮カツオ											3				
煎汁													4		
鮨			1												
その他・不明															

国　名	伊　豆					丹　後					阿　波				
総点数	72					1					3				
税目	調	中男作物	贄	交易	不明	調	中男作物	贄	交易	不明	調	中男作物	贄	交易	不明
点数	70	1			1					1	3				
品目別 カツオ	17										3				
荒カツオ	48														
煮カツオ	3				1										
煎汁		1													
鮨															
その他・不明	2									1					

国　名	不　明					合計
総点数	29					152
税目	調	中男作物	贄	交易	不明	
点数	25	4				152
品目別 カツオ	8					50
荒カツオ	13					78
煮カツオ	2					9
煎汁			2			7
鮨						1
その他・不明	2	2				7

アワビ

　アワビの品目や数量を記した小型の 051 型式木簡をどのように評価するか
で，大きく比率が変わる。これらのなかに，志摩国からの贄が含まれている可
能性は，つとに指摘がある〔渡辺 2001〕。これらを，一応一括して志摩国からの
贄の荷札として取り扱っておく。また，051 型式以外でアワビの品目を記す小
型付札については，志摩国からの贄の可能性も考えられるが，不明として整理
した。

　贄として多種多様な形態での貢納が確認できる一方，調は安房の熨斗鰒・隠
岐の短鰒に集中する。安房国の位置づけは，『高橋氏文』の伝える膳氏とのつな
がりや，海浜の小国（海浜部に位置し，平野部が乏しく農業生産力が低いにもかか
わらず，ごく少数の郡で構成される国。志摩・安房・若狭・隠岐・淡路など）である
ことから，こうした状態はいわば「当たり前」である〔狩野 1990，佐藤 1997〕。
さらに，この調の熨斗鰒貢納の集中状況からは，安房国は「調の熨斗鰒」を生
産・貢進するための国，という性格を有するように思われる。

　また，贄の貢納は，志摩が圧倒的な量であるが，常陸・長門からわざわざ貢
納されている点にも注目しておきたい。

ワカメ

　調と贄で貢進地域が大きく異なる点が目につく。常識的にも，また贄の貢進
地域からもわかるように，日本列島の沿岸域では広くワカメを産出する。だ
が，調を貢進しているのは，事実上隠岐1ヶ国といってよいだろう。律令国家
は，全国からあまねくワカメを集める意思はなく，調のワカメは，隠岐1ヶ国か
らのみ供給させていた。

　一方贄は新芽のワカメである。中男作物は，貢進時期を含めて考えると新物
も含み，助数詞などから生もしくは半生の状態での貢進だったとみられる。と
くに贄の場合，一般的な律令地方制度に則った国郡郷などの記載ではなく，具
体的な産出海域を示すことが多々ある点が注目されてきている〔渡辺 2015 な
ど〕。さらに，貢進地域が全国に広がっている点にも注目したい。これは調が
隠岐国に限定される様子と大きく異なる。わざわざ常陸・佐渡・長門といった
遠方からも，新物を貢進させているのである。

カツオ

荷札木簡で確認できるのは，ほとんどが調で，一部中男作物が含まれる。また調としては，荒堅魚・煮堅魚のほかに，たんに堅魚と記すものがあるが，これはおそらくは荒堅魚か煮堅魚であろう。事実上，調はこの2種類だと考えられる。

調の貢進地域は駿河・伊豆に極端に偏る。カツオの漁獲は，この2ヶ国に限らず，太平洋側の諸地域で可能である。これは中男作物の貢進地域の広がりや，遺跡からのカツオ骨の出土などからも明らかである。律令国家は，各地のカツオを求めたのではなく，駿河・伊豆のものを調として求めた。伊豆は，安房国などに比べると大きいが，3郡（成立当初は2郡）からなる海浜国であり，北部の平野部では一定の農業生産力を有するものの，相対的には生産力は低い。調としてのカツオを生産・貢進させるための国という性格を有するように思われる〔仁藤 1996〕。

サケ

出土荷札木簡はいずれも贄である。サケの調荷札は確認できていない。この点は非常に不審だが，包装形態などとの関係によると，仮に考えておくことにしたい。

サケの贄は，多くが「鮮鮭」である。鮮鮭の貢納地域は，丹後・因幡・伯耆

表4 古代都城出土の鮭関係木簡

番号	本　文	税目（想定）
1	因幡国進上鮮鮭○御贄壱隻○雄栖○天平八年十月	贄
2	因播国進上鮮鮭○御贄壱隻○雄栖○天平八年十月	〃
3	・丹後国鮮鮭○御贄○雄腹・○与謝川	〃
4	伯耆国鮭□	不明（贄）
5	伯耆国鮭御贄雄□〔須ヵ〕	贄
6	・信濃国埴科郡鮭御贄冊六隻・○〈	〃
7	・丹後国□□□□〔鮮鮭御贄ヵ〕○雌腹・○〈	〃
8	・丹後国□□〔鮮鮭ヵ〕○御贄／雌腹／「□」・／□□□／○与謝川／	〃

注：出典は奈良（国立）文化財研究所『平城宮発掘調査出土木簡概報』（例：城24-29 上木簡を示す）。

となっている。鮮鮭でない事例は，信濃国からのもので，加工方法などは記されていないが，生鮮ではないと想定される。サケの雄雌を書き込んだりする点も興味深いが，2例，同一河川ではあるが，河川名を記す事例がある点に注目したい。通常の律令地方制度に基づく記載ではなく，より詳細に産地を記す点で，若海藻の贄と共通する。

3　調と贄の観点から

さて，このようにみてくると，贄と調の貢進には地域の指定方法の点でも大きな違いがあることがあらめて認識される。

調物は，「現物貢納経済」を支える物資としての経済的側面に注目されがちであるが，大津透氏が指摘するように，その本義はなによりも祭祀にあった〔大津 1999b〕。「神を祭る幣帛の品目をそのまま徴収したのが調庸なのであ」る。さて，大津氏は，石母田正氏の指摘を継承しつつも，石母田氏の「贄またはミツギ」という表現は継承せず，ミツキ・調庸という表現を採用している。いわば贄を排除している。大津氏は「食国天下の政」ということを「天皇が土地の産物を食する」という点から重視し，「大嘗祭」の訓が「オホニヘノマツリ」であることを強調する。すなわち贄は諸国の産物を天皇が食べることで，支配を実現するという行為を支える貢進物だった。

品目	備　考	生の可能性	縦(mm)	横(mm)	厚さ(mm)	型式	出　典
鮮鮭	雄	○	203	23	6	31	城 24-29 上〈293〉
〃	〃	○	(197)	20	7	39	城 29-45 上
〃	雄・与謝川	○	(148)	22	4	39	城 24-28 下〈291〉
不明		△	(36)	18	5	81	城 29-35 上〈419〉
〃	雄	△	(63＋40)	18	4	51	城 29-35 上〈418〉
〃		×	207	25	3	32	城 22-33 上〈329〉
鮮鮭	雌	○	160	24	5	32	城 31-29 上〈416〉
〃	雌・与謝川	○	162	25	4	32	城 22-35 上〈356〉

〈293〉は，『平城宮発掘調査出土木簡概報』24 号の 29 頁上段掲載の通し番号〈293〉

これを，少し乱暴だが筆者なりに言い換えると，調は祭祀に用いられる，「神々の食」であり，贄は食す国の政を体現する「天皇の食」と位置づけられる。

アワビ・ワカメ・カツオは，律令国家神祇祭祀の神饌の中核を占める。この神々の食は，神饌として供えられるまでの時間や，供えられている時間に耐えなければならず，保存が利く必要がある。一方，一度天皇に集約されて「天皇のもの」とされてから，あらためて祭祀に用いられるという「段階」があるため，産地が全国に散らばっている必要は，必ずしもなかったのではないか。ある特定の地域の産品に重要性を見いだし，とくに集中的に祭祀用に調達した可能性も考えられよう。ともあれ，古代国家はきわめて体系的・機能的に，カツオは駿豆，熨斗アワビは安房，短アワビは隠岐，ワカメは隠岐という地域の割り振りを行い，時にはそれに対応するための行政区画も設置しつつ，律令祭祀を円滑に行うための物資調達をしていた様子が見て取れる。御食つ国には，神の御食つ国——国家的祭祀を支える国——と，天皇の御食つ国——日常的な供

表5　神饌4種の概観

	地域	主な品名	状態	備　考	地　域	主な品名	状態
	\multicolumn{4} 調				\multicolumn{3} 中男作物		
アワビ	安房	熨斗鰒	乾燥				
	隠岐	短鰒	〃				
カツオ	駿河	荒堅魚	乾燥		遠江	堅魚	（乾燥）
	伊豆	〃	〃		駿河	煎汁	（固形）
ワカメ	隠岐	海藻	（乾燥）		若狭・長門・出雲・紀伊・阿波	海藻	（乾燥）
	志摩	〃	（生か）	調輸納期でない初夏の貢進	因幡	〃	（半生）
	伊予	〃	乾燥	2点のみ			
サケ							
（参考）塩	東海		固形				
	若狭		〃				
	周防		散状				

御を支える国——があった。

　さて、「天皇の食」のうち、日常的なものは志摩国や御厨など特定の地域の産品でも問題はない。だが、食す国の政を体現するための「天皇の食」は、あまねく食す国全体に広がっていることが望ましいであろう。これが、上記の3品目において産地が全国に広がっている理由だと考える。また、ワカメやサケにおいてとくに細かく産地を記すあり方は、産地や収穫した人間集団と天皇が直接的につながることの重要さを示している。

　そして、ワカメの贄が「新物」である理由は、単純に美味だから、にはとどまらない。大津氏は、「初穂」貢納の重要性を強調する〔大津 1999a〕。新物のワカメとは、まさにワカメの初穂である。食す国の政を体現するための初穂として、それぞれの海域から直接天皇に、初物・新物のワカメが贄として届けられたのである。

　このように考えてくると、わざわざ生のサケを貢納する意義も、理解できる

備　考	贄			備考
	地　　域	主な品名	状　　態	
	志摩	多様	生・発酵・乾燥	
	若狭	鮨	発酵	
	常陸・若狭・長門	加工品	発酵・乾燥	
	（志摩）		（生）	
	上総・下総・常陸・佐渡・長門・但馬・丹波・因幡・伯耆・出雲・阿波	若海藻	生	
大贄と併記するものあり				
	丹後・因幡・伯耆	鮮鮭	生	

のではないだろうか。サケの初穂として，それぞれの川から直接天皇に届けられたのではないか，と考えるのである。

　また，渡辺晃宏氏によると，贄と調は負担としては互換性がある。つまり，贄を出す場合は調を出さない〔渡辺 2012〕。この渡辺氏の指摘は，贄と調はいずれも初穂を奉ることに根源をもち，渾然一体として中央と地方の服属を支えていたという見通しを与える。これが，天皇の食と神の食に整理・分化された，と整理することができるであろう。

4　カツオとサケ

　さて，以上の仮説が妥当だとしても，「なぜサケなのか」という疑問が残る。内水面・川の魚であれば，フナ・コイ・ウナギなどもいる。アユは木簡にも多くみられるが，「贄」と記すものは5点ほどにとどまる。こうしたなかで，サケが神の食としてアワビやカツオについで重視され，天皇の食としても独自の地位を占めていたことの理由は，なんであろうか。それは，サケの文化的・資源的重要性ではないかと考える。

　山内清男氏が提唱した「サケ・マス論」は，そのインパクトから，さまざまな議論を巻き起こした。そして，遺跡からのサケの遺存体出土例の乏しさなどが問題とされ，強い批判にさらされた時期もあった。しかしその後，詳細な調査事例の積み重ねによって，各地の遺跡でサケの骨が確認され，縄文期に，食糧資源としてのサケが大きな意義をもっていた様相が明らかになってきた〔松井 2008 ほか〕。西日本と東日本，ドングリとサケ・マス，というほどに単純化できるかは別としても，サケ・マスの重要性と，その背後に存在していたサケ・マスを重要な食糧資源とする文化・文化圏の存在と広がりについては，今日広く受け入れられている。近年は調査の進展によって，サケ資源の評価はさらに高まっている（山崎健氏のご教示による）。

　民俗学などの研究では，サケに関連するさまざまな文化・風習や，その食糧資源としての意義が明らかにされてきている〔赤羽 2006 ほか〕。そのなかでは，サケの霊に対する信仰をはじめとして，アイヌ文化と類似する様相が東北地方などにも広く認められ，サケに関する信仰・風習が広く共通する様子が見いだ

されている。つまり，サケ漁が盛んなエリアには，サケとの向き合い方で共通する信仰・風習が広がっている。いわば，「サケ文化圏」が存在する。これは，カラフトやアメリカ原住民文化までをも含む大きな広がりがある，と考えられる。

　こうしたサケ文化には，縄文以来連綿と受け継がれているものが，混ざり込んでいるのではないか，と想像する。もちろん，変化や追加が存在しているであろうことは想像に難くない。たとえば，サケ漁の終末をつげるサケの王者たる「大介」という存在がある。これは，サケのなかの王者＝「大鮭＝おほさけ・おほすけ」だったものが，後に「大介」という呼称・地位が確立した後に，その文字が宛てられたと思われる。だが，サケという魚の習性と人間の営みから導き出される文化は，一定の共通性を有して空間的に展開している。時間的にも，類似したサケ文化の展開を想定することができるであろう。

　以上に基づくならば，奈良・平安時代においても，サケ漁が行われる地域でのサケの重要性は非常に大きく，またそこには時空間を超えた一定の共通性を有する「サケ文化」が展開していた可能性が想定できる。それらこそが，サケが重視された理由であると考える。

　一方で，季節性が高く，定期的に大きな食糧資源を得られるという点では，カツオとサケは共通する。また，「鰹木」の存在からも知られるように，カツオもまた宗教的意義をもつ魚である。この２つの魚種は，性格的に重なるが，カツオが圧倒的に重視された。

　ここで注目したいのは，サケとカツオは漁獲地域が異なり，ちょうど補完するような関係にある，という点である。

　カツオは，太平洋側では現在の銚子付近以南が主たる漁獲地で，宮城県付近にまで至る。日本海側はあまりまとまっては回遊しないが，佐渡・能登付近ではカツオ漁が行われるとのことである。一方サケは，太平洋側では三陸付近以北が主たる遡上エリアで，日本海側では現状で，富山県付近までが主たる遡上エリアである。奈良時代には若干サケの遡上域は南に広かった様子で，『常陸国風土記』で常陸国でのサケの遡上が記録され，また出雲国でのサケの漁獲が想定される。つまり日本列島には，大きくサケエリアとカツオエリアがある。

　そして，律令国家が選択し，「標準化」した祭祀は，カツオエリアの海民のそ

れをベースとしたものであった。そのことは，神饌の中核を占めるほかの2種の海産物にもみることができる。アワビ・ワカメは，太平洋側では三陸付近，日本海側では北海道までが分布域である。日本海側では，対馬海流の影響が複雑であり，かなり北の方まで暖流の影響がみられる。ただ，アワビ・ワカメとも，日本列島内でいえばどちらかというと南の海の産物であり，暖流の海産物である。寒流の海産物である昆布は存在感が薄い。古代の神饌からみる限りにおいて，日本古代国家が選択・整備した祭祀の体系は，日本列島内では西・南寄りのエリアの海民文化を背景にもつものだと判断できる。日本神話も含めると，これらの海民たちは古代王権と深いつながりをもつものであると推測される。古代国家の成立は，暖流系の海民を背景にもつ集団による，寒流系の制圧でもあった。

こうした理由から，サケの神饌としての重要性は，カツオの下位に置かれることになったのであろう。だが，それでも根強く神饌や贄に，サケは残っている。日本列島全体の統治において，サケの存在は看過しがたい重要性を保持し続けていたのである。ここに，日本古代国家が，覆い尽くそうとしても覆いきれなかった，縄文以来のサケ文化の，したたかさと根強さを見いだすことができるのではないだろうか。カツオ族に征服されたサケ族の魂の声が，聞こえるように感じる。

おわりに

ワカメとアワビを，どちらも贄として貢進する国に，常陸と長門がある。常陸は東海道の終着点であり，黒潮と親潮の交わる，カツオとサケの交差点であった。長門は，本州の最西端である。どちらも，「食す国」の周縁部だったからこそ，2種類の贄を貢進していたのであろう。また，安房と隠岐も，南の海と北の海が交差する地域に隣接する。ここにも，なにか意味が感じられるが，いかがであろうか。

食の研究は，奥深い。法制度の裏に潜む生物資源・信仰・生活を掘り起こして，時に国家の成立を理解するうえでも，有効な視点になると考えるものである。

参考文献

赤羽正春 2006『鮭・鱒』1・2 法政大学出版局

大津透 1999a「食国天下の政と服属儀礼」『古代の天皇制』岩波書店（初出 1994）

大津透 1999b「貢納と祭祀—調庸制の思想—」『古代の天皇制』岩波書店（初出 1995）

狩野久 1990「御食国と膳氏—志摩と若狭—」『日本古代の国家と都城』東京大学出版会
　　（初出 1970）

佐藤信 1997「古代安房国と木簡」『日本古代の宮都と木簡』吉川弘文館（初出 1993）

渋沢敬三 1993「式内水産物需給試考」『渋沢敬三著作集 1』平凡社（『祭魚洞雑考』岡
　　書院，1949 所収。初出 1941・42）

渋沢敬三 1993「『延喜式』内水産神饌に関する考察若干」『渋沢敬三著作集 1』平凡社
　　（『祭魚洞雑考』岡書院，1949 所収。初出 1949）

仁藤敦史 1996「伊豆国成立とその特殊性」『静岡県史研究』12

松井章 2008「サケ・マス論，その後」芹沢長介先生追悼論文集刊行会編『芹沢長介先
　　生追悼考古・民族・歴史学論叢』六一書房

渡辺晃宏 2001「志摩国の贄と二条大路木簡」奈良国立文化財研究所編『長屋王家・二
　　条大路木簡を読む』吉川弘文館（初出 1996）

渡辺晃宏 2012「贄貢進と御食国—淡路国と参河国の荷札の基礎的分析—」奈良文化財
　　研究所編『文化財論叢IV』奈良文化財研究所

渡辺晃宏 2015「因幡国の海藻荷札管見—釈読訂正と地名の同定—」『奈良文化財研究
　　所紀要 2015』

Ⅱ　食事作りの現場を考える
──古代の台所──

1　甑（蒸し器）を使った古代の炊飯方法

西　念　幸　江

は じ め に

　奈良時代の炊飯方法については，木製甑の使用例から「蒸し」であったことはまず間違いない。それは後述する天平宝字6年（762）12月16日「石山院奉写大般若経用度雑物帳」で，食料のほかに釜2口と甑1口が給付されていることからも明らかである。本章では，奈良時代の官人の写経所における給食のうち，主食である「飯」の調理法を検討し，その炊飯方法の実態を明らかにしたい。

1　古代の炊飯法

　「正倉院文書」や平城宮跡出土木簡からは，古代における官人の給食を知ることができる。また『うつほ物語』では，官司ではないが貴族の邸宅における大量調理の様子をうかがうことができ，そこから甑を用いて蒸して炊飯を行っている様子がわかる。

　ところで大量調理を行うには，相当大きな調理具が必要となる。遺跡から出土する土器の種類には，坏・埦・高坏・皿・甕・壺などがあるが，このうち坏・埦・高坏・皿は食膳具であり，須恵器の甕・壺などは貯蔵具として用いられた。一方，土師器の甕については，甕の内外に付いた焦げの状況から煮炊き具と考えられている。

　出土する土器の比率から，一般集落の遺跡では食膳具類に対し煮炊き具の割合は全体の30%程度であるのに対し，平城宮跡などの都城遺跡などから出土する煮炊き具は，遺跡全体の10%にも満たない。しかし「正倉院文書」や木簡

表 1　写経所において支給される食品名および量 (g に換算)

	人数	米	塩	醬	末醬	酢	糟醬	海藻, 滑海藻
経師	40	1207.0	36.0	85.2	85.2	35.5	71.0	83.8
題師	1	1207.0	36.0	85.2	85.2	35.5	71.0	83.8
校生	8	956.6	7.2	51.1	51.1	35.5	71.0	83.8
装潢	4	1207.0	36.0	85.2	85.2	35.5	71.0	83.8
膳部	2	724.2	7.2	—	—	—	71.0	41.9
雑使	4	724.2	7.2	—	—	—	71.0	41.9
駆使丁	16	1207.0	7.2	—	—	—	71.0	41.9

調理食品	飯	調味料		羹汁
食器(経師)	笥	塩坏		陶水椀
膳部など	坏	〃		片椀

・1 升＝10 合＝4 今合 (現代の合に換算すると 4 合になる)
・1 両＝41.9 g

などの文献史料からわかるように，平城宮に勤務する大量の官人に対して大量調理が行われていたはずである。先掲した『うつほ物語』では金属製の「鼎(かなえ)」が用いられており，また平城宮と同様に大量調理が必要な寺院でも，「法隆寺伽藍縁起幷流記資財帳」などをみると「鉄釜」と「甑」が使用されていたことが判明するので，平城宮でも実際には甕などの土器ではなく，鉄釜などによる大量調理が行われていた可能性が高い。『うつほ物語』では，「鼎」に甑を用いて炊飯を行っているので，平城宮でも木製の甑の出土があることから，鉄釜に木製甑を用いて炊飯を行っていたと考えられる。

　そこでこのような古代における炊飯の「飯」がどのようなものであったか，次に実際に炊飯実験を行って復元を試みた。

2　飯 の 復 元

浸漬の有無による違い

　「正倉院文書」に「稲依子」「越特子」という稲の品種と思われる表記はあるが，それがどのような特徴の米なのか，現在のどの品種が同じ系統なのか，または類似しているのかなどは不明である。品種が特定できないので，本実験では作付割合 1 位のコシヒカリを試料とすることにした。うるち米（茨城県産コシヒカリ，平成 26 年）を都内の米販売店で精米してもらったうえで購入した。

布乃利, 大凝菜, 小凝菜	芥子	糯米	大豆, 小豆	胡麻油	漬菜
83.3	14.4	60.4	110.0	22.7	56.8
83.8	14.4	60.4	110.0	22.7	56.8
83.8		60.4	110.0		56.8
83.8	14.4	60.4	110.0	22.7	56.8
—	—	—	—		56.8
—	—	—	—		56.8
—	—	—	—		56.8
心太 片椀		餅・煎り豆？ 佐良(皿)			漬物 坏 佐良

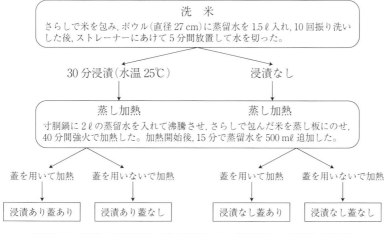

比較として通常の炊飯方法で飯を調整した。調製条件：洗米後，米重量の
1.3倍量の蒸留水に30分浸漬し，炊飯器（象印マホービン㈱製）で炊飯。

図1　試料の種類

購入後は実験日まで冷蔵保存した。

　写経生への食品の支給量は表1に掲げた。経師1人あたり米は1日に2升支給されており，古代の1日の食事は朝夕の2回であるから，1回の食事の米の量は1升となる。古代の米1升は現代の約4合に相当するので，大升とすると約0.142ℓであるが，これを米の重量に換算すると米1升は603.5gになる。

表2 米および加熱条件の異なる飯の性状

	米	通常の炊飯	浸漬あり	
			蓋あり	蓋なし
洗米後重量変化率(%)	—	10.7±1.0	9.7±0.3	9.7±0.8
浸着後重量変化率(%)	—	28.6±0.2	25.4±2.2	25.5±2.1
炊き上がり重量変化率(%)	—	113.2±1.4	30.4±0.9	27.5±1.7
炊き上がり倍率(倍)	—	2.1±0.0	1.3±0.0	1.3±0.0
長 径	5.1±0.1	7.7±0.4	5.9±0.1	5.5±0.2
短 径	2.8±0.1	3.5±0.1	3.0±0.1	3.1±0.1
破断応力(×10⁵Pa)		5.8±0.9	6.6±0.9	6.5±0.9
色　　　　L*	73.1±0.8	71.1±0.8	67.0±1.0	73.2±1.1
a*	0.06±0.0	−1.8±0.1	−1.3±0.2	−1.0±0.1
b*	15.1±0.3	6.4±0.2	10.6±0.8	10.0±0.9
米との色差	—	9.0(大いに)	7.6(大いに)	5.1(目立つ)

$$色 \quad L^* \quad a^* \quad b^*$$

（破断応力の単位は $\times 10^5 \, Pa$）

試料は写経所で支給される 1 合（1 食分）603.5 g を計量し，洗米した。洗米方法は『延喜式』にならって行った。これによると古代の洗米方法は，「磨_御飯_暴布袋一口〈長一丈〉，暴布巾卅六条」とあり，本実験ではさらしで米を包み，ボウル（直径 27 cm）に蒸留水を 1.5 ℓ 入れ，その中で 10 回振り洗いをした。洗米後，ストレーナーにあけて 5 分間放置して水を切り，すぐに加熱する試料（以下，浸漬なし）と浸漬後に加熱する試料（以下，浸漬あり）の 2 条件を採用した（図 1）。

浸漬は，ボウル（直径 24 cm）に米重量の 1.5 倍量の蒸留水（水温 22℃）を入れて，水切り後の米を投入して 30 分放置して行った。浸漬後の米は，ストレーナーにあけて 5 分間放置して水を切り，炊飯した。奈良時代の炊飯には甑が用いられており，現代の加熱方法では蒸し加熱に該当する。しかし，甑は蒸し器や中華せいろとは形状が異なるため，直径 26 cm のアルミニウムの寸胴鍋にざるを裏返して入れ，その上にシリコーンゴムの蒸し板をフックで固定して加熱器具とした。

寸胴鍋に 2 ℓ の蒸留水を入れて沸騰させ，さらしで包んだ米を蒸し板にのせ，40 分間強火で加熱した。蓋を用いる場合と用いない場合の 2 条件（以下，蓋あり，蓋なし）を採用した（図 1）。また，加熱開始後 15 分で蒸留水を 500 mℓ 追加した。また，通常の炊飯方法として，米を米重量の 1.3 倍量の蒸留水に 30 分浸漬後，炊飯器で炊飯した試料も調製した（以下，通常炊飯。図 1）。

表2に米および加熱条件の異なる飯の性状を示した。洗米後の重量変化率は 9.5〜10.7% で，通常の炊飯が高くなっている。「浸漬あり」および「浸漬なし」の試料は古代の洗米方法を模して行い，洗米後の重量変化率は 9.5〜10.3% であった。一方，通常炊飯の洗米後の重量変化率は 10.7% と古代の洗米方法を模したものより，やや高い傾向にあった。現代の通常の洗米方法で 10% 前後といわれているので，古代の洗米を模した方法でも同程度だったことになる。模擬的に行った洗米

浸漬なし	
蓋あり	蓋なし
9.5 ± 0.1	10.3 ± 0.4
—	
15.2 ± 1.6	12.7 ± 0.9
1.2 ± 0.0	1.1 ± 0.0
5.4 ± 0.2	5.4 ± 0.2
3.0 ± 0.1	2.9 ± 0.1
18.5 ± 5.0	21.3 ± 12.3
71.5 ± 2.3	75.4 ± 0.2
− 0.7 ± 0.3	− 0.4 ± 0.1
15.5 ± 1.2	14.0 ± 0.8
1.9(感知できる)	2.6(感知できる)

方法であったが，有用であったと考える。浸漬後の重量変化率は 25.4〜28.6% で，炊飯条件による違いはなかった。炊き上がり後の重量変化率は 113.2〜12.7% と炊飯条件による違いがみられ，通常の炊飯が高く，浸漬なし・蓋なしが低かった。炊き上がり倍率（炊き上がりの飯の重量／米の重量）は 1.1〜2.1 倍で，通常の炊飯が高く，そのほかの条件間では差が少なかった。

　浸漬後の重量変化率は蓋あり，蓋なしともに約 25% で，調製方法による差は少なかった。本実験で浸漬時間を 30 分としたのは，炊飯の吸水曲線において急激に値が上昇する時間を採用したためである。これ以上浸漬時間を延長することによる重量変化率への影響は少ないと考える。これは炊飯吸水曲線をみると 30 分以降はほぼ平衡な状態となり，2 時間以上は変化がなく有限膨潤であることから示されている。浸漬時間は夏場が短めで冬は長めにといわれるが，これは水温が高い方が早く吸水するためである。本実験時の水温は 22℃ であった。東京都水道局が報告している平成 25 年度各月の水道水の水温（平均）は 6.9〜27.7℃ で，今回の水温の 22℃ は 6 月に近い値であり，1 年のなかでも高めの温度である。本実験の条件において，水温が低いから吸水が低いというのは考えにくい。このことからも本実験の浸漬後の重量変化率が約 25% であったのは妥当だと考える。

　炊き上がり後の重量変化率および炊き上がり倍率では，通常の炊飯が最も高かった。うるち米を通常の方法で炊飯する場合，洗米・浸漬中に吸水し，さら

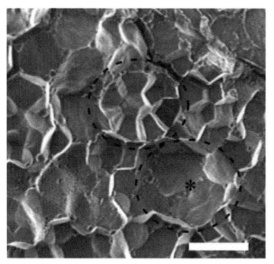

図2　イネ（品種 日本晴）とオオムギ（品種 すずかぜ）
　　の完熟種子の断面を走査

に加熱中にも吸水することで重量が増加する。我々が日常食べている飯の炊き上がり倍率は2.1～2.3倍といわれ，本実験の通常の炊飯の結果は妥当と考える。蒸し加熱した4条件は1.1～1.3倍とかなり低く，うるち米より硬めが好まれる強飯でも1.6～1.9倍あるので，生の米に近い状態であった。蒸した試料の浸漬の有無で比較すると，浸漬ありの方が浸漬なしよりやや高かった。加熱後の重量増加の要因が吸水量であるため，浸漬があることで吸水量が増え，重量が増加したと考える。また，蒸しているときの蓋の有無では蓋がある方がやや高くなっているのは，蓋があることで蒸気が対流し，さらに冷たい米と接して凝結し，潜熱を放出して水滴となって落下し，米に吸収されるためではないかと考える。

　米および飯の形状については，長径が米5.1 mmであったのに対し，通常炊飯は7.7 mmと長くなった。しかし，ほかの条件では5.4～5.9 mmと米に近かった。短径は米2.8 mmで，通常炊飯では3.5 mmと長くなっていたが，そのほかの条件では2.9～3.1 mmと米に近かった。長径，短径ともに蒸した飯は米と近似した値を示した。本実験で使用した米は当年新米であり，試料間で米表面の亀裂や白濁といった米粒の異常はみられなかった。そのことから，形状の変化は炊飯条件の違いによるものだと考えられる。

　米の加熱過程における変化は，主に米胚乳部に存在するでんぷん粒の糊化による物理的性状によるものといわれている〔貝沼 1994〕。つまり本実験の蒸した飯では，加熱過程で生じるでんぷん粒の膨潤と糊化で必要な水分がバランスよく米に供給されなかったことが，飯の伸長に影響を及ぼしたと考えられる。

米と飯の破断応力は，通常の炊飯は $5.8×10^5$ Pa と最低値を示したのに対し，浸漬ありの試料が約 $6.6×10^5$ Pa，浸漬なしの試料は約 $20.0×10^5$ Pa と，浸漬なしの試料が最高値を示した。蒸した飯の破断応力は，通常の炊飯より高く米に近い値であり，飯としては硬いといえる。

　でんぷんは水の存在するなかで加熱すると，粘度，透明度が増した糊液となり（糊化），軟らかくなる。その後，糊化したでんぷんを放置すると，徐々に粘度や透明度が低下して硬くなり，食味が悪くなる（老化）。破断応力に差が出たのは，浸漬により米内部に保持された水分がでんぷん粒の膨潤と糊化に影響を及ぼしたためではないかと考える。また，米の性状は長径・短径ともに浸漬の有無では変化しなかったのに対し，破断応力では異なる値を示した。これは，米内部のでんぷん粒が，飯の伸長に影響を及ぼすほど膨潤・糊化しなかったことが要因ではないかと考える。

　以上，蒸した条件は多くの測定項目で通常の炊飯より米に近い値を示した。とくに浸漬がないこと，および蓋がないことが出来上がりの性状の変化を少なくさせていると考える。

　今回のうるち米を蒸す条件では，飯の外側はやや軟らかく，中心部は芯が残り生の米の状態であったというように，内外に差が生じていた。また，蒸した鍋全体でみると，蒸している際，上部にあった米と底にあった米はやや軟らかく，多少の粘りがあった。つまりでんぷんの糊化が進んでいた可能性がある。上部は鍋の中で対流していた蒸気が付着し水分が補われたこと，底は敷いていたさらしに付着した水分を米が吸収したことが原因ではないかと考える。米の糊化の条件として水分があげられることから，上部と底部のどちらも水分が補われていたことが，やや軟らかく，やや粘りのある飯に変化させたと考える。

　しかし，蒸した鍋の中心部はほぼ生の米のままであった。このように飯1粒でも内外差が，蒸した鍋でも位置による差が生じていた。これらは，図2〔川越 2013〕に示したように，米のでんぷんが石垣状の細胞構造中に存在しているため，炊飯の際の吸水や糊化には時間がかかることが影響しているのではないかと考える。

　古代では現代の「飯」とはテクスチャーが異なり，やや硬くても食していたのかもしれない。しかし，日々の食事として今回の実験で調製した飯を食する

のは，食味の面から難しいのではないかと考える。さらに糊化していないでんぷんや老化しているでんぷんは消化しにくく，栄養面からも適していない。現代の通常炊飯した飯のように軟らかくて粘りのある飯に仕上げるには，水分の補給が必要と考える。現代でももち米は蒸して加熱する。その加熱工程では硬さ調整のために振り水を行う。うるち米を蒸す際にも振り水を行い，その効果を検討する必要があると考える。

　また，写経所の1食分の飯を盛り付けた場合，図3に示すように温かいうちなら器に山盛りに盛り付けられたが，食べる時には箸を入れると崩れてしまった。温かい時はやや軟らかく，やや粘りもあった飯も，温度低下に伴いパサパサして硬い状態，つまりでんぷんの老化が起きた。でんぷんが完全に糊化しているわけではないため，老化も早く進むと考えられる。

振り水の有無による違い

　うるち米を蒸して，でんぷんを糊化させて飯に変化させるには水分を補う必要があることがわかった。そこで，もち米を蒸す際に行う振り水を参考に，うるち米を蒸す際にも振り水を行い，この効果を検討した。

　すると炊き上がり倍率は1.2〜1.8倍であり，蓋をして，振り水もした試料が高い傾向にあった。しかし，通常の炊飯の約2.1〜2.3倍に比べるとすべての試料が低かった。炊き上がり倍率から考えると飯というより米に近いと考える。

飯の長径と短径を表3に示した。すべての試料において長径・短径ともに通常の炊飯より短く，米に近い値であった。振り水を行ったとしても米が十分に膨潤するほど吸水が得られる炊飯方法ではないといえる。

　飯の色を観察すると，振り水の有無にかかわらず蓋なしの飯は白濁しており，米に類似していた。また，蓋ありの試料は振

図3　飯の盛り付け

り水の有無にかかわらずやや透明な部分があり，糊化しているところもあった。

　これらより，振り水が炊飯後の飯の外観などに及ぼす影響は少な

表3　加熱条件の異なる飯の粒径

	米	蓋有り	蓋無し	蓋有り 振り水	蓋無し 振り水
縦(cm)	4.6±0.2	5.5±0.3	4.6±0.2	6.0±1.0	4.0±0.3
横(cm)	2.8±0.1	2.7±0.1	2.8±0.2	3.1±0.1	2.4±0.2
幅(cm)	1.8±0.1	1.6±0.1	1.8±0.1	1.9±0.3	1.5±0.1
飯の形状					

いと考える。振り水をしても，うるち米を甑で蒸すと生米に近い形質が残ることがわかった。

品種による違い

　うるち米は炊くが，もち米は蒸す。これはもち米は硬めが好まれること，浸漬時の吸水率が高いことなどが要因である。そこで，蒸した飯の性状に及ぼす米の品種の影響を検討した。

　今回は，現代でも蒸し加熱で調理するもち米も試料に用いた。もち米のでんぷんはアミロペクチン100％で，浸漬時の吸水率が高い要因にはこのアミロペクチンが関与している。そこで，コシヒカリに加え，低アミロース米といわれる，アミロペクチン含有量が高いミルキークイーンも用いた。そのほかに搗精度が高い酒米（山田錦）を用いた。

　炊き上がり倍率は1.2〜1.8倍とこれまでの実験と同程度であった。どの品種においても浸漬した試料の方が炊き上がり倍率は高かった。この炊き上がり倍率から考えて，飯の長径・短径もこれまでと同様の傾向であろうと推察する。品種を替えても米に近い状態は改善されなかった。

お わ り に

　以上より，米から飯に変化させるには，浸漬と加熱時の蓋の使用が必要と考える。しかし，それでも通常炊飯の飯よりは硬く，近い状態にすることもできないと考える。改善策として蒸している時の振り水が考えられたが，これも影響は少なかった。さらに品種の違いも検討したが，これも影響は少なかった。

うるち米は蒸しても生の米の状態を呈していた。これを飯のテクスチャーに近づけるには，蒸す前または蒸した後に何か処理を施す必要があると考える。今後は，蒸した米をもう一度，水と加熱するなどの方法を検討する必要があると考える。また，『延喜式』に飯を洗ったという記述があるように，木簡や文献などの史料をさらに調査する必要がある。奈良時代は火葬が主流であり，人々が食べた調理後の形態を類推できる顎骨や歯はほとんど出土していない。そのため，「古代の書物」や「出土した器具」から考察した食風景と，それらを基に科学的視点から導き出された食風景との整合性をとる必要がある。今後も慎重に古代史料を読み解き，復元を進めていきたい。

　文献史学では，「正倉院文書」や『延喜式』大炊寮条，長屋王家木簡から「米」と「飯」の換算率を１：２と考える説が存在する〔吉野 2010〕。今回の実験では１合升に入る米の重量を測定し，その重量の米を炊飯器で炊飯，または蒸し加熱をした。その加熱後の飯を一合升に詰めて容量を測定したところ，通常に炊飯した飯は約 2.6 杯（2.6 倍），蒸した場合は約 2 杯（2 倍）であった。つまり「米」と「飯」の換算率を１：２と考える説と同様であった。しかし，本実験では飯を詰める際に隙間ができないように竹串を使って詰めたが，それでも隙間があり，この部分も飯が詰まっているとして測定されてしまう。今回の２倍はあくまでも参考値であり，正確な数値ではないと考える。飯を升に詰める際に隙間ができること，押し込んでしまい多く入ることなど，容量を正確に測定するのは難しい。

　本実験は，「奈良時代はうるち米を蒸していた」というのは，調理科学的な観点から考えると無理であるということから始まった。結果としては，やはり蒸しただけのうるち米を食するのは難しかった。復元するということは難しいことだが，さらに研究を進め，古代の食事の一端が紐解けたらと考える。

参考文献

貝沼やす子 1994「米の調理」『調理科学』27

川越靖 2013「米の澱粉粒のライブ観察」『化学と生物』51-7

吉野秋二 2010「古代の「米」と「飯」」『日本古代社会編成の研究』塙書房

2 平城宮東院地区の厨関連遺構
——写経所の台所を復元するために——

小 田 裕 樹

はじめに

　平城宮・京跡の発掘調査に携わる筆者にとって，写経生らの食事を準備した古代の台所——調理・給食施設の具体的なイメージを摑むことは簡単ではない。

　奈良時代の平城京の人々は，土間や床張りの掘立柱建物に住んでいた。地面を掘り窪めた竪穴建物（住居）であれば，発掘調査により床面や壁面にカマドを造り付けた痕跡を検出でき，さらにその周辺で食器や煮炊きに使われた土器が出土する状況から，建物の中でおこなわれていた調理空間をある程度復元することができる。しかし，掘立柱建物に居住する生活様式へと転換していた平城京では，カマドなどの調理空間の痕跡は後世の削平などにより失われやすく，発掘調査で検出できる機会はきわめて少ない。このような状況から従来は，掘立柱建物の近くで見つかる井戸や食器・煮炊き具として用いられた土器が出土する状況をもとに，住居の傍の井戸で水を汲み，その近くで煮炊きをおこなっていたとのイメージにとどまっていた。

　しかしながら，近年，平城宮東院地区の発掘調査で奈良時代の調理・給食施設の姿を彷彿とさせる遺構群が見つかった。この遺構群は奈良時代後半の天皇や貴族らの宴をはじめとする食膳の準備をおこなった「厨」の一部を構成していた可能性が考えられる。

　写経所とほぼ同時代に稼働していた平城宮の厨関連遺構を検討し，奈良時代の調理・給食施設の特徴をとらえることは重要であろう。本稿では，平城宮東院地区の調査成果をもとに，奈良時代の台所の復元を試みたい。

1 平城宮東院地区の調査成果

平城宮東院地区の発掘調査

東院地区は平城宮の東張り出し部南半の呼称である（図1）。奈良文化財研究所では継続的に東院地区の発掘調査を実施しており，東南隅で庭園遺構を検出したほか，中枢部では複数の時期にわたる多数の掘立柱建物や区画施設を検出している。これらの調査成果から，東院地区では大規模な建物とこれに付随する小規模な建物群からなる施設が建て替えられ，時期により性格が変化していることが明らかになってきた〔小田 2020〕。

厨に関連する遺構は，東院地区西北部の第593・595次調査で見つかった（図2）。ここでは，大型の井戸と地上式の据え付け竈の痕跡とみられる方形区画遺構および関連遺構を検出しており，それぞれの遺構について次に紹介する。

大型井戸と派生する溝（第593次）

〈大型井戸〉

大型井戸（SE20000）は，井戸枠本体の周囲に石敷きを施し，石組溝で四周を囲む（図3・4右上）。井戸枠を据えるための掘方が一辺約4.6m。井戸枠はその西寄りに据えられていたと考えられ，東側には階段状の段差があり東方へ続く。井戸枠そのものは抜き取られていたが，抜き取り穴の規模と形状から，直径約0.7mの木を刳り抜いた井戸枠であった可能性が高い。

井戸枠の周囲は石敷きで舗装されていたとみられる。東西約9.5m，南北約9mの範囲を浅く掘り窪め，四周に幅約0.5mの石組溝を設ける。この井戸枠周囲の空間には礎石抜き取り穴とみられる小穴があり，周辺では瓦の出土が集中することから，井戸枠を覆う瓦葺きの井戸屋形が建っていたと考えられる。

〈遺構の特徴〉

平城宮内では井戸枠周囲に石敷き・石組溝を設ける大型の井戸が数例見つかっている。このなかで，平城宮内裏地区の井戸（SE7900）は東西約9.4m，南北約11.5mの規模で，井戸枠の掘方は一辺3.5〜3.8mであり，直径約1.3mの刳り抜き式の井戸枠を検出している。井戸枠周囲には玉石敷きと塼敷きの溝があ

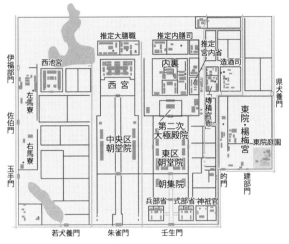

図1　奈良時代後半の平城宮と東院地区

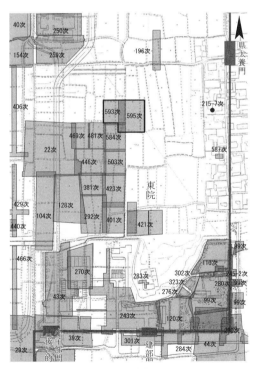

図2　東院地区の調査位置図　1：5,000

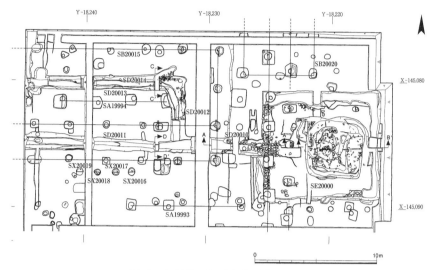

図3　大型井戸と派生する溝・覆屋

（山藤ほか2018を一部改変）　1：300

左　　：大型井戸と派生する溝（東から）
右上：大型井戸 SE20000（北から）
右下：派生する溝と覆屋（北から）

図4　東院地区で検出した大型井戸と，そこから派生する溝・覆屋（奈良文化財研究所蔵）

る。東院地区の大型井戸はこの内裏地区の井戸に匹敵する規模・構造をもち，平城宮内で最大級の井戸であった。

　また，大型井戸は湧水層まで方形の掘方を掘り下げた後に，湧水の浄化を目的として砂礫を敷き込んで透水層を構築している。透水層の上をさらに粘土層で埋めているが，これは井戸枠の裏込め土になると同時に，湧き出た水を礫敷き層に透水し，湧水を井戸枠に導く意図があったと考えられる。このような井戸枠掘方に礫や砂層による透水層を構築し，上位に水を通さない粘土層を積む構造は先述の平城宮内裏 SE7900 のほか石神遺跡 SE800，飛鳥宮 SE8061，飛鳥池遺跡 SE42，平安宮内酒殿の井戸など，古代宮都中枢部の大型井戸で確認されている。清浄な水を安定的に得るために宮都中枢部の大型井戸に採用された工夫であったとみられる。

〈井戸から派生する溝〉

　さらに，井戸および四周の石組溝から西方に派生する溝を検出した（図4左・右下）。この溝はさらに2本の溝に分岐し，覆屋（SB20015）が建てられている（図4右下）。井戸からまっすぐ西方に続く SD20011 は細くて浅く（幅0.8〜1.0 m，深さ0.5〜0.6 m），この溝から分岐して約5m北を並走する SD20012・20013 は太くて深い特徴をもつ（幅約1.2 m，深さ0.6〜0.8 m）。この2本の溝が覆屋の中を流れる構造であり，SD20013 は覆屋の身舎の棟通りを，SD20011 は廂の中央を通る。覆屋内では護岸をもたない素掘溝となっており，屋内では岸を削るような激しい流水ではなく滞水状態にあったことがうかがえる。この溝に流れ込む四周の溝は井戸屋形の雨落溝も兼ねており，SD20010 にはこれらの水も流入する構造であった。井戸の水に加えて，雨水の利用も意図していたことがわかる。

〈井戸周辺の出土遺物〉

　井戸および派生する溝からは，溝の埋め立てに際して廃棄されたとみられる多量の遺物が出土した。とくに，派生する2本の溝から出土した遺物は奈良時代後半の土器・土製品が多く，食器類に加えて，須恵器甕・盤，土師器甕・竈形土製品が多いことが特徴である。土師器では食器類が約6割に対して煮炊き具類が約4割を占め，須恵器でも食器類が約6割に対して盤や壺・甕などの調理具・貯蔵具類が約4割を占める。これらは，平城宮内で一般的な土師器食器

類が多く出土する傾向〔玉田 1992，森川 2015〕に対し，特徴的な土器組成といえる。さらに注目すべき点として，奈良時代前半代に属する土器が含まれる点や，傷ついた土器が出土している点も特徴である。これは奈良時代前半から長期にわたって使用・保管されていた食器も含めて，溝の廃絶時に一括して廃棄されたものと考えられる。

　以上の出土土の様相から，井戸や溝の周辺では食器類に加えて調理具・貯蔵具が使用・保管されていたと考えられる。大型井戸の周辺に調理に関わる施設が存在していた可能性が高く，井戸の水を利用して調理や食膳の準備がおこなわれていたと考えられる。

方形区画遺構と関連遺構（第595次）

〈方形区画遺構〉

　大型井戸の検出を受けて井戸東方の隣接地を調査した。その結果，地上式の据え付け竈の可能性が高い方形区画遺構（SX20100〜20107）と呼ぶ特徴的な遺構群を検出した（図5）。

　方形区画遺構は幅約40 cm，深さ約15 cmの素掘溝で四周を囲まれた縦に長い区画を相互に連結する。東側に長い区画が3つ，西側にやや短い区画が5つの合計8区画が東西に並ぶ。この区画内部では方形遺構と呼ぶ複数の被熱痕跡や焼土の分布を確認した（図6）。この被熱痕跡や焼土集中部分に隣接して，土をいったん掘り込み，粘土で埋め戻した遺構がある。この掘り込み遺構の上には小形の穴があり，そのうち1つには石が据えられていた。また，この区画の周囲では掘方の形状・規模が不均一な小柱穴が見つかっており，簡易な構造の東西棟建物（SB20111）が建てられていたと考えられる。

〈遺構の特徴〉

　粘土の被熱痕跡と炭・焼土の分布は，この上で火が焚かれたことを示す。その被熱状況に強弱の偏りがあることから，単純な「野焼き」のような燃やし方ではなく，何らかの構造物をともなった燃焼であったと考えられる。被熱痕跡や焼土が集中する部分が焚口＝燃焼部で，その反対側に排気口＝煙道が設けられた可能性が高い。煙道と推定される側では遺構としては残っていないものの，掘り込み遺構が煙道の基底部となり，小形の穴に据えられた石が煙道部を支持

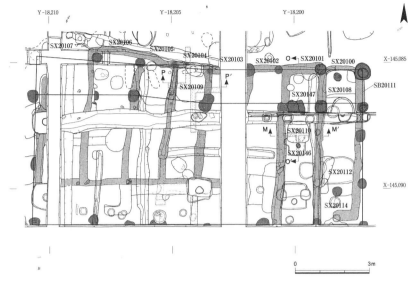

図5　方形区画遺構（山藤ほか 2019）　1：120

図6　方形遺構 SX20110 検出状況
（山藤ほか 2019，奈良文化財研究所蔵）

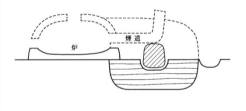

図7　地上式竈復元断面図
（山藤ほか 2019）

する構築材として，上部に煙道が構築されていた可能性が高いと考えられる。

〈地上式据え付け竈の復元〉

　このような方形区画遺構の所見をもとに，地上式の据え付け竈の存在が推定された（図7）。竈の構築過程を復元すると，まず一辺約1mの範囲を深さ20cm程度掘り窪めて，層状に土を突き固めて地業を施す。この地業に隣接して，支柱を用いつつ粘土を突き固めて竈本体を構築する。地業の反対側に焚口を開

口し，地業部分には石を据えて基礎を固め煙道を作り，竈本体に接続させる。竈の左右および煙道側の外部は素掘溝で区切り，水分の影響を防ぐ。そして，竈上部に釜などをかけ，床面で燃料を燃やし加熱調理をおこなっていた。竈の背面には煙道があり簡易な覆屋の外に煙を排出していた。なお，被熱痕跡には重複関係があることから，方形区画遺構の同一の区画を踏襲しつつ，数回にわたって竈が造り替えられていた可能性がある。

　方形区画遺構周辺から多量の土器が出土したが，竈本体とみられる方形遺構より南の区画溝からの出土が顕著であり，北の区画溝や方形遺構周辺では出土が少ない。また土器組成をみると，食器類に加えて，甕・鍔甕・竈形土製品[1]といった煮炊き具類が目立つ点が特徴的である。

〈竈屋の建て替え〉

　方形区画遺構は，5×2間で桁行中央3間に西廂をともなう南北棟建物（SB20120）に建て替えられる。建物内部には小礫敷きが施され，これを覆うように多くの炭を含む層がこの建物を中心に広がっていた。加えて，建物の範囲に重複して東西方向に4基並ぶ被熱痕跡を検出した。これらから，南北棟建物も地上式の据え付け竈を複数基並列して設置した施設であったと考えられる。また，南北棟建物の西廂と井戸東方から繋がる階段が対応しており，井戸との行き来がしやすい動線が確保され，より効率的な利用が意図されていたことがうかがえる。

　方形区画遺構から南北棟建物への建て替えは，井戸と竈屋周辺を機能的な動線と整然とした空間に整備したものと考えられる。

〈南方の南北棟建物〉

　方形区画遺構や南北棟建物（SB20120）の南方で，東西2間で南北8間以上，東廂がつく南北棟建物（SB20130）を検出した。この建物内でも被熱痕跡を検出したが，炭を含む堆積土は多くない。建物を囲む溝からは一時に埋められたとみられる土器が多量に出土し，その土器組成をみると大部分は食器類で占められている。

　小　結

東院地区の発掘調査では大型井戸および地上式竈が複数基設置された遺構を

検出した。これらの遺構は互いに有機的な関係をもつ一連の施設を構成していたとみられる。各遺構や周辺から出土した土器の組成に注目すると，いずれも奈良時代後半の食器類が主体となるものの，平城宮内の他の地区に比べて煮炊き具・貯蔵具が多い点に特徴がある。そして，竈の周辺では煮炊き具が多く出土し，井戸と派生する溝周辺では貯蔵具類が多く，奈良時代前半代の土器も少量ながら出土している。さらに南方の南北棟建物（SB20130）周辺は食器類が多い。このように各遺構により土器組成に違いがみられる。

　これらをふまえると各遺構は，食膳の準備に関わる施設であったと考えられる。清浄な水を確保するための大型井戸を中心として，周囲に複数の施設を配置していた。井戸の西方に派生する溝と覆屋は井戸の水を効率的に利用する洗い場に類する施設であった[2]。井戸の東方は，地上式の据え付け竈を設置し，加熱調理をおこなう施設であった。また南方の南北棟建物周辺は調理・配膳施設として機能していたと考えられる。このように，各施設は奈良時代後半の東院地区において食膳を準備する「厨」を構成していたと考えられる。

2　東院地区の「厨」関連遺構の発見とその意義

遺構からみた東院地区の「厨」の特質

　東院地区の厨とみられる各遺構群から，以下のような特徴を抽出できる。

①機能に応じた建物・空間の分化

　大型井戸を中心とする「水の空間」と複数基の地上式竈を設けた「火の空間」を隣接して設置しており，調理や食膳の準備に関わる諸機能を1つ1つの建物・空間ごとに分け，それらを総合して全体の空間が構成されていたとみることができる。このように各機能に応じた効率的な作業動線の確保と合理的な施設配置がなされている点が特徴といえる[3]。これは方形区画遺構から南北棟建物（SB20120）への建て替えにみられるように，厨設置以後もさらに整備が進められたものとみられる。

②長舎・連房式空間の多用

　方形区画遺構は東西に8区画，井戸から派生する2本の溝の覆屋SB20015は東西6間以上，南北棟建物SB20130は南北8間以上ある。このように各施設で

は長舎や連房式の建物・区画を設けている点が特徴である。これは，等質の単位空間を複数連ねて長舎・連房式の構造をとることにより，同じ作業を一度に多くの人間でおこなう協業に適した空間構造であったと考えられる。同時代の瓦工房の長大な掘立柱建物〔京都府埋蔵文化財調査センター 1991，大和郡山市教育委員会 2000〕や鉄鍛冶工房の連房式竪穴〔小池 2011〕などにみられるように，奈良時代の大量生産とその工人管理に適した空間に共通する特徴といえる。

　また同時に長舎・連房式の空間は，規模の調整が可能な点も特徴である。常時最大稼働していたわけではなく小規模稼働にも対応でき，準備する食膳の規模と作業内容・人員に応じて使用する範囲を決めていたのであろう。

　以上 2 点の特徴が東院地区の厨の特質といえる。これは，大規模な食膳準備に対応して合理的・機能的な施設の配置がなされていたと位置づけられる[4]。

東院地区中枢施設と「厨」

　では，この厨で準備された食膳はどこへ運ばれたのだろうか。東院地区の発掘調査により中枢施設の様相についても徐々に明らかになりつつある。東院地区の遺構変遷は東院 1 期から 6 期までの 6 時期に区分されており，厨の存続時期は遺構の重複関係と出土遺物より東院 3 期（749〜757）から 4 期（757〜765），5 期（765〜770）の間に比定される[5]。

　厨の設置当初にあたる東院 3 期の中枢施設は，現在の宇奈多理神社北方の調査で検出した大規模な四面廂建物（SB19080）が正殿で，梁行 20 尺の単廊（SC19112・19113）に囲まれていた（図8）。東院 3 期は天平勝宝年間に比定されており，孝謙天皇在位中の中枢施設であった「東院」の時期にあたる。『続日本紀』には天平勝宝 6 年（754）正月 7 日に孝謙天皇が東院に出御し，五位以上の貴族と宴をおこなっていたとある。この宴は正月七日節会であり，孝謙天皇とともに聖武太上天皇・光明皇太后も臨席していたことが『万葉集』（巻 20-4301）の題詞からわかる[6]〔上野 2014〕。

　東院 3 期の中枢施設では，天皇・五位以上の貴族らが参加した大規模な宴が催されていた。東院地区の厨関連遺構は，このような宴で出される食膳の準備を支えていたと考えられる。

　また，中枢施設は東院 5 期に単廊 SC19050 に囲まれる空間に建て替えられて

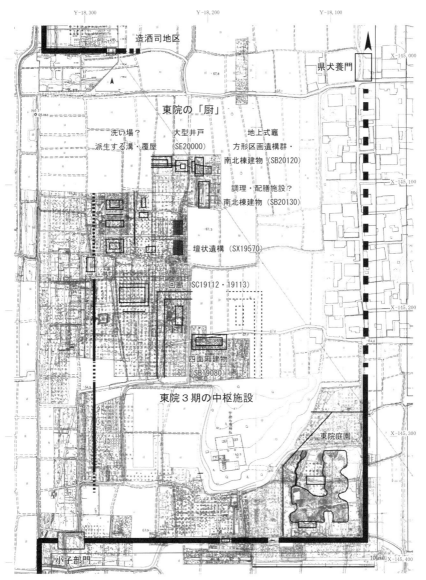

図8　東院3期中枢施設と「厨」（奈良文化財研究所編 2020 に加筆）　1：3,000

いるが，厨自体は存続していた可能性が高い。この厨の廃絶は光仁天皇による
楊梅宮の造営に関わり，大型井戸や竈施設は徹底的に破壊され，入念に埋め戻
されていた〔馬場 2019〕。楊梅宮の時期の厨は東院地区の別の場所に設置され
たとみられる。

東院地区の「厨」のイメージ

　最後に，平城宮東院地区の発掘調査により明らかになった東院地区の「厨」
のイメージを描出してみよう。

　奈良時代後半の東院地区中枢施設の北方には厨が設けられた。瓦葺きの井戸
屋形の内部には刳り抜き式の井戸枠があり，ここで汲み上げた水は階段を昇り
東方へ運ばれた。井戸の東には竈屋があり，その内部では複数の地上式竈が東
西に並列し，竈に設置した釜や土製煮炊き具を使用して加熱調理がおこなわれ
た。竈屋には簡易な屋根が掛けられていて，竈の煙道がそれぞれ屋外に出てい
た。この竈屋は後に南北棟建物に建て替えられることとなる。

　一方，井戸からあふれた水や井戸屋形の雨落溝を流れる水は西の溝に集ま
り，井戸西方の洗い場となる覆屋に引き込まれていた。覆屋内部では二筋の溝
に分かれ，下流をせき止めることにより水位を上げ，洗い場として使用してい
た。さらに井戸や竈屋の周辺では，調理・配膳をおこなう建物や食器保管施設，
甕などを据えた貯蔵施設が存在していた。[7]

　このように東院地区の「厨」では，機能ごとに役割を分担する施設を合理的・
計画的に配置し，大規模な饗宴から小規模な食膳の準備まで対応していたと推
測される。

おわりに——写経所の台所を復元するために——

　本稿では，平城宮東院地区の発掘調査で見つかった大型井戸や地上式の据え
付け竈とみられる遺構について紹介した。奈良時代後半の天皇・貴族の宴に供
した食膳などの大量調理・給食を支えた厨の具体的なイメージを描きうる遺構
と出土遺物を得たことで，今後さらに実証的・学際的な研究が進むことが期待
される。

平城宮東院地区の厨遺構の検出は，本書のテーマである写経所の台所をイメージするうえでも重要な調査成果といえる。ただし，平城宮と写経所では異なる点があることも注意しておかねばならない。

　まず平城宮東院と東大寺写経所では，食事の内容と規模が異なっていた。天皇・貴族の宴では諸国からもたらされたさまざまな食材を加工・調理した食膳が準備された一方，写経所では宗教施設である性格上肉類などを食すことができず，穀物と野菜，海藻類を主体とする食膳であった。

　また，写経所では天平宝字6年（762）12月16日の「石山院奉写大般若経用度雑物帳」によると，経師40人と題師1人，装潢4人，校生8人の53人と膳部2人・雑使4人・駆使丁16人の22人，合計75人の給食を2人の膳部で調理していたと考えられる〔三舟 2015〕。平城宮東院でも日常的な食膳の準備はおこなわれていたであろうが，先に見た天平勝宝6年の正月節会のように，大人数が参加し，多種多様な料理が供される饗宴のための食膳準備が可能な施設を備えておかねばならなかった。これらの相違点に起因して，厨の規模や人員体制も異なり，食材や調理法，盛り付けの食器類にも違いが生じていたと想定される。このような施設の性格の違いが食事や遺構・遺物の違いとどのように関わるのかを明らかにする必要がある。

　これらの相違点を認めつつも平城宮東院地区の厨遺構と写経所の調理施設は，同時代に存在していた平城京の調理・給食施設として共通する要素も多く，参考になると思われる。

　奈良時代の食事・調理・給食のイメージを具体化しうる遺構として，平城宮東院地区の厨関連遺構の検出は重要な意義をもつ。今後さらなる検討を重ね，古代の調理・給食施設の実態と時代的特質を明らかにしていきたい。

註

（1）　方形区画遺構周辺では，竈形の土製品が出土している。移動式竈や韓竈ともよばれるこの竈形土製品は従来，祭祀など特別な炊爨の際に用いられたと考えられてきた〔稲田 1978〕。東院地区の方形区画遺構周辺から竈形土製品が出土することは，加熱調理をおこなう同一空間内で，据え付け竈を用いた調理と竈形土製品を用いる調理の間に何らかの使い分けがあったことを示唆している。神事・祭祀

図 9　岐阜県郡上市の共同洗い場（渡部 2010）

用の特別な調理のためか，大量調理の際の相互補完的な使用かなど，厨遺構出土の竈形土製品はこの土製品の性格を考えるうえで新たな問題を提起している。

(2)　岐阜県郡上市では，川や湧水から引き込んだ水を野菜洗いや洗濯などに利用していた〔図 9, 渡部 2010〕。東院地区の大型井戸から派生する溝も同様に，井戸の水と雨水とを利用して野菜の泥落としなどの水洗いの場として使われた可能性が考えられる。

(3)　筆者らが東京医療保健大学の給食実習施設を見学した際に，食材の搬入・下処理の場と調理・配膳の場とが仕切られて，作業区域が明確に分けられているとのご教示を得た。これは清浄度に応じて空間を区分し，作業人員・服装・履物・器具についても区別しているとのことである。奈良時代に同様の衛生上の理由があったかは不明であるが，東院地区における井戸から汲み上げた水と二次的な水を利用する場が分かれている点と類似している。このほか，炊飯器や加熱調理コンロと食器棚・配膳台の位置関係が，作業手順と作業動線に配慮された効率的・合理的な配置であることを知った。大規模な調理・給食施設に求められる諸属性を知るうえで大いに参考になり，東院地区の機能ごとに分化した遺構配置の合理性を解釈する手がかりを得た。

(4)　宮殿中枢部の厨施設の歴史的位置づけが次なる課題である。筆者は飛鳥宮跡内裏地区の内郭東北部に設けられた井戸 SE6801 が，宮殿中枢部の大型井戸の端緒として東院地区の井戸の直接の系譜関係にあったと考える。これは井戸の構築方法など構造上の類似性からもうかがえる。東院地区の井戸は平城宮内裏地区の井戸と同様に，当時の宮都中枢の厨に関する知識・技術が蓄積・洗練されたものであったと推定する。また，地上式竈の位置づけは現状では十分に検討できていな

い。古墳時代中期以降に日本列島で普及する竪穴建物内の造り付け竈の系譜の延長線上にあるのか，飛鳥・奈良時代に新たに大陸から入ってきた知識・技術とみるのか，日本列島における竈の変遷や，中国・朝鮮半島の事例との関係についても今後検討する必要がある。なお，百済の王宮である益山王宮里遺跡では，中枢施設に隣接して竈遺構と長舎が併設されている状況が明らかになっている〔国立扶余文化財研究所 2015〕。

(5)　第595次調査の概要報告では方形区画遺構をB期として東院6期区分の2期に位置づけ，南北棟建物（SB20120）への建て替えをC期として東院3期に位置づける〔山藤ほか 2019〕。しかし，この復元案ではB期の大型東西棟建物（SB20060）と地上式竈（方形区画遺構）が近接すること，竈施設のみが単独で存在し井戸がないことなど，B期の空間の理解をめぐって難点が生じる。筆者は大型東西棟建物と方形区画遺構は別の時期とみて，大型井戸との併存関係や竈屋の造り替えによる連続性を重視し，B期（東院2期）には大型東西棟建物（SB20060）のみが存在し，C期（東院3期）に大型井戸と竈屋を備えた厨を設置し，D期（3〜5期）の間で竈屋の建て替えなど厨の整備が進められたとみる。東院地区の調査は継続予定であり，隣接地の調査での検証が求められる。

(6)　『万葉集』によると孝謙天皇らは「東常宮南大殿」に出御したことがわかる。この建物について筆者は東院3期の中枢建物SB19080であったと考えた〔小田 2014〕。なお，渡辺晃宏は平城宮東方官衙地区SK19189出土木簡から，東区北方の内裏を「東宮」と呼び，正月七日節会の舞台である「東常宮」とは内裏であったとみることも可能と指摘している〔渡辺 2016〕。史料の検討も含めて今後の課題としたい。

(7)　大型井戸から派生する2本の溝からは多量の土器が出土しており，第593次調査区北方の未調査地に食器の保管施設の存在が想定される〔山藤ほか 2018〕。また，大型井戸の南西方向にあたる第469次調査区では整地土から多量の須恵器甕が出土していることから〔芝ほか 2011〕，近隣にこれらの甕を据え付けた貯蔵施設が設置されていた可能性がある。また，第503次・584次調査区では性格不明の壇状遺構を2基検出している〔小田・川畑 2014，山藤ほか 2018〕。このうちSX19570は高さ15cmほどの高まりを作り，裾部に平瓦を並べている（図10左）。礎石据付穴や柱穴は検出されておらず，建物の基壇ではない性格不明の遺構である。しかしながら，この遺構は大型井戸が設置された東院3期に属し，厨と中枢施設との動線上に位置する遺構である。韓国には醤甕台（장독대）と呼ば

図10　東院地区の壇状遺構 SX19570（左）と韓国の醬甕台（右）
（左：小田・川畑 2014，奈良文化財研究所蔵，右：韓国国立民俗博物館にて筆者撮影）

れる甕置き場（図10右）があり，日当たりのよい屋外に壇状施設を作り大小の甕
を設置し，味噌・醬油・コチュジャンなどを貯蔵・保管していた〔国立国語院編
2006〕。壇状遺構の性格の一案として，両者の関連性を指摘しておきたい。

参考文献

稲田孝司 1978「忌の竈と王権」『考古学研究』25-1

今井晃樹・神野恵・降幡順子 2017「平城宮出土の奈良三彩陶器と施釉瓦磚」『奈良文化
　　財研究所紀要 2017』

上野誠 2014『万葉びとの宴』（講談社現代新書）

小田裕樹 2014「饗宴施設の構造と長舎」『長舎と官衙の建物配置』奈良文化財研究所

小田裕樹 2020「平城宮の東院とはどういう施設か」『奈良の都，平城宮の謎を探る』奈
　　良文化財研究所

小田裕樹・川畑純 2014「東院地区の調査-第 503 次」『奈良文化財研究所紀要 2014』

京都府埋蔵文化財調査研究センター 1991『上人ヶ平遺跡』（京都府遺跡調査報告書 15）

小池伸彦 2011「古代冶金工房と鉄・鉄器生産」『官衙・集落と鉄』奈良文化財研究所

国立国語院編 2006『韓国伝統文化事典』教育出版

国立扶余文化財研究所 2015『王宮里―益山王宮里遺跡―』（2015 年度〈第 26 次〉学術
　　調査資料）

芝康次郎・桑田訓也・鈴木智大・国武貞克・森川実・清野孝之・海野聡 2011「東院地
　　区の調査―第 446・469 次―」『奈良文化財研究所紀要 2011』

玉田芳英 1992「平城宮の土器」『古代の土器研究』古代の土器研究会

奈良文化財研究所編 2020『奈良の都，平城宮の謎を探る』奈良文化財研究所

馬場基 2019「平城京を探る」吉村武彦ほか編『古代の都』岩波書店

三舟隆之 2015「文献から見た官衙と土器」『官衙・集落と土器1』奈良文化財研究所

森川実 2015「土師器のうつわ，須恵器のうつわ」『官衙・集落と土器1』奈良文化財研究所

森川実 2019「奈良時代の埦・坏・盤」『正倉院文書研究』16

森川実 2020「平城宮・京出土の須恵器臼」『奈良文化財研究所紀要2020』

大和郡山市教育委員会 2000『西田中遺跡』（大和郡山市文化財調査概要40）

山藤正敏・小田裕樹・今井晃樹・村田泰輔・芝康次郎・庄田慎矢・馬場基・国武貞克 2018「平城宮東院地区の調査—第584次・第587次・第593次—」『奈良文化財研究所紀要2018』

山藤正敏・海野聡・馬場基・国武貞克・岩戸晶子 2019「平城宮東院地区の調査—第595次—」『奈良文化財研究所紀要2019』

渡辺晃宏 2016「『万葉集』から平城宮を考える」『美夫君志』93

渡部一二 2010『水の恵みを受けるまちづくり　郡上八幡の水縁空間』鹿島出版会

付記：本稿の執筆にあたり，三舟隆之先生をはじめとする共同研究会メンバーより多大なご助言とご援助をいただいた。また，本稿は奈良文化財研究所都城発掘調査部の調査成果に全面的に拠っている。本稿における調査成果の理解に誤りがあれば，すべて筆者の責任である。

3　土器に付着したコゲの分析からわかること

大　道　公　秀

1　調理前後で化学的特性は変わるか

　古代の遺跡から出土する土器の内面と口縁部には，黒色の物質（黒色部）が付着していることがある。これは食品を煮炊きしてできた炭化物，いわゆる「コゲ」と推定される。この「コゲ」に残された食品の化学情報を理化学分析すれば，焦げる前の食材の種類を推定できるはずである。すでに国内外の研究者がこうした分析を通じて「コゲ」の元となった食材を類推し，当時の食生活を明らかにしようと試みている。

　一方で，焦げる前の食材の種類を推定する際には，そもそもの前提条件として，調理前後に生じる化学変動も検討しておく必要がある。そこで，まずは実際に模擬試料を用いて，化学的特性の変動の有無を検討し，そのうえで実際の土器資料の分析を行うことにした。

調理前後での安定同位体比の変動

　同じ元素のなかにも，中性子の数の違いで，重さが異なるものが存在する。このうち一定の割合で安定しているものを安定同位体と呼ぶ。自然界では，生成・循環経路の違いにより，安定同位体の比率（安定同位体比）が異なってくる。

　たとえばコメとアワは似たような植物にみえるが，光合成の経路が異なるために，安定同位体比は異なる。このように安定同位体比が食品群により異なることを利用して，土器に付着した炭化物の安定同位体比を調べることで，コゲる前の食材を推定することができる。

　しかし上述のように，前提条件として，そもそも調理前後に安定同位体比が変動しないことを確認しておく必要がある。そこで，現代の食材を用いて，調

理前後の安定同位体比の変動を検討した。実験では，6種類の食材（真鯛，鮭，ホンビノスガイ，ワカメ，コメ，アワ）の可食部を対象として，それらを土鍋でゆでて，煮汁を煮詰め，土鍋底部にコゲ（炭化物）を作り出した。この炭化物と調理前の試料の安定同位体比を分析し，変動の有無を調べた。その結果を示したのが図1である。

　まず炭素と窒素の安定同位体比は，食品により異なることがわかる。また調理前後を比較するとほとんど変化はみられなかった。少なくとも食品群が変わるほどのダイナミックな変動はないといえる。したがって，土器に付着している「コゲ」の炭素・窒素の安定同位体比を分析することによって，古代の人が土器を使って何を煮詰めていたかを，少なくとも食品群として推定することができることになる〔大道ほか 2018〕。ただし，実際の土器に残存する「コゲ」を分析する際には，長期間地中に埋没していたことによる影響も別途検討する必要があるだろう。また，残存する「コゲ」が複数の食材の混合物であることも前提に考えなければならない。

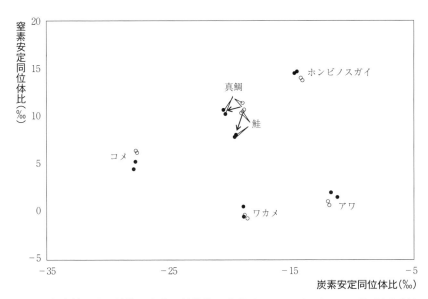

図1　各食材の調理前後の安定同位体比の変動（○は調理前，●は調理後〈炭化物〉）
大道ほか 2018 の図を一部改変

非破壊分析

　考古試料は，現生試料とは異なり，一度壊すとやり直すことは不可能であり，また希少性が高いことからも，「非破壊分析」の手法が望まれる。非破壊分析を食材推定のツールとして利用できないかを探ってみる。

①元素組成

　蛍光X線分析は文化財を分析する際によく利用される手法である。物質にX線を照射したときに発生する蛍光X線を検出することでその物質に含まれる元素の種類とその量を調べることができる。先ほどと同じ方法でコゲ（炭化物）を作り，蛍光X線分析を行ったところ，食材由来と考えられる元素組成が確認された。土器に付着している「コゲ」の元素組成が，「コゲ」ができた時点からまったく変化していない状態であれば，この蛍光X線分析は非常に有効な手段だろう。しかし，土器が土中に長期間埋没している間に「コゲ」の元素組成も何らかの影響を受け，変化していると考えられる。事実，模擬的に作成した炭化物を水洗いするだけで，元素組成が変化することも実験で証明されている。

②ラマン分光分析

　物質に光を当てたときに生じる散乱光を測定することで，その物質の分子構造を調べることができる。さまざまな炭素材料の評価に使われているラマン分光分析の手法を，土器に付着した炭化物の分析に応用できれば，土器に付着している黒色物が「コゲ」なのかそうでないのかを，科学的に明らかにすることができる。調べてみると，食品の煮汁を煮詰めて得た「コゲ」からは炭素に由来する散乱光が得られることを確認した。同様に，土器の黒色物よりこの散乱光が確認できれば，それが少なくとも炭化物であり，かつ有機物に由来するものといえることになる。つまり「コゲ」であるといえることになる。

　さて，得られた散乱光のデータを横軸に波長，縦軸に強度として示したものをラマンスペクトルという。炭素を含む物質を分析するとラマンスペクトル上では，グラファイト構造（炭素のみからできている層状のもの）に由来するG-bandと，無機炭素の結晶欠陥などに由来するD-bandが観察される。燃焼温度が低く不純物が多いとD-bandの強度が大きくなる。したがってG-bandとD-bandの強度比から，その炭化物の生成プロセスを評価できそうだとも考えてい

る。

③FTIR 分析

物質に赤外線を照射すると赤外線は分子の構造に応じて吸収される（赤外吸収）。これを利用して分子の構造を調べる手法を赤外分光法（FTIR 法）という。

理論的には，試料が平面で，試料からの拡散反射光を集光できる光学系が得られたならば，非破壊で分子骨格を観察することができる。しかし実際の土器面はざらざらしており，十分な感度が得られないため，現時点の技術と知見では，非破壊で十分なデータを得ることは困難である。そのため，「コゲ」を削り取って分析を行う「破壊分析」となってしまっているのが現状である。

さて，分析対象からカルボニル基（炭素と酸素が結合している官能基）の吸収が認められれば，試料が炭化物であることが証明できる。ただし，すべての炭化物でカルボニル基が吸収されるとは限らないようだ。実験では，真鯛の炭化物ではカルボニル基の吸収が確認されたが，コメやワカメの炭化物からはカルボニル基の吸収が観測できなかった。

また，食材成分を反映する赤外吸収が観察される場合がある。たとえば，真鯛の炭化物では，タンパク質由来と脂質由来の赤外吸収が確認できた。土器に付着した炭化物の赤外吸収スペクトルが食材を特定するためのアプローチの一つとなる可能性はあるとみている。

破壊分析

上述した安定同位体比以外にも，破壊分析をいくつか試みた。

①元素分析（CN 分析）

元素分析計により炭素と窒素の組成割合を調べることができる。タンパク質は窒素（N）を含み，植物性の炭水化物や脂質は窒素（N）を含まない。したがって，動物性食品と植物性食品・脂質では，炭素と窒素の比率である CN 比が異なることになる。炭化物の場合も同様に CN 比が異なることを，実験で確認した。この現象を利用して CN 比を調べることで食材を特定することが可能である。また上述の安定同位体比分析の結果と合わせて考えることで，さらに確かなものにすることができる。

②ステロール分析

　GC-MS や LC-MS/MS といった質量分析計の利用により，高感度でステロール類を分析することが可能である。動物性食品には動物性のコレステロールが含まれ，植物性食品には植物性のカンペステロール，スチグマステロール，β-シトステロールが含まれる。またワカメなど褐藻類にはフコステロールが含まれる。これを利用し，土器に付着した炭化物からこれらのステロールが検出できれば，食材を特定することができそうである。

　現時点では，食材ごとの各ステロールの残存度合いについて十分に検討はできていないが，少なくとも動物性食品であればコレステロールが一定以上は残存することを確かめている。

③その他

　このほか，国内外の研究者らから，注目を浴びているものに，脂質分析やバイオマーカーを用いた手法がある〔庄田・クレイグ 2017，Shoda 2020，Lucquin 2016〕。脂質分析では，個別脂肪酸の分子レベルの安定同位体比分析を行うことで，どのような動物由来の脂質かを検討することができる。また，各種バイオマーカーを用いて，起源を推定する試みもある。たとえば，炭素数16，18，20，22，24 の環状有機物のアルキルフェニルアルカン酸類が検出されたならば，食材に不飽和脂肪酸が存在していたことを意味する。とくに炭素数20，22をもつ EPA や DHC などの長鎖不飽和脂肪酸は，海洋生物のバイオマーカーとして注目されている。本研究ではこれらの手法は未着手であるが，今後，検討していきたいと考えている。

　さて，ここまで紹介した方法を使って，実際に土器を分析した例をみてみたい。

2　鈴鹿市岡太神社遺跡から出土した羽釜片の化学分析

分析資料について

　三重県鈴鹿市は古代より畿内から東国に通じる交通の要衝として栄え，奈良時代には国府と国分寺も置かれていた。今回，鈴鹿川右岸の段丘上に位置する岡太神社遺跡から出土した，14 世紀頃と推定される羽釜片1片（図2）を対象に

 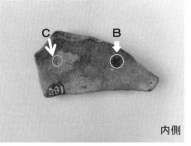

外側　　　　　　　　　　　　　　　　　　　　内側

図2　鈴鹿市岡太神社遺跡より出土した羽釜片

〔鈴鹿市考古博物館 2013〕，理化学分析を実施したので，分析例を紹介したい〔大道ほか 2020〕。

羽釜片外側の黒色部をポイント A，内側の黒色部をポイント B，内側の素地とみられる部分をポイント C として，分析を行った（図2参照）。ポイント A は素地の上に厚く層となって存在し（約1mm），ポイント B は表面上にきわめて薄く存在している状況であった。

非破壊分析

エネルギー分散型蛍光 X 線分析装置にて X 線を照射し，FP法（ファンダメンタル・パラメータ法）により解析を行った結果を表に示した。ポイント A ではポイント C と比較して S（硫黄）や CaO（酸化カルシウム）の組成割合が高くな

表　各ポイントの蛍光 X 線分析結果

組　　成	A(外・黒)	B(内・黒)	C(内・白)素地
Na_2O（酸化ナトリウム）	16.67 ± 2.46	9.83 ± 1.17	10.33 ± 1.02
MgO（酸化マグネシウム）	0.98 ± 0.46	5.46 ± 0.65	5.88 ± 0.58
Al_2O_3（酸化アルミニウム）	23.41 ± 1.07	17.35 ± 0.57	18.92 ± 0.51
SiO_2（二酸化ケイ素）	34.77 ± 0.84	60.23 ± 0.68	58.51 ± 0.58
P_2O_5（五酸化二リン）	1.21 ± 0.10	1.14 ± 0.07	1.49 ± 1.14
S（硫黄）	1.52 ± 0.06	0.03 ± 0.01	< 0.01
Cl（塩素）	0.50 ± 0.02	0.13 ± 0.01	0.11 ± 0.01
K_2O（酸化カリウム）	1.99 ± 0.08	3.00 ± 0.07	2.46 ± 0.05
CaO（酸化カルシウム）	11.51 ± 0.16	0.40 ± 0.02	0.34 ± 0.02
Fe_2O_3（酸化鉄）	5.82 ± 0.09	1.31 ± 0.02	1.05 ± 0.02

測定可能な元素のうち，全体を 100% として組成割合を表示した。単位は%。
大道ほか 2020 の表を一部改変。

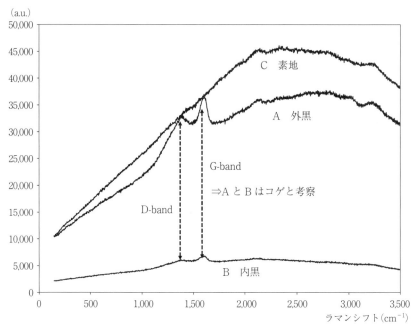

図3　各ポイントのラマンスペクトル
大道ほか 2020 の図を一部改変。

っていた。とくにカルシウムを多く含む食材だった可能性がある。また硫黄について は，硫黄を含むシステインやメチオニンから構成されるタンパク質を含 む食材である可能性があると考えた。

　ラマン分光分析では，ポイント A・B どちらも，グラファイト構造に由来す る G-band および無機炭素の結晶欠陥などに由来する D-band が観測された（図 3）。観測されたスペクトルパターンから A・B ともに炭化物とわかる。すなわ ち食品の「コゲ」の可能性が高いといえる。一方，ポイント C では，G-band, D-band ともに観測されなかった。なお，蛍光 X 線分析で硫黄を検出したポイ ント A で硫黄化合物に由来するピークの観測はできなかった。何らかの理由 で硫黄化合物を励起させることができなかったためと考えている。

　非破壊で FTIR 分析も試みたが，十分な感度が得られなかったため，次に破 壊分析を行うことにした。

破壊分析

① FTIR 分析

　ポイント A・B・C の一部を、メスを使って数ミリグラム掻きとったものの分析を行い、吸収スペクトルを調べた（図4）。

　ポイント A は、1,600 cm⁻¹（カイザー）付近でタンパク質の吸収スペクトルが強く検出された。すなわち、何らかのタンパク質をもつ物質といえる。ポイント A が食材に由来する可能性を高める結果と考えられる。

　ポイント B では 1,000 cm⁻¹ 付近で Na（ナトリウム）, Cl（塩素）, Si（ケイ素）など無機化合物の吸収スペクトルが強く検出された。これは素地の影響が大きい。一方で 1,600 cm⁻¹ 付近でたんぱく質の吸収スペクトルが弱く検出されており、有機物が残存している可能性もある。なおポイント A と B のいずれからもカルボニル基に由来する吸収は確認できなかった。炭化物であってもカルボニル基の吸収がみえない事例もある。

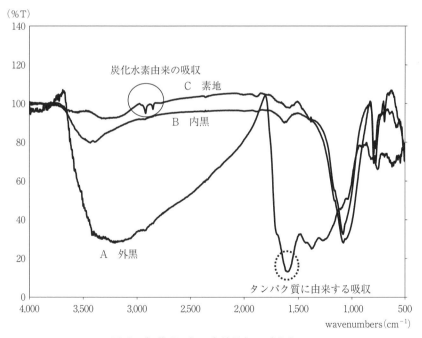

図4　各ポイントの赤外吸収スペクトル

大道ほか 2020 の図を一部改変。

ポイントCでも，1,000 cm⁻¹付近にNa, Cl, Siなど無機化合物の吸収スペクトルが強く検出された。ラマン分光分析の結果とあわせて考えると，ポイントCは素地であることがわかる。一方で2,930 cm⁻¹, 2,850 cm⁻¹付近に炭化水素由来と考えられる吸収が確認できたが，由来については現時点では不明である。

以後はポイントAの詳しい結果を紹介したい。

②CN分析および炭素・窒素の安定同位体比分析

ポイントAから削り取った黒色部を，元素分析計に接続した安定同位体比質量分析計に供して分析した。CN比（炭素と窒素の組成割合）と炭素同位体比の関係図（図5）と，窒素同位体比と炭素同位体比の関係図（図6）に，既存の研究報告から考えられる各食品群のおおまかな領域を図示し，そのうえでポイントAの分析値を示した。

図5のポイントAの分析値は「C3植物（光合成能が低い植物群の分類）」「草食

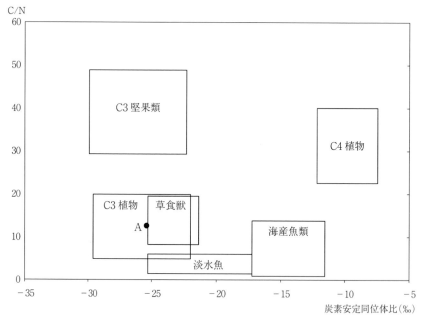

図5　ポイントAのCN比と炭素安定同位体比
大道ほか2020の図を一部改変。

獣」「淡水魚」の領域に近く，図6では淡水魚の領域に近いことがわかる。ただし，この結果をそのまま起源推定に利用することには注意が必要である。調理前後でCN比，炭素・窒素安定同位体比がダイナミックに変動しないことは実験で確認済みだが，長期間地中に埋没していた間の変化については考慮する必要がある。まず1つに窒素（N）の消失が考えられる。たとえば脱窒菌のはたらきでNが消失し，C/Nが上昇する可能性がある。またNが消失する際には，「より軽いN」から先に消失し，結果的には窒素同位体比も上昇する可能性がある。続いて脂質の影響がある。脂質の炭素同位体比は低くなることが知られている。一般的にタンパク質に比べ脂質は分解されにくい。したがって土器には脂質の方が残存しやすいといえる。すなわち土器に付着した炭化物には脂質が残存している可能性が考えられ，そうすると炭素同位体比は元の食材よりも低い値となる。

　以上を考えると，図5・図6もポイントAは実際の数値ではなく左上にシフ

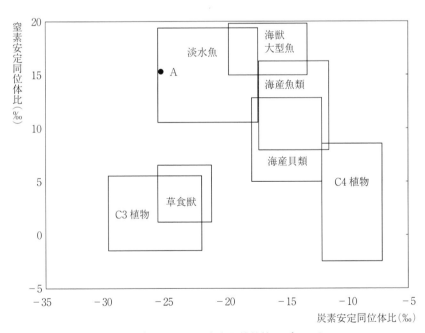

図6　ポイントAの安定同位体比のプロット
大道ほか2020の図を一部改変。

トした結果という可能性がある。これをふまえると，図5からは少なくとも「C3堅果類」や「C4植物（光合成能が高い植物群の分類）」の影響を受けていた可能性は低いといえる。つまり「C3植物」「草食獣」「淡水魚」，あるいは炭素安定同位体比の変動の程度によっては海産魚類も可能性としてありえることになる。図6では，変動の程度によってあらゆる食品群が候補になりえそうだが，「海獣・大型魚類」の可能性はあまり高くないように見受けられる。

③ステロール分析

ポイントAから削り取ったものをアルカリ加水分解後，LC-MS/MSにより分析した結果，動物性のコレステロールが77.0 μg/g検出された。植物性のステロールであるカンペステロール，スチグマステロール，β-ステロールは，それぞれ10.9 μg/g，7.4 μg/g，15.5 μg/g検出されている。褐藻類由来のステロールであるフコステロールも1.7 μg/g検出された。つまりポイントAは動物性・植物性・褐藻類それぞれの食材の影響を受けた炭化物であるといえる。なかでも動物性食品のコレステロールの残留濃度が，ほかのステロールのものより高いことから，ポイントAは動物性食品を含む可能性が高そうである。

ポイントAは何のコゲか

蛍光X線分析からはカルシウムの残存，FTIR分析からはタンパク質の残存が確認された。CN比分析，安定同位体比分析からは「C3植物」「草食獣」「淡水魚」の影響が示唆された。ステロール分析の結果からもその可能性が高いといえる。分析対象とした黒色部（ポイントA）が羽釜片外側だったことから，食品を煮詰めた際に吹き零れて生成した炭化物か，あるいは外側で食品を燃やして残った炭化物が付着したものと推定した。

紹介した上述の技術を，土器内面に残存する炭化物に応用すれば，当時調理された食材が推定できる可能性はより高まるだろう。

さて，土器の表面では土中埋没中に汚染，分解などの化学的影響を受けている可能性がある。また発掘後も運搬の最中や保管中に汚染され，変化している可能性もある。破壊分析の実施時には，前もって表面を削り，表面の汚染の影響をできるだけ減らしておく必要があるだろう。今回は，あらかじめ表面を削るといった操作は行わなかった。より元の食材に迫れるよう，分析手法を含め

引き続きアップデートしていきたい。

3 平城宮朱雀門の東南, 朱雀大路に面する一角から出土した 奈良時代土器片の化学分析

分析資料について

奈良文化財研究所の調査で平城宮朱雀門前広場の井戸（SE9650）から出土した奈良時代中期の土師器甕片 12 片を対象に化学分析を行った〔奈良文化財研究所 2012〕。

なお奈良時代には, 生活廃棄物は穴に埋めたり水に流したりするほか, 井戸に捨てることがあった。平城京では宅地ごとに井戸が掘られていたが, 引っ越しなどで井戸が使われなくなったときに, 生活破棄物を投げ捨てて埋めたという。出土した土師器甕片も, そうした生活廃棄物と思われる。

何が分かったか

12 片すべての素地と「コゲ」と思われる黒色部を蛍光 X 線で分析し, 元素の組成割合を求めた。蛍光 X 線分析では, 素地と黒色部はそれぞれ平滑な面を選択し, できる限り接写になるよう工夫しながら照射部へ設置した。分析にはエネルギー分散型蛍光 X 線分析装置を用い, FP 法により元素組成の割合を求めた。

結果, 黒色部の P（リン）, S（硫黄）, K（カリウム）, Ca（カルシウム）, Fe（鉄）の組成割合は素地に比べて有意に高かった。P, S, K, Ca, Fe は食品に由来すると推定することができる元素組成である。なかでも硫黄（S）に着目すると, 素地は 0.1% であるのに対して, 黒色部は 8.2% になるものもあった（これを試料 I と呼ぶ）。タンパク質には硫黄（S）を含むものもあるため, 試料 I に注目して分析をすすめた。

試料 I にラマン分光分析を実施したところ, グラファイト構造に由来する G-band および無機炭素の結晶欠陥などに由来する D band が観測された。つまり試料 I は「コゲ」であるといえる。一方で C-S や S-S に帰属するピークは確認できなかった。

また，試料Ⅰの袋内に剝落した黒色小片を破壊分析することにし，KBr錠剤法によるFT-IR分析と，元素分析計に接続した安定同位体比質量分析計によるCN分析および炭素・窒素安定同位体比分析を行った。その結果，FTIR分析ではタンパク質由来と推定される赤外線吸収が観察された。安定同位体比分析では，炭素安定同位体比は−22.0‰を示した。ただしCN分析および安定同位体比分析に使用した小片の重量は約2.7 mgと少量であったため，窒素は十分な出力が得られなかった可能性があるが，参考値として窒素安定同位体比は9.1‰，C/N比 = 5.7と紹介する。

　これらの分析結果を考え合わせると，この黒色部は何らかのタンパク質の炭化物である可能性がある。またCN比と安定同位体比分析の結果からは，淡水魚，C3植物，草食獣の影響を受けた可能性を推察した。

　このようにいくつかの分析法によりデータを収集することで，より正確に食材を復元できると考えている。

参考文献

大道公秀ほか2018「調理後残存炭化物の炭素及び窒素安定同位体比からの古代食解明を目指したパイロットスタディー」『日本食品化学会誌』25-1，45-52頁

大道公秀ほか2020「鈴鹿市岡太神社遺跡より出土した羽釜片に残存する化学物質に関する一考察」『東京医療保健大学紀要』14-1，67-76頁

庄田慎矢，オリヴァー゠クレイグ2017「土器残存脂質分析の成果と日本考古学への応用可能性」『日本考古学』43，79-89頁

鈴鹿市考古博物館2013「岡太神社遺跡（第6次）」『鈴鹿市考古博物館年報』14，59-90頁

奈良文化財研究所2012「左京三条一坊一・二坪の調査—第478・486・488次—」『奈良文化財研究所紀要2012』190-204頁

Lucquin Alexandre *et al* 2016 "Ancient lipids document continuity in the use of early hunter-gather pottery though 9,000 years of Japanese prehistory", *PNAS*, 113-15, pp. 3991-3996

Shoda Shinya *et al* 2020 "Late Glacial hunter-gather pottery in the Russian Far East: Indications of diversity in origins and use", *Quaternary Science Reviews*, 229

Ⅲ　写経生の食事と生活習慣病

1　写経生への給食の再現の諸問題

三 舟 隆 之

は じ め に——奈良時代の官人への給食——

　古代の律令制国家では，平城宮に勤務する下級官人をはじめとして，毎日朝
夕2回の給食が行われていた。当時はこうした給食を「常食」と呼んでいたこ
とが，『令集解』田令田租条古記や平城宮跡出土木簡などから判明する。使われ
た食材は全国から貢進されてきたもので，平城宮跡から出土する荷札木簡や
「正倉院文書」などで詳しい内容が明らかになっている。なかでも「正倉院文
書」にみえる「食法」（写経生に支給する食料の規定）からは，実際に写経生に支
給された給食の1日の食材がわかるが，しかしそれがどのような料理であった
かは明らかになっていない。

1　写経所の給食の食材と支給量

「食法」にみえる写経生の食事

　光明皇后の皇后宮職写経所を前身とする東大寺写経所では天平年間から一切
経の書写が行われていたが，写経生は泊まり込みで作業していたため，写経所
内の厨では朝夕2回の食事が支給されていたと思われる。写経生の1日の食事
内容が判明するのは，以下の史料である（『大日本古文書』11-485〜488，以下『大
日古』と省略）。

・史料1　「食法」

　　　一，経師並装潢一日料〈除＝装潢大小豆・麦・糯米・生菜直銭＝〉
　　　　　米二升，海藻一両，滑海藻二分，
　　　　　末滑海藻一合〈与＝滑海藻＝相継〉醬・未醬 各一合，

5

酢五勺，塩六勺〈已上六種長充〉，大豆一合，

小豆二合〈已上二種長充〉，布乃利一両，心太・伊岐須

各二分〈已上三種相継〉，漬菜二合，

生菜直銭二文〈与=漬菜=相継〉，小麦五合，

糯米四合〈与=小麦=相継，月中給=六度=已上九種，随レ在不=必充=〉。

- 一，史生・雑使・膳部一日料

  米一升二合，海藻一両，滑海藻二分，

  漬菜二合，醬・未醬各六勺，酢四勺，

  塩四勺

- 一，校生一日料

  米一升六合，海藻一両，滑海藻二分，

  漬菜二合，醬・未醬各六勺，酢四勺，

  塩四勺

  （以下略）

　この史料からは，経師・校生・装潢から史生・雑使・膳部まで，支給された1日の食事の内容が判明する。経師は写経を担当する人のことで，天平勝宝3年（751）2月8日の布施法（『大日古』3-487〜489）によれば，紙40帳を写すごとに布1端が支払われ，校生はその書写された文字を校正する人のことを指す。装潢は校正の終わったお経を経巻に仕立てる人で，最後に題師によって標題となる経典の名前が書かれて写経は終了する。この経師・校正・装潢・題師を写経生という。史料1から仕事内容や労働量によって，食事の内容や量も違っていることがわかる。

支給された食料

〈穀　類〉

①米・糯米……「米」と並んで「糯米」がみられるところから，「米」は「粳米」を指すものと思われる。「糯米」は後述するように餅の材料にも用いられている。計量単位は石（斛）・斗・升・合で，米1升は現在の約4合に相当するとされるが〔澤田 1972〕。近年では，現在の約4.5合とする説も多い〔篠原 1991，荒井 1992，榎 1994〕。

②小麦……現在の小麦と考えてよく，『延喜式』内膳司に耕作法がみえる。計量
　単位は石（斛）・斗・升・合である。
③大豆……現在の大豆と同じと思われ，『倭名類聚抄』（以下，『和名抄』と略）で
　は「マメ」と読む。大豆は醬・末醬の原料でもあるが，宝亀２年（771）の「奉
　写一切経所解」（『大日古』6-148）には「二斗餅作料」とあり，大豆餅を作るの
　にも用いられている。計量単位は石（斛）・斗・升・合である。
④小豆……「アヅキ」のことで，小豆も大豆と同様，『延喜式』内膳司条に栽培
　法があり，古代から栽培されていたと考えられる。「但馬国正税帳」などに
　「小豆餅」とみえるので，餅に用いた例もあるが，宝亀２年の「奉写一切経所
　解」（『大日古』6-236）では「索餅作料」とあり，索餅（素麺ヵ）に用いられて
　いる。計量単位は石（斛）・斗・升・合である。

〈海藻類〉
⑤海藻……海藻類の一般名称ではなく，『新撰字鏡』では「メ」，『和名抄』では
　「ニギメ」と読み，「滑海藻」などとも区別されているところから，「ワカメ」
　を指すものと思われる。基本の計量単位は斤・両の重量計算で，１斤は 16 両
　であり，また連・把，編，籠なども用いる。
⑥滑海藻……「荒布」のことで，若布より肉厚であるところから名付けられて
　いる。滑海藻の計量単位は斤・両，嶋，村，巻，籠，連・把，束・結，石（斛）・
　斗・升・合など多様である。
⑦末滑海藻……『和名抄』には「搨布」とあり，「搨」と「末」は同義であるか
　ら，滑海藻を搨いて粉末状にしたものと考えられる。
⑧布乃利……現在の「フノリ」で，計量単位は斤・両と石・斗・升・合を用い
　る。
⑨心太……大凝菜と同じ。現在のテングサで，「ところてん」のことである。計
　量単位は斤・両，村，石・斗・升・合などである。
⑩伊岐須……これも寒天の原料で，小凝菜と同じである。計量単位は斤・両，
　石・斗・升・合，籠などである。
　　海藻類の計量単位には斤・両，嶋，村，巻，籠，連・把，束・結，石（斛）・
　斗・升・合などが用いられており，多様である。このうち斤・両は重量単位
　であり，ある程度ハカリで量れる状態であることが推定される。また連・把

は束状にしたもので，1連＝10把である。「連別准一斤三十両」とあり（『大日古』15-347），同様に編もおおよそ1斤5両〜8両程度で一定の計量ではないことから，製品の形状が影響しているのではないかと推定される。籠は「海藻五籠〈別六斤〉」とあり，貢進用に荷造りされた状態のことである。籠を用いていることを考えると，おそらく海藻類は採れた状態でそのまま乾燥させて1籠＝6斤で貢進され，さらに束単位か一山単位で計量され，それがおおよそ斤・両と換算できる単位であったことが想定されるが，その場合海藻類は乾燥品の可能性がある。

〈蔬菜類〉

⑪漬菜……いわゆる漬物のことで，『延喜式』内膳司漬年料雑菜条では，春には蕨や芹，蘘，瓜，薊など，秋には冬瓜や菁根，茄子といった野菜のほか，桃子・柿子・梨子など果物も漬けられていたことがわかる。平城京などの都城跡からも野菜類として瓜や冬瓜，茄子，果物類として桃子・梨子・柿子などの種実が出土しており〔奈良文化財研究所 2015〕，当時これらの野菜や果物が食されていたとわかる。

　野菜の計量では，把・束・石・斗・圍の単位がみられ，把・束・圍は被計量体が束状になることのできるもので，1圍＝1斗，1束＝10把である。石（斛）・斗・升は升で量り，そのほか顆・丸は単体の個数で計量できるものであり，割・砕は分割しなければ計量できない大型のものと考えられる。

　『延喜式』漬年料雑菜条では，さまざまな野菜ごとの漬け方についても記載がある。そこで以下に，代表的な漬け方を示した。

　　・塩漬……蕨・薊・芹・蘘・蘇羅自・虎杖・多々良比売花搗・蒜房・蒜英・韮搗（以上春菜）・瓜・菁根・茄子・龍葵子・水葱・山　蘭・和太太備・舌附・桃子・柿子・梨子・蜀椒子（以上秋菜）

　　・糟漬……瓜・冬瓜・菁根・茄子・小水葱・茗荷・稚　薑（秋菜）

　　・醬漬……瓜・茄子（秋菜）
　　・須須保利漬……蔓菁（秋菜）
　　・葅……龍葵（春菜）・菘・蔓菁・蘭・蓼（秋菜）
　　・その他……蔓菁黄菜・荏裹（荏胡麻の葉で包んだもの）

　これらをみると野菜類は塩漬けが多く，醬漬のようなものには瓜や茄子な

ど実のあるものが用いられていた。塩漬は宝亀2年の「奉写一切経所告朔解」（『大日古』6-181）では「（塩）一升六合蕨四斗漬料」とあり，蕨1斗に塩4合を用いており，容積比に基づく塩分濃度は約4%になる。『延喜式』でも「蕨二石〈料塩一斗〉」の場合，塩分濃度は約5%になる。現在では塩の量が約3%の割合は即席漬けといわれており，6ヶ月以上保存させるとなると約12%以上が必要になる。これからみる限り，古代の漬物の塩分濃度はそう高くないと思われる〔土山ほか2016〕。正月の最勝王経斎会料では夏から準備されている漬物があり，長期保存の可能性が指摘されているが〔吉川2019〕，正月の最勝王経斎会料の漬物は醤漬・未醤漬・糟漬など塩分濃度の高いものが中心であり，日常の一般的な塩漬けの漬物とは保存性が異なると思われる。

　葅は楡（ニレ）の粉末を香辛料として加えたものと思われ，須須保利漬は塩のほか，玄米や大豆，粟やヒエなどと合わせて漬けるもので，現在の糠漬のもととなったといわれている。

⑫生菜……文字通り生野菜とみられる。

〈調味料〉

⑬醤……原料は醤大豆・塩・米・酒・糯米で，滓醤（かすびしお）は滓の多少混じった醤で，原料に酒糟を用いたものや，もろみの段階にあるものなどが考えられる。

⑭未醤……正しくは「末醤」で，『延喜式』大膳下造雑物法には「未醤料，醤大豆一石，米五升四合〈糵料〉小麦五升四合，酒八升，塩四斗，得二一石一」とあって，その製法が判明する。

⑮酢……『和名抄』によれば「カラサケ」ともいう。神護景雲4年（770）の「奉写一切経所告朔解」（『大日古』6-93，18-9）では，「米二石八斗五升」から酢を「斛別九斗」得るとあり，『延喜式』造酒司条には，「酢一石料，米六斗九升，糵四斗一升，水一石二斗」とあり，酢の醸造法が知られる。

⑯塩……それ自体調味料であるとともに，醤や末醤などの原料でもあり，また塩蔵などのように食品を保存するためには必需品であった。天平9年（737）の「長門国正税帳」（『大日古』2-35）には「煎塩鉄釜壱口〈径五尺八寸　厚五寸　深一寸〉」とあり，「径五尺八寸」とすれば約180cmほどの広口で底の浅い鉄製釜で塩を煎っていたことが知られる。計量単位は，石（斛）・斗・升・

合・夕・撮である。そのほか顆・籠などの単位もあるから，固形で運搬されて保存されていた可能性がある。

二部大般若経書写関係にみえる食材と支給量

　天平宝字6年（762）12月16日の「石山院奉写二部大般若経用度雑物帳」（『大日古』5-290〜299）からは，写経所で働く写経生の数と，支給された給食の食材とその量，さらには調理具と食器数も判明する（史料2）。史料1と比べると，食材の量は異なるものの，内容はほとんど変わらない。

・史料2　「石山院奉写大般若経用度雑物帳」

　　応奉写大般若経二部一千二百巻

　　（中略）

　　米百十七石三斗六升八合〈八十八石五斗六升八合白／廿八石八斗黒〉

　　　　　九十九石四斗経師題師装潢駈使四千九百七十人料〈人別二升〉

　　　　　十一石四斗八升八合校生七百十八人料〈人別一升六合〉

　　　　　六石四斗八升膳部雑使五百卅人料〈人別一升二合〉

　　　塩二石三斗二合六夕

　　　　　一石七斗六升五合経師題師装潢三千五百卅人料〈人別五夕〉

　　　　　五斗三升七合六夕校生膳部雑使駈使二千六百九十八人料〈人別二夕〉

　　　醬三石九斗六升八夕

　　　　　三石五斗三升経師題師装潢三千五百卅人料〈人別一合〉

　　　　　四斗三升八夕校生六百七十八人料〈人別六夕〉

　　　末醬三石九斗六升八夕

　　　　　三石五斗三升経師題師装潢三千五百卅人料〈人別一合〉

　　　　　四斗三升八夕校生六百七十八人料〈人別六夕〉

　　　酢一石九斗八合六夕

　　　　　一石七斗六升五合経師題師装潢三千五百卅人料〈人別五夕〉

　　　　　一斗四升三合六夕校生七百十八人料〈人別二夕〉

　　　糟醬六石二斗二升八合経師已下駈使已上料〈人別一合〉

　　　海藻六百五十四斤十二両

　　　滑海藻六百五十四斤十二両〈已上二種〉

五百卅一斤経師題師校生四千二百冊八人料〈人別二両〉

一百卅三斤十二両膳部雑使駈使一千九百八十人料〈人別一両〉

布乃利五百卅一斤

大凝菜五百卅一斤

小凝菜五百卅一斤已上三種経師題師装潢校生四千二百冊八人料〈人別二両〉

芥子七斗六合経師題師装潢三千五百卅人料〈人別二夕〉

糯米四石二斗四升八合経師題師装潢校生四千二百冊八人料〈人別一合〉

大豆八石四斗九升六合

小豆八石四斗九升六合已上二種経師題師装潢校生四千二百冊八人料〈人別二合〉

胡麻油一石四斗一升二合経師題師装潢三千五百卅人料〈人別四夕〉

漬菜九石五斗七升六合経師已下雑使已上四千七百八十八人料〈人別二夕〉

大笥五十八合	折櫃五十八合
水麻笥十二口〈大十／小二〉	瓠（ひさご）十柄
杓（しゃく）二十柄〈大八／小十二〉	経机五十前
中取四前	食薦（すこも）廿枚
切机四前	叩戸（たたきへ）五口
陶水坭卅合	坏百廿口
佐良百廿口	塩坏百廿口
片坭（かたまり）百廿口	研冊口
砥五顆	竹冊枝
畳八十八枚〈卅枚堂料／五十八枚宿所料〉	蓆〈卅枚堂料／五十八枚宿所料〉
刀子廿柄〈大十二／小八〉	辛櫃六合
釜二口〈各受五斗已下〉	檜一口〈受五斗〉
箕八舌	船三隻
瓵（ほとぎ）廿口	簀卅枚
置簀六枚	

（以下略）

調理具と食器

　史料２にみえる調理関係具をみてみると，まず折櫃・辛櫃は食料・食器収納具のことで１人１合が支給された。また，中取は足つきの置机，切机は俎板で，刀子が庖丁であろう。さらに水麻笥はまさしく水桶で，瓠・杓などを使って水を汲むのに使う。船は水をためて野菜などを洗浄するのに用いられ，箕も選別に用いられたと思われる。このほか簀・置簀・食薦は敷物であろう。そして釜に櫛を用いて粳米などを大量に蒸したと考えられる。大笥は木製品で，蓋が付き５升ほどの容量で，主食を盛りつけるためのものと考えられる。瓫は湯を沸かしたりするほか，副食物の煮炊きや羹汁用，あるいは煎る調理に使用したりした可能性もある。

　基本的な食器は，経師らは折敷に大笥・陶水椀＋杯・佐良（皿）・塩坏・片椀で，膳部らは杯・佐良・塩杯・片椀である。写経を行う経師や標題を書く題師，校正を行う校生，そして紙の準備や経巻の仕立てをおこなう装潢とでは若干支給される食料の量が異なり，さらに雑用を行う膳部・雑使・駆使丁は食品の支給品目も異なっていて，作業者によって食事内容や量，使用する食器にも差があることがわかる。

写経所の給食メニュー

　問題は，これらの食材をどのように調理したかである。まず主食は米を蒸して強飯（こわいい）にしたことが，釜と櫛の存在から推定できる。また糯米が餅の原材料であるとすると，大豆や小豆を用いて大豆餅や小豆餅に加工したと考えられる。小豆は，宝亀２年12月29日の「奉写一切経所解」（『大日古』6-237）によれば，餅のほかに索餅（素麺ヵ）の釜料にしていたことが知られる。「淡路国正税帳」では正月14日の最勝王経会で読経僧の供養雑用料として，飯・粥・饘・堅粥（かたかゆ）・大豆餅・小豆餅・煎餅・浮留餅（ふるもち）・呉床餅（あぐらもち）・麦形（むぎなわ）（素麺ヵ）や餅に混ぜる大豆・小豆，胡麻油などを支給している。おそらく，糯米・大豆・小豆・胡麻油で大豆餅・小豆餅を作ったものと考えられる。一方，胡麻油は食材を煎ったり揚げたりするのに用いられた可能性や，餅や麦形などに練り入れた可能性があり，天平11

年の「伊豆国正税帳」（『大日古』2-192～193）には「胡麻油玖合陸夕〈煎餅　阿久良形　麦形等料〉とあることから，煎餅などに使用された可能性もある。

　また副食は海藻類で，「陶水椀」の存在から海藻や滑海藻は羹汁にし，布乃利・大凝菜・小凝菜は寒天や心太に加工したと思われる。史料2では，「海藻六百五十四斤十二両　滑海藻六百五十四斤十二両〈已上二種〉」とあって，海藻と滑海藻の「已上二種」で「六百五十四斤十二両」となっているところから，海藻と滑海藻は合わせて計量されている。布乃利・大凝菜・小凝菜も同様と考えると，これらの海藻類は同一の料理に用いられたものと考えてよい。とすれば，調味料の芥子はこの「ところてん」に用いられたのではなかろうか。そのほかの蔬菜類は主に漬菜で，生菜は茹物や羹などの可能性がある。また調味料では，塩・醤・末醤・酢・糟醤・芥子などがあり，これらはそれぞれ料理に付ける形で調味したと思われる。

　次に，調理については膳部の2人が担当し，水麻笥で水を汲み，釜2口・甑1口で1回の炊飯量の米5斗分を蒸して強飯にした。甕を使って湯を沸かし，海藻類を煮て羹汁にしたものと思われる。さらに布乃利・大凝菜・小凝菜を煮て布で漉して「ところてん」も作った。叩戸（須恵器）は貯蔵具で，漬物入れなどに用いられたものと思われる。

　これで総計75人分の給食が作られることになる。このように写経所で支給された食材と調理具・食器の対応関係は，次ページの表のようになると推測される。

2　写経生への給食の諸問題

　以上，「正倉院文書」における写経所での給食形態をみてきたが，その結果，経師では食料の1日の総重量が8,304gとなり，これを朝夕の2回の食事と考えれば，1回の食事量は約4kgとなる〔西念ほか 2015〕。また総エネルギー量は5,608kcalとなった。さらに食塩相当量は64.0gとなり，これは1日の食塩量として相当な量で，これを毎食摂取していれば，間違いなく高血圧になり，心筋梗塞や脳溢血・腎臓病などの生命に関わる重大な疾病を引き起こすはずである〔三舟 2017〕。写経生の休暇願である「請暇解」の疾病理由には，足病（関

表　「石山院奉写大般若経用度雑物帳」（『大日古』5-290～299）

	人数	米(升)	塩(合)	醬(合)	末醬(合)	酢(合)	糟醬(合)	海藻滑海藻(両)	布乃利・大凝菜・小凝菜(両)	芥子(両)
経師	40	2	0.5	1	1	0.5	1	2	2	2
題師	1	2	0.5	1	1	0.5	1	2	2	2
校生	8	1.6	0.2	0.6	0.6	0.5	1	2	2	
装潢	4	2	0.5	1	1	0.5	1	2	2	2
膳部	2	1.2	0.2				1	1		
雑使	4	1.2	0.2				1	1		
駆使丁	16	2	0.2				1	1		

調理食品	飯	調味料						羹汁	心太	
食器（経師）	筥	塩坏						陶水椀	片椀	
膳部など	坏	塩坏						片椀		
調理具	釜	甀								
	甑	刀子・切机・中取								
	水麻笥	水麻笥・瓠・杓								
	瓠・杓	簀・置簀								

※塩・酢・胡麻油・漬菜の単位は「夕」であるが，ここでは比較のため「合」で統一した。

節炎・浮腫か）・湿疹・風邪・眼病が多くみられ，これらの病気が食事と関連するともいわれている〔廣野 1998〕。とくに写経生の栄養状態は，現代人に比べて脂質・ビタミン A・B2・C が不足しているとされ，とくに B1 不足から脚気を患っていた可能性も指摘されている〔瀬尾ほか 1982〕。

　写経生に支給された食事量について馬場基氏は，江戸時代の武士の俸禄が一人扶持で1日5合であったのに比べ，奈良時代の写経生が米2升＝現代の8合であるのは多いと述べ，実際に食べる分は厨房に確保し，それ以外は「不食米」として，経師たちの給与になっていたと指摘する〔馬場 2010〕。馬場氏は米の例から写経所で支給された食料の一部が給与であった可能性を認めているが，それは米以外の食料でも同様なのではないか。すなわち海藻類を大両で計算すれば，2両＝約83.8ｇとなる。この数字は一見するとたいした量ではなさそうだが，これが乾燥した海藻であった場合，水戻しをすれば六倍以上に膨張することを忘れてはならない。塩分も，現在では1日の摂取量の目安は7ｇとされているが，これが現代人の健康のためであるとしても，写経所での支給量が現

糯米 (合)	大豆 小豆 (合)	胡麻油 (合)	漬菜 (合)
1	2	0.4	0.2
1	2	0.4	0.2
1	2		0.2
1	2	0.4	0.2
			0.2
			0.2
			0.2
餅			漬物
佐良(皿)			坏
			佐良
釜			船
甑			刀子
			切机

在の約64gだとしたら，やはり多いといわざるをえない。

おわりに——写経生の食事と生活習慣病——

　以上から考えれば，写経所で支給された食料は実際の1日の食事より多く，日常の「常食」として食する以外に，余剰分を給与とする意味もあったのではないかと思われる。また，「請暇解」にみえる写経生の疾病は，従来職業病とされてきたが〔新村 1973，栄原 1987，丸山 1998〕，それだけでなく，このような食生活による生活習慣病の可能性もあるのではなかろうか。写経生の食事と疾病の因果関係については，あらためて検証していきたい。

参考文献

荒井秀規 1992「米俵条—天平十一年駄法とその実量—」『延喜式研究』7
榎英一 1994「律令制下の枡」『日本史研究』388

大隅亜希子 1996「律令制下における度量衡普及の実態―海産物の貢納単位を中心として―」『史論』49

西念幸江・峰村貴央・三舟隆之 2015「奈良時代写経所における「飯」の炊飯法の一考察」『東京医療保健大学紀要』10-1

栄原永遠男 1987「平城京住人の生活誌」岸俊男編『日本の古代 9　都城の生態』中央公論社

澤田吾一 1972『奈良朝時代民政経済の数的研究』柏書房（初版 1927）

篠原俊次 1991「日本古代の升」（『京都文化博物館調査研究報告第七集　平安京右京五条二坊九町・十六町』

瀬尾好子・従野敦子・大塚滋 1982「奈良時代の栄養状態―写経生と班田農民を中心として―」『調理科学』15-1

土山寛子・峰村貴央・五百藏良・三舟隆之 2016「『延喜式』に見える古代の漬物の復元」『東京医療保健大学紀要』11-1

奈良文化財研究所 2015『古代都城出土の植物種実』

新村拓 1973「写経生と病気」『日本医史学雑誌』19-2

馬場基 2010『平城京に暮らす』吉川弘文館

廣野卓 1998『食の万葉集―古代の食生活を科学する―』（中公新書）

丸山裕美子 1998「写経生の病気と治療」『日本古代の医療制度』名著刊行会

丸山裕美子 2010『正倉院文書の世界―よみがえる天平の時代―』（中公新書）

三舟隆之 2017「写経所における給食の復元」『正倉院文書研究』15

吉川真司 2019「日本古代のアブラナ科植物」『菜の花と人間の文化史』勉誠出版

2 写経生はいかにして麺を食したか？

森 川 実

　奈良時代の東大寺写経所では，写経生らに「麦」と呼ばれる食品が折々に支給されていた。それは穀粒としてのムギではなく，じつは麺類のことを指す。天平11年（739）の「写経司解案」（『大日本古文書』24-116〜118。以下『大日古』と略す）で，経師らは「麦」を出してほしいと陳べているが，これは以前のように毎日，麺類を食べたいと言っているのである。さてこの「麦」だが，正倉院文書には「麦垸（むぎまり）」という器種が見えており，いっぽうで「麦」と書かれた須恵器垸が平城宮・京で出土している〔森川 2019a・2019b〕。要するに，「麦」字墨書須恵器はすなわち「麦垸」のことで，それは麺類を食するための食器であった。当時の麺は索餅（さくべい）といい，それを麦垸のような深めの須恵器垸で供したのである。ここまでの話は，すでに別稿にて詳しく述べている〔森川 2020〕が，以下でも要点を再掲しておこう。

1 御願経書写の「麦垸」と出土例

正倉院文書の「麦垸」

　天平宝字2年（758）の御願経書写は，6月下旬から同年11月にかけて相次いで実施された複数の写経事業からなる。この期間には6月16日の紫微内相宣に始まる金剛般若経一千巻の書写（以下，「金剛般若経」という），7月4日の紫微内相宣による千手千眼経・新羂索経十部・薬師経千四百巻の書写（以下，「千手千眼経」），8月16日宣による金剛般若経千二百巻の書写（以下，「後金剛般若経」），9月から始まる知識経の書写が実施されている。金剛般若経の書写は，御願経写経事業のなかでもっとも早くに開始された写経事業であるが，これに続く千手千眼経の書写とは事業期間が重複している。

御願経書写における索餅の購入記録（「写千巻経所銭幷衣紙等下充帳」『大日古』13-257～284）や，その消費状況を記す文書（「写千巻経所食物用帳」『大日古』13-284～317 など）は同年6月から8月にかけてのもので，おもに金剛般若経・千手千眼経の時期にあたる（表1）。たとえば，6月中に購入した索餅は558藁で，その値は1,013文であった。続く7月になると，2,253文にて1,225藁の索餅を買い，消費量はじつに1,200藁であったらしい。8月には2,519藁を4,341文で買い，1,360藁を消費した。さらに後金剛般若経のときにも，9月28日に184藁を329文で，10月24日には284藁を500文にて購入している（「後金剛般若経料銭下充帳」『大日古』14-001～014）。10月16日には写経所にて索餅を作りもしたようで，そのために小麦5斗，米5升を買い，小麦を粉に挽いて3斗7升を得ている（「後金剛般若経経師等食料下充帳」『大日古』14-080～113）。

　つまり東大寺写経所では，索餅を大量に消費していたのである。そして金剛般若経の書写が始まって1ヶ月が過ぎた7月24日に，羹坏200口，片盤150口，饗坏150口と一緒に，麦垸150口が請求されたのであった（「東寺写経所解案」『大日古』13-476～477）。これは事実上，千手千眼経の写経生に充てるものであったとみえる。なぜならこのころ，金剛般若経の書写はほぼ終息しつつあり，手空きとなった経師が順次，千手千眼経の書写へと移行しつつあったからである（図1）。7月末の時点で，経師・装潢・校生らの総人員数は，およそ100人にのぼった。最終的に「合奉写経二千四百巻」として一括された両事業に従事し，布施を給付されたのは経師93人，題師1人，校生9人，装潢8人の111人であった（「東寺写経所解」『大日古』4-301～311）。7月24日付で請求された食器は，余剰を含みつつも彼らに支給されたと考えてよいだろう。

　このようにして，所要人員に十分行きわたる数の食器を請求したのに，麦垸だけはなぜか支給されなかった。その代わりに届いたのが，水垸109口と垸41口である（「写千巻経所食料雑物納帳」『大日古』13-254～257）。結局，「麦」こと索餅を食するのには麦垸でなくともよく，このときは水垸ほかがその代用を果たしたのである。膨大な写経所文書のなかで，麦垸という器名が見えるのはこの一度のみである。

表1 御願経書写（天平宝字2年）における索餅の購入と消費

月　日	史料	品　目	購入量(薥)	値(文)	月　日	史料	消費量(薥)	備　考
6月22日	①	索餅	a＝102ヵ	200				
					6月23日	②	102	
6月29日	①	〃	236	413				
6月30日	①	〃	220	400	6月30日	②	236	
月別合計		〃	b 456	c 1,013			338	
決　算	④	〃	d 558　a＋b＝d	e 1,013　c＝e				
					7月3日	②	80	「東市庄解」(『大日古』13-357)では「乾麦」
7月5日	①	〃	144	100				
					7月7日	②	232	
7月9日	①	〃	130	200				
7月11日	①	〃	230	383				
					7月12日	②	128	
7月14日	①	〃	57	97				
					7月15日	②	159	
7月17日	①	田束麦	1,200	187				東市庄領が購入し進上
（①中欠）7月21日～26日分			f＝664ヵ	g＝1,473ヵ	（②中欠）		h	中欠分の消費量hはn－k＝141と推定
					7月22日	②	130	
					7月23日	②	120	
					7月24日	②	110	
					7月29日	②	100	
月別合計		索餅 / 田束麦	i 561 / 1,200	j 780 / 187			k 1,059	
決　算	④	索餅	l 1,225　f＋i＝l	m 2,253　g＋j＝m		④	n 1,200　h＋k＝n	
8月2日	①	〃	302	560				
8月4日	①	〃	214	375				
					8月5日	②	120	
8月7日	①	〃	230	404				
8月8日	①	〃	360	600				
8月9日	①	〃	300	450				
8月13日	①	〃	137	246				
8月14日	①	〃	281	504	8月14日	②	120	
					8月15日	②	130	
8月17日	①	〃	695	1,202				
					8月19日	②	130	
					8月21日	②	130	
					8月23日	③	130	尾欠分の消費量oはu－r＝600と推定
					（②・③尾欠）		o	
月別合計			p 2,519	q 4,341			r 760	
決　算	④	索餅	s 2,519　p＝s	t 4,341　q＝t		④	u 1,360　o＋r＝uヵ	

史料①「写千巻経所銭幷衣紙等下充帳（中欠）」『大日古』13-257〜284, 史料②「写千巻経所食物用帳（中尾欠）」『大日古』13-284〜317, 史料③「写千巻経所食物用帳断簡（首尾欠）」『大日古』25 232-233, 史料④「東大寺写経所食口帳」『大日古』13-337〜352。

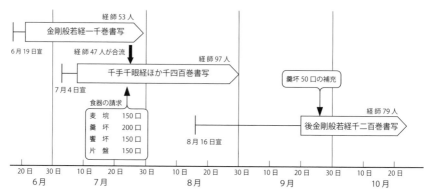

図1　御願経書写（天平宝字2年）の推移

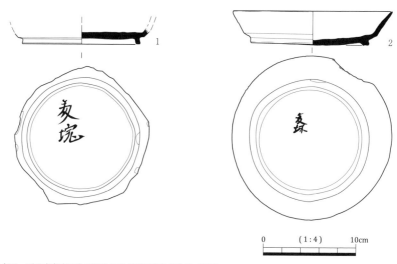

0　　　　　　（1:4）　　　　10cm

1：杯B　平城京左京二条二坊十二坪 SK69〔奈良市教委 2002〕
2：杯B　平城宮 SD8600〔小田 2017〕

図2　「麦垸」と「麦坏」

平城宮・京出土の「麦垸」

　御願経書写のときの「麦垸」は，いったいどのような食器であったか。その実例を，平城宮・京で出土した墨書土器のなかから探してみよう。

　現在のところ，「麦垸」は平城京左京二条二坊十二坪の土坑SK69〔三好1989，奈良市教育委員会 2002〕で，「麦坏」は平城宮の斜行溝 SD8600 で出土した

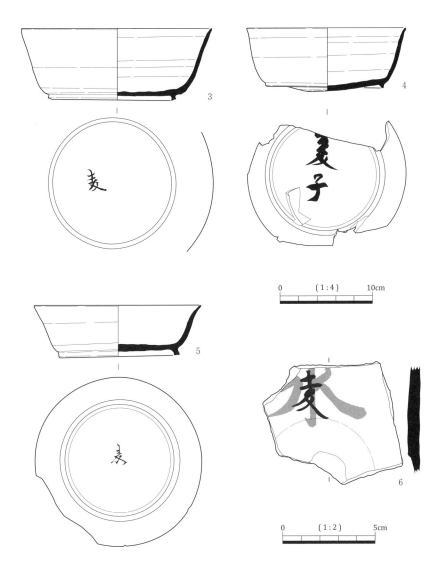

0　　　　（1：4）　　　10cm

0　　　　（1：2）　　　5cm

3：杯B　平城京左京三条二坊（二条大路）SD5100〔奈文研 1995〕
4：杯B　平城宮 SD1250〔奈文研 1989〕
5：杯B　平城宮 SA109 北溝〔奈文研 1983〕
6：杯蓋　平城宮 SD2700〔奈文研 1983〕

図3　平城宮・京出土の「麦」字墨書須恵器

もの〔小田 2017〕がある。どちらも須恵器の杯B（考古学上の器種名・高台付の有蓋椀）である（図2）。そこでこれらの類例として，「麦」字のみを書いた墨書土器を集めてみると，さらにいくつかの事例が見つかった。たとえば，平城宮SA109北溝やSD1250・SB2472，平城京左京二条大路SD5100では，底部の高台内側に「麦」「麦子」と書いた墨書土器が出土している。興味深いことに，それらも「麦埦」「麦坏」墨書土器と同じく須恵器杯Bかその蓋で（図3），一部をのぞき口径170〜180 mm，高台径130 mm前後と規格性が高い。なかには杯蓋の頂部に一度は「水」と書き，それが薄れてから「麦」字を上書きした例（図3-6）まである。本例は麦埦を請求したのに，代わりに水埦が来たことを思わせる墨書土器といえ，両者の器形や大きさが似通っていたことを暗示する。なお「麦」字墨書須恵器と同じ見方によれば，「水」字を書いた須恵器埦は「水埦」であった可能性があるが，平城宮出土例は無台の深形埦（杯A）である。藤原宮東内濠SD2300からも同様の出土例があり，水埦は無台，麦埦は有台という差があったものか。しかし今なお，水埦と麦埦との違いはよくわからない。

2　写経所における麺の食べ方

写経所の素餅

　古代の麺類は「麦縄」と呼ばれ，あるいは「索餅」「干麦」とも記されるが，前者は正倉院文書でわずか3ヶ所（天平6年の「造仏所作物帳」およびその断簡，『大日古』1-551〜581など）にみえるのみである。麦縄の初出は長屋王家木簡の「山寺麦縄値」〔奈良国立文化財研究所 1993〕で，奈良時代初頭には「山寺」と呼ばれた寺院でそれが食されていたことがうかがえる〔栄原 1995〕。しかし，写経所文書の麺類は麦縄ではなく，索餅と書かれることが多い。石毛直道〔石毛2006〕や奥村彪生らの研究によれば，古代の索餅は麦をおもな原材料とする手延べ麺であるという。とくに奥村は索餅にまつわる従来の学説を整理したうえで，うどん・ひやむぎ説（切り麺説）や唐菓子・揚げ菓子説を完全に否定する。そして『延喜式』大膳式下にみえている索餅の材料や正倉院文書中の索餅の計量単位，それに索餅の調理・調味法にいたるまで丁寧に検討し，これが手延べ麺であることを論証するとともに，実際に索餅の復元実験までおこなってみせ

た〔奥村 2014, 安藤監修／奥村 2017〕。本稿では奥村説にしたがい, 索餅を手延べ麺の一種として話を進める。

索餅の購入量

　前節で少し述べたが, 写経所では索餅がさかんに食されていた。ここでもうひとつ, およそ 1 年半にわたり索餅の購入量がわかる統計を示しておく。図 4 では, 「奉写一切経所銭用帳」(『大日古』17-237〜328) にみえている索餅の購入量 (神護景雲 4 年〈770〉7 月から宝亀 2 年〈771〉11 月まで) を縦棒グラフで示した。これによれば, 索餅の購入量は秋から冬にかけては少なく, 春から夏にかけて多い。すなわち, そこには索餅の消費にある種の「季節性」があったのではないかと, ひとつの単純な見方が成立する。ところが索餅の購入量は, 「奉写一切経所食口案帳」(『大日古』17-329〜486 および 19-079〜108) から集計した月ごとの食口数の変動 (同図にて折れ線で表示) と完全に連動しているから, 実際には写経従事者の人数を単純に反映しているにすぎないのである。つまり索餅は, 年間をつうじてさかんに食されていたといえるであろう。なお奥村は, 主たる食糧である米が不足する夏場に保存性が高い索餅がさかんに食べられていると考え, 「『正倉院文書』を見ても写経所等に支給されるさくべいの量は夏になるとその数量は冬に比べ極端に大量になっている」と述べている〔奥村 2014, 90 頁〕。しかしながら, 少なくとも奉写一切経所に関していえば, 索餅の消費に明確な季節性があったとはいえない, というべきであろう。

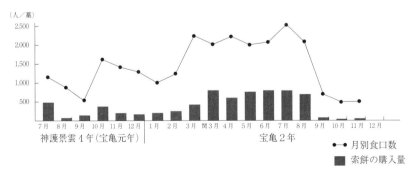

図 4　奉写一切経所における月別食口数の推移と索餅の購入量

索餅の食べ方

　ここまでに記してきたことは，最近発表した拙論「麦𪘏と索餅」〔森川 2020〕ですでに述べているので，筆者としてはあまり新味のない話である。ところが古代の「麦」すなわち麺類にかんしては，なお未解決の問題も残されている。そのひとつが，古代における麺類の食べ方である。食と土器とのかかわりを考えてきた筆者にとって，麦𪘏で麺類をいかに食したかは，どうしても知りたい事柄には違いない。しかしながら，食物がいわゆる「消え物」であるかぎり，その答えは永遠に不可知であろう。したがって，古代の人びとがどのように麺類を食したかは，どうしても推定の域を出ないことを先にお断りしておきたい。

　前稿を公表してから，同じ質問を何度か頂戴することがあった。それは筆者が，写経所の索餅を「混ぜそば」のようなものと想起した点にかんする異論である。要するに，それは現代のかけそばやラーメンのような汁麺であったのではないかという疑問に，筆者は直面することになった。そこでここからは，この疑問に応えるかたちで，写経生らが索餅をどう食したかを想像してみたいが，その前にひとつ確認しておこう。それはアジア世界において，麺類はすべからく箸で食する糸状の食品であって，それをいかなる食器も用いずに手摑みで食することはない，ということである。もっと端的にいえば，写経生らは「箸竹」を器用に使って，細長い麺類を食していたといえるであろう。

炸醬面

　さて，筆者が古代の索餅を「混ぜそば」のように想起したのにはいくつかの理由がある。第1は，古代の索餅は「あへもの」であったとみられること。そして第2は，先行研究を参考にするかぎり，日本の汁麺が古代まで遡るという，確実な証拠が見当たらないことである。

　上でも少し触れたように，索餅を食するときには醬（ひしお），末醬，酢などの調味料で製した「索餅饗料」，あるいは「索餅䪏料」が用いられた。このあとでもう少し詳しく述べるように，これをどちらも「阿倍毛乃（あへもの）」という。それを索餅に絡めて食したと考えると，それは汁なし麺として想起されるわけである。これに近い食べ方をするのが中国の「拌面（bàn miàn）」や「炸醬面（zhá jiàng miàn）」

である。前者はまさしく混ぜそばの意で，後者はいわゆるジャージャー麺にあたる。いずれにしても，筆者が想像する素餅の食べ方にかなり近い。おそらく，中国鄭州の街角で食したそれが，筆者が抱く素餅のイメージに大きな影響を与えているのは間違いない。中国にもむろん汁麺はあるが，醬や末醬と和えて食する麺類となれば，それはどうしても汁なし麺となろう。こういう麺をお碗に入れ，店先や道端で食している中国人は，中国出張のたびに見かけている気がする。このように，現代東アジアの麺食事情を参考にすると，古代の素餅も汁なし麺ではなかったかという想像にも，一定の理があるのである。

　翻って，現代日本ではかけそば・かけうどんやラーメンなど汁麺のほうが圧倒的に優勢で，大抵の麺類はスープとともに提供される。このイメージを古代に投影するとどうなるか。きっと，素餅も汁麺であろうという，ある現実味をおびたイメージが確固たる像を結ぶであろう。ところが汁麺は，いつ頃から出てきたのであろうか？　筆者はその歴史について詳しくないので，これ以上は掘り下げることができない。しかし現時点でいえるのは，味付けしたスープと一緒に麺を食するという食べ方が，奈良時代から始まっていたことを示す確かな証拠がない，ということである。奥村の想像によれば，奈良時代から平安時代の「さくべい」の食べ方は①ゆでて，ソースをかけ，和えて食べる，②①にごま油をかけてサラダ感覚で食べる，そして③ゆで小豆をかけてデザート感覚で食べるという三通りであったという〔奥村 2014, 91〜92 頁〕。つまり奥村も，素餅は汁麺であったと想像しているわけではない。より正確にいえば，そのような想像を可能にする積極的な材料がない，ということになろう。筆者が汁麺を再現できないのも，味付けした汁をどのように作ればよいか，何ら手がかりがないからである。

韲

　ここまで述べたように，写経所の素餅を食するときに用いたのが「饗料」で，別に「韲料」とも記すが，「韲」「饗」字はどちらも「あへもの」と訓じる。たとえば，『和名類聚抄』に「四声字苑云韲　即替反訓安不一云₌阿倍毛乃　搗₌薑 蒜₌以₌醋和レ之」，および職員令義解大宰府主厨条に「韲者凡醬所レ和切也，即令レ調₌和醬醋蒜薑之類₌是也」とあるように，韲物の「韲」という字は蒜薑

（ニンニク・ショウガ）などの葷辛料を搗き，醬や酢に和えてつくる調味料を指し，これを「阿倍毛乃（あへもの）」と訓じたのである。これは今日の和え物とは異なり，厳密には調味料の一種であった。ところが，写経所では僧尼令により，五葷の摂取を禁じていたから，これに含まれるニンニクを用いていた形跡はない。

　そこであらためて，写経所における饗料，および羹料がいかなる調味料であったかを調べてみると，およそ次のとおりであった。まず，御願経書写（天平宝字2年）のときの「索餅饗料」は醬・末醬・酢と小豆・薑で，醬と末醬との比率はおよそ3：1から2：1である（表2）。つまり饗料の主原料は醬であり，

表2　御願経書写（天平宝字2年）における「索餅饗料」

月　日	史料	索餅饗料					麦茹料	備　考
		醬	末醬	酢	小豆	薑		
7月12日	①				5升			
7月17日	①	2升		1升				田束麦饗料
7月19日	①	2升						
（史料①中欠）								
7月21日	①	2升	1升					
7月22日	①	2升	1升					
7月23日	①	2升	1升					
7月24日	①	2升	1升					
7月29日	①						薪1荷	
8月1日	①	2升	1升					
8月5日	①	3升	1升	7合			薪1荷	
8月6日	①	3升	1升	5合			薪1荷	
8月9日	①	3升	1升		5升	1把		
8月10日	①				1升5合ヵ			
8月14日	①	2升					薪2束	
8月15日	①	3升			5升			
8月16日	①				5升			
8月18日	①	3升						
8月19日	①			1升				
8月21日	①	3升	1升					
8月23日	②	3升	1升	1升			薪2束	
（以下，史料①・②尾欠）								

史料①「写千巻経所食物用帳」（『大日古』13-284〜317），史料②「写千巻経所食物用帳断簡」（『大日古』25-232〜233）。

表3　奉写一切経所（宝亀2年頃）における「索餅蓋料」

年　月	史料	索餅蓋料						
		塩	醬	末　醬	酢	小　豆	薑	山蘭
神護景雲4年9月	①	8升		2斗7升	8升	4斗6升		
宝亀2年3月	②	1斗		2斗3升	8升	1斗7升4合		
宝亀2年5月	③	1斗6升	1斗2升	2斗6升2夕		3斗4升		
宝亀2年12月	④	1斗7升	1斗8升	2斗8升		3斗6升	41把	
（年月日欠）	⑤			6升	8升	4斗6升		
（年月日欠）	⑥							2升

史料①「奉写一切経所告朔解」（『大日古』6-86～107），史料④「奉写一切経所告朔解」（『大日古』6-223～247），史料②「奉写一切経所解」（『大日古』6-135～160），史料⑤「奉写一切経所用度文案」（『大日古』18-26～32），史料③「奉写一切経所告朔解」（『大日古』6-173～198），史料⑥「奉写一切経所解案」（『大日古』18-106）。

香辛料と認められるのは薑のみである。これに対し，宝亀2年頃の奉写一切経所の告朔解案にみえる「索餅蓋料」は，原材料が塩・末醬・醬・酢と小豆などになっている（表3）。御願経書写の「索餅饗料」と比べると，鹹味を塩から得ているうえに醬と末醬との比率が逆転し，さらには小豆の存在感が増している点が大きく異なる。現代人にとっては塩分の摂りすぎが気になるところだが，いずれにしても，索餅の饗料（蓋料）の主原料は醬や末醬であって，これを索餅に絡めて食したもののようである。ときには小豆を混ぜることや，薑や山蘭を用いて，辛味をくわえることもあったらしい。

　このほかにも，奉写一切経所では蜀椒が「雑菜蓋料」として用いられていた（「奉写一切経所用度文案」『大日古』18-001～032など）。これはサンショウの仲間で，いわゆるスパイスの類であると思われるが，索餅の蓋料に添加した形跡は皆無である。

　なお，写経所で用いられた形跡はないものの，蒜蓋の製造に欠かせない調理用具に陶臼がある。器名考証とその用い方については，拙論〔森川 2019c〕をぜひ参照されたい。

饗　坏

　古代の饗料や蓋料について少し述べたところで気になるのが，饗坏という食器の存在である。これは写経所文書に散見され，天平宝字2年夏の御願経書

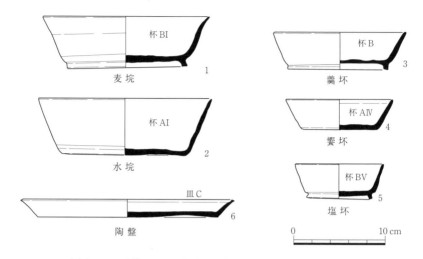

1：平城宮　SA109北溝　　3・4：平城宮　土坑 SK18189・19190（宝亀2・3年〈771-772〉）
2：平城宮　東院地区　　5・6：平城宮　土坑 SK219（天平宝字6年〈762〉）
3〜5は現在のところ器名考証が不十分な器種。

図5　奈良時代後半の須恵器食器

写のときも，麦垸と一緒にこの饗坏を請求している。器名が語るように，それ
は調味料の容器であり，中にはきっと醤料こと「あへもの」が入っていたに違
いない。この調味料は，何も索餅を食するときだけ用いられたわけではなく，
普段の食事には必ず副えられたであろう。そうなると，麦垸・水垸の次に考証
をくわえたいのはこの饗坏ということになる。それが須恵器の食器であったと
すると，候補に挙がるのは麦垸や水垸よりも小口径で浅手の坏である。これと
は別に羹坏という器種があり，饗坏との違いがよくわからないが，とりあえず
坏類のなかでも大きいほうを羹坏，小さいほうを饗坏（または塩坏）と考えてみ
よう。考古学の分類では，麦垸は杯ＢⅠないしは杯ＢⅡにあたるから，杯Ａ
Ⅲ・杯ＢⅢ（口径15〜16 cm）が羹坏，杯ＡⅣ・杯ＢⅣ（口径11〜12 cm）が饗
坏にあたるのではないか。この考定にはなお確信がもてないが，試みにその案
を図で示しておく（図5）。

索餅の再現

麦垸・索餅・「あへもの」そして饗坏と思考を重ねてくると，写経所における

素餅の食べ方は，当時通有の調味・味付けの方法と基本的に同じということになるだろう。醤や末醤などの醸造調味料と和えて，食べる。となると，古代の素餅を「混ぜそば」の仲間として想起するのが，今のところ最も現実的であるように思われる。

　以上をふまえ，写経生らが食した素餅を，

図6　素餅の盛り付け例（再現，奈良文化財研究所提供）

想像力豊かに再現してみたいと思う。古代の素餅は手延べ麺とされるので，このときは市販されているやや幅広の素麺を用いた。また，素餅は醤や末醤，酢や薑などを和えた「あへもの」で食したと想像できるから，市販の味噌を醤に見立て，それを米酢などで延ばして饗料とし，茹でた麺に絡めてみたのが図6である。このとき用いたのは口径16.0 cm強，深さ5.5 cmの須恵器埦で，筆者が想起した「麦埦」によく似ている。というのも，この複製品は実物の「麦」字墨書須恵器をモデルに陶芸作家さんにお作りいただいたものなので，その再現性はきわめて高いのである。職場のスタジオで撮影してもらったこの写真には，筆者が想起した古代の素餅が，ほとんどイメージどおりに写っていた。

　須恵器に本物の麺類を盛りつけたところは，今まで誰も見たことがないであろう。考古学者はこのありさまにまず見入り，次にこの写真が本当に真実を活写しているかについて，疑いの眼を向けるかもしれない。このように，正しいかどうかわからないイメージを安易に実体化してみせたことに，ある種のいかがわしさがないとはいえない。しかし，見たことがないものを想像する力が，この種の研究には必要である。麦埦で何を食べたかは，そもそも不可知の領域に属しているけれども，「わからないこと」を考え続けるのは無意味かつ無益，

ということではない。筆者はこれからも，この種の「役に立たない」研究に全力を投じたいと思う。

参考文献

安藤百福監修／奥村彪生 2017『麺の歴史　ラーメンはどこから来たか』KADOKAWA

石毛直道 2006『麺の文化史』講談社（原著は石毛 1995『文化麺類学ことはじめ』講談社）

奥村彪生 2014「日本最古のめん，さくべい」『増補版　日本めん食文化の一三〇〇年』農山漁村文化協会，52-97 頁

小田裕樹 2017「平城宮斜行溝 SD8600 出土の土器」『奈良文化財研究所紀要 2017』286-299 頁

小西猛朗 2012「正倉院文書にみる小麦とその利用」上・下『Vesta』87・88

栄原永遠男 1995「麦縄と麦粉米」『木簡研究』17，212 頁

関根真隆 1968『奈良朝食生活の研究』吉川弘文館

奈良国立文化財研究所 1983『平城宮出土墨書土器集成』Ⅰ

奈良国立文化財研究所 1989『平城宮出土墨書土器集成』Ⅱ

奈良国立文化財研究所 1993『平城宮発掘調査出土木簡概報』27

奈良国立文化財研究所 1995『平城京左京二条二坊・三条二坊発掘調査報告』

奈良市教育委員会 2002『平城京跡出土墨書土器資料』Ⅰ

奈良文化財研究所 2003『平城宮出土墨書土器集成』Ⅲ

三好美穂 1989「出土遺物からみた遺跡の性格—平城京左京二条二坊十二坪の土器を中心として—」『奈良市埋蔵文化財調査センター紀要 1989』1-11 頁

森川実 2019a「「麦」と「水」—平城宮・京出土の墨書須恵器から—」『奈良文化財研究所紀要 2019』46-47 頁

森川実 2019b「奈良時代の堝・坏・盤」『正倉院文書研究』16，76-102 頁

森川実 2019c「古代の陶臼」『古代文化』71-3，3-22 頁

森川実 2020「麦垸と索餅—土器からみた古代の麺食考—」『奈文研論叢』1，27-43 頁

付記：本稿は JSPS 科研費 JP18K01082「飛鳥時代・奈良時代の土器様式からみた日本古代の食具様式および食事法の復元的研究」（研究代表者：森川実）の成果の一部である。

3　海藻からみる写経生の栄養状態

峰 村 貴 央

は じ め に

　海藻は，古くから日本人の食生活に深く根差した食品である。『続日本紀』には「蝦夷須賀君古麻比留ら言さく，先祖より以来昆布を貢献れり。力時関かず」と記されている〔池添 1997〕。また，行政府の中枢機関が置かれた平城京など，当時の都の遺跡から出土した平城京跡出土木簡が多数存在する〔富塚ほか2011〕。納税品として産地から都に運ばれていたゆえんとして，日本の周辺海域は暖流と寒流の影響が入り交じるとともに岩場が多いことから，多種類の海藻の生息に適していることが挙げられる〔水産省 2020〕。

　私たちが日常摂取する食品の成分に関する基礎データが収載されている日本食品標準成分表（以下，食品成分表）では，海藻は乾物の炭水化物が40～60%であるが，そのうち半分以上が食物繊維であるため，エネルギー量は低く，ミネラルの含有量は食品中で最も多い〔文部科学省 2015〕。鉄やヨウ素，マンガン，亜鉛，カルシウム，カリウムなど，人間が必要とするすべてのミネラルを含んでいる。とくにヨウ素は高濃度で含まれており，日本人には健康障害が発現する上限量（3,000 µg/日）が定められている。そのため，海藻を食べる量は十分に注意しなければならない。

　写経生に支給されていた海藻に関する史料は少なく，判明していることは①海藻の種類がバラエティーに富んでいること，②支給重量が非常に多いことである。しかし，それらの調理方法や食事の提供重量はわかっていない。支給されていた当時の海藻を論ずることは難しいため，ここでは，現代の日本人が日常の食事で利用している海藻を用いて考えてみたい。また，現在の考古学での食風景の考察は，史料や文献から類推するものが多く見受けられる。そこで，

121

本章では食品成分表に収載されている成分値や，日本人の食事摂取基準（以下，食事摂取基準）に収載されている基準値，さらに，食品成分表に収載されている分析方法と同じ手法を用い，調理した食事の栄養素分析結果に触れながら，写経生が海藻から摂取していたヨウ素に関して述べてみたい。

1　写経所で支給されていた海藻の種類とその特徴

　写経生にどのような海藻が支給されていたかは，天平宝字6年（762）12月16日「石山院奉写大般若経用度雑物帳」や，平城宮跡から出土する全国から貢進される貢進物荷札木簡などから知ることができる。そのなかで海藻は，「海藻（以下，わかめ）」「滑海藻（以下，あらめ）」「布乃利（以下，ふのり）」「大凝菜（以下，てんぐさ）」「小凝菜（以下，いぎす）」が存在し，写経生に支給されていたと記されている。

　写経生に支給されていた海藻を示す（図1）。「わかめ」は葉体部分を主に食し，その舌ざわりや歯ごたえなどの物理性状が食味の主体をなすものである〔佐藤ほか 1977〕。生食だけでなく板わかめ，湯通し塩蔵わかめ，カットわかめなど加工した商品も多くある。最近では，わかめの根元部分のめかぶは，葉体部分と食感が異なることから注目されている。「あらめ」は太平洋や日本海に広く生育する褐色の褐藻の一種であり，わかめに対して肉が厚く荒い感じがするところから名づけられたといわれている。昭和35〜45年（1960〜70）頃の家庭料理として副菜〔乾ほか 2019〕やおやつ〔佐藤ほか 2017〕などで食されていた。「てんぐさ」および「ふのり」は，加熱することにより粘質物が抽出され，それを熱水に溶かすと常温において強いゲルを作る特徴がある〔渡瀬 1975〕。「てんぐさ」は寒天や心太の原料として親しまれている。「ふのり」は，新潟県魚沼地方発祥のへぎそばのつなぎに使われたり，古くから織物の糊料〔早川ほか 2004〕として用いられたりしている。「いぎす」は，刺身のツマとして食用される紅藻類で，いぎす豆腐としてさまざまな県での家庭料理として食されている〔皆川ほか 2019〕。支給されていた海藻の特徴をまとめると，体の大きさや形状，色といった外観の性状が異なるほかに，加熱した際の物性や利用の仕方，食べ方などが異なっている。異なる点が多いことから，当時の海藻の利用頻度

図1　写経所で支給されていた海藻
A：わかめ　B：あらめ　C：ふのり　D：てんぐさ　E：いぎす

は今日以上に盛んであったことが推察される。

　海産物は，荷札木簡や「正倉院文書」では，重量単位とともに物資の形状を示す員数単位をみることができる。性状の異なる計量単位が併用されていた点は，海産物の計量単位の特徴といわれている〔大隅 1996〕。「正倉院文書」にみえる「食法」には写経生に支給された1日の食材とその重量が記載されている。わかめ・あらめは合算して表記されており，写経生の役職である経師，題師，校生，装潢は83.8ｇ支給，膳部，雑使，駆使丁は41.9ｇ支給され，役職によって支給重量に差があることがわかる。また，ふのり・てんぐさ・いぎすも合算して支給されているが，経師，題師，校生，装潢にのみ83.8ｇ支給されている。支給重量に差があるのは，経師はいわゆる写経生で経典の書写を行うため，仕事内容や労働量が食事の内容や量にまで反映されているからと考えられている。

　海藻を合算した理由を記した書物は不明であるが，上述した海藻類の特徴から類推することができる。わかめ・あらめは褐藻類で葉体部分を食し，ふのり・てんぐさ・いぎすは紅藻類で葉体部を食すより加熱した際に抽出される強いゲル状の物質を利用する特徴がある。おそらく色や形状，食し方や利用の方法が類似していた海藻を合算して表記していたのではないだろうか。もし，その特徴が合算した理由の1つであるとすると，海藻は写経生の支給帳簿を作成する以前から食べ方や加工後の性状を把握し，利用されていたといえる。このことから，海藻は当時の食生活で欠かせない食材であり，かつ，海藻の占める位置はかなり重要であったといえるのではないだろうか。

2 写経所で提供される羹汁と心太に含まれるヨウ素量の検討

調理した海藻のヨウ素定量方法の検討

　先行研究では，海藻は「羹汁（あつものしる）」と「心太」として調理していたと記されている〔西念ほか 2015〕。しかし，その調理方法や具体的な料理を記した史料は明らかでない。現代の料理から考えると，羹汁は海藻と海藻を煮た汁，心太は海藻を煮た汁から構成される料理だったと推察できる。

　写経所には多くの写経生が従事していたことから，調理は家庭料理のような小量調理でなく給食施設のように大量調理をしていたと考えられる。大量調理は，いつでもおいしく，一定の品質を提供できるように調理の手順や調理操作などの標準化を行い，個人による味のばらつきの差をなくし，短時間で調理することができる。大量調理は計画的に調理ができる一方で，羹汁のような料理は配膳する人の技術や配膳方法により，盛り付ける量に個人差が生じる。つまり，写経生に配膳された羹汁をみると，海藻が多く汁が少ない羹汁や，海藻が少なく汁が多い羹汁など，人によって羹汁の内容が異なる可能性がある。心太は海藻を煮た汁のみを固めて配膳するので，心太の内容に個人差はない。このことから，本研究では海藻のヨウ素量の定量は「海藻のヨウ素量」と「汁のヨウ素量」に分けて検討した。

　汁のヨウ素量は，食品成分表を参考にした。食品成分表では，昆布から溶出しただしは，「昆布だし」と「昆布だし／煮出し」の2種類が収載されている。「昆布だし」は味噌汁などに使用する一般的なだしで，「昆布だし／煮出し」はおでんのように長時間煮続けた際に昆布から溶出しただしを想定している。両者のだしを比較すると，たんぱく質や炭水化物，食塩相当量に差はないが，マグネシウムやヨウ素は「昆布だし」より「昆布だし／煮出し」が2倍高い。食品成分表には煮出しは昆布のみ収載されているが，ほかの海藻も加熱時間を長くすることで溶出する栄養素が増える可能性がある。

　写経所の給食施設は，現代のような火加減の調整や，沸騰という現象の定義，加熱時間の調整が難しいことが想定される。そこで，食品成分表に収載されているだしと煮だしの調理方法を参考に，写経生が食していた海藻を調理して，

海藻と汁のヨウ素量を測定した。

ヨウ素定量実験の概要と手順

　試料は，市販で流通している乾物のわかめ・あらめ・てんぐさ・ふのり・いぎすとした。海藻はフードプロセッサーで粉砕した粉末を用いた。汁は，食品成分表を参考に海藻を沸騰直前（100℃）まで加熱した方法（以下，沸騰直前）と，沸騰後さらに1時間加熱させた方法（以下，沸騰後1時間）で行い，それぞれ抽出物を得た。抽出物は一般的なワカメスープを参考に，水に対して1％重量の乾物から得た。

　ヨウ素は滴定法で実施した〔安井ほか編 2016〕。まず，抽出物をるつぼに秤量し，50％水酸化ナトリウム溶液およびエタノールを加え，予備灰化した後，500℃のマッフル炉で約3時間灰化した。灰に蒸留水を加えて30分間ホットプレート上で加温した後，濾紙を用いてフラスコ中に全量ろ過し，試料溶液とした。試料溶液をフェノールフタレイン指示薬と3 mol/ℓ硫酸で中和後，蒸留水で約70 mℓとした。1 mol/ℓ次亜塩素酸ナトリウム溶液を加え，pHメーターを用いて3 mol/ℓ硫酸および50％水酸化ナトリウム溶液でpHを1.7〜2.0に調整後，5分間煮沸した。40％ギ酸ナトリウム溶液を加え，さらに5分間煮沸し，放冷後，ヨウ化カリウムと3 mol/ℓ硫酸を加え，5分間放置後，でん粉溶液数滴を加え，0.01 mol/ℓチオ硫酸ナトリウム標準溶液で滴定した。そのほかに，海藻を調理した前後でどのくらい重量が増すのか吸水膨潤度の変化率も求めた。

写経生のヨウ素摂取量の推定

　海藻の加熱吸水による重量変化率（表1）と海藻1％抽出物のヨウ素量（図2）をまとめた。加熱吸水による重量変化率は，乾物の海藻重量に対する調理後の海藻重量の割合を示している。つまり，変化率が1,000％であれば，乾物5 gが調理後には50 gに増えたことになる。海藻によって異なるが，水に30分浸漬するだけでも重量変化率が3倍以上，沸騰後1時間加熱することで5倍以上に増加した。海藻別では，わかめ・ふのりの加熱による重量変化率の増加傾向が類似していて，あらめ・ふのり・いぎすは増加が緩やかであった。とくにあら

表1　海藻の加熱吸水による重量変化率（%）（n＝3）

試　料	30 分水浸漬	沸騰直前	沸騰後 1 時間
わかめ	1,433±22.7	1,738±211	2,015±15.3
あらめ	541±10.1	519±3.90	568±3.90
ふのり	661±10.3	1,139±140	1,509±169
てんぐさ	430±34.2	794±52.8	802±39.5
いぎす	341±11.4	919±18.1	703±55.7

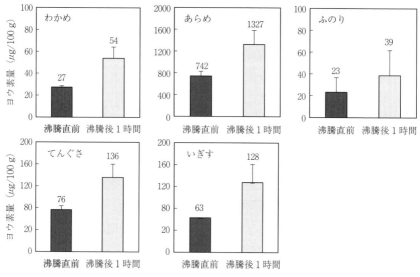

図2　海藻 1 % 抽出物のヨウ素量（n≧3）

沸騰直前：沸騰直前まで加熱　沸騰後 1 時間：沸騰後さらに 1 時間加熱

めは，最も吸水膨潤しにくい海藻であった。

　ヨウ素量は，写経生の海藻支給重量をわかめ・あらめ 42.9 g，ふのり・てんぐさ・いぎす 27.9 g と仮定すると，わかめが 4,507 μg，あらめが 17,944 μg，ふのりが 1,000 μg，てんぐさが 7,514 μg，いぎすが 2,210 μg となり，わかめ・あらめ・てんぐさは耐容上限量を大きく超えることになる。つまり，支給重量を食べると何らかの疾病が発症していた可能性が明らかになった。その海藻を加熱・調理した場合の海藻 1 % 抽出物は，加熱の時間を変えることでヨウ素の溶出が約 2 倍高くなった。とくにあらめはほかの海藻に比べてヨウ素量が多く，

表 2　ヨウ素の耐容上限量に相当する重量(g)

試　料	乾物	1% 抽出物 沸騰直前	1% 抽出物 沸騰後 1 時間
わかめ	29	10,944	5,560
あらめ	7	404	226
ふのり	95	12,951	7,775
てんぐさ	11	3,926	2,207
いぎす	38	4,770	2,347

表 3　ヨウ素の耐容上限量に相当する重量を 180g/食として換算

試　料	1% 抽出物 沸騰直前	1% 抽出物 沸騰後 1 時間
わかめ	約 60 食	約 30 食
あらめ	約 2 食	約 1 食
ふのり	約 72 食	約 43 食
てんぐさ	約 22 食	約 12 食
いぎす	約 27 食	約 13 食

わかめ・ふのりはごくわずかであった〔峰村ほか 2019〕。

　そこで，ヨウ素の耐容上限量 3,000 μg に相当する乾物の重量および海藻 1% 抽出物の重量を算出した（表 2）。乾物では，あらめが 1 日に 7 g 食べるだけで耐容上限量に相当し，ふのりは 90 g 以上食べても耐容上限量に相当しないことが示された。この乾物重量に加熱吸水による重量変化率を乗じると，あらめは沸騰後 1 時間加熱で約 35 g に，ふのりは約 1,400 g になる。葉体部分を食すあらめは，1 回の食事でヨウ素の過剰摂取になる可能性が明らかになった。海藻 1% 抽出物の沸騰直前まで加熱した場合では，耐容上限量に相当する重量はあらめが 404 g で少なく，ふのりが 12,951 g で最も多く，乾物の傾向と同様であった。また，沸騰後さらに 1 時間加熱することで，すべての海藻で耐容上限量に相当する重量が少なくなった。つまり，加熱時間を長くすることでヨウ素の溶出量が多くなることが示された。

　表 2 の沸騰後 1 時間を 1 食 180 g として換算した食数をまとめた（表 3）。写経所ではわかめ・あらめを「羹汁」，ふのり・てんぐさ・いぎすを「心太」として調理していたと想定すると，あらめを中心とした羹汁は 1 食でヨウ素の過剰摂取になる可能性が高く，わかめを中心とした羹汁やふのり・てんぐさ・いぎすの心太は習慣的に摂取しても過剰摂取になる可能性が低いことが明らかになった。しかし，本結果の抽出物は 1% であるため，乾物濃度を高くすれば過剰摂取になる。

おわりに

ヨウ素を大量に摂取すると甲状腺ホルモン合成量が低下し，軽度の場合には

甲状腺機能低下（無気力，疲労感，動作緩慢，記憶力低下など），重度の場合は甲状腺腫瘍（甲状腺が腫れてしこりができ，声のかすれや物が飲み込みにくくなるなど）が発症する。また，腹痛・吐き気・嘔吐・下痢・体重減少・頻脈・筋力低下などを起こす〔木村ほか訳 2014〕。現代においても海藻から甲状腺腫瘍を発症した事例〔石突ほか 1989，Masabayashi *et al.* 1998〕や，海藻の摂取が甲状腺腫瘍の悪性である甲状腺がんになりやすい傾向を示す事例〔Michikawa *et al.* 2012〕がある。

　本結果から，支給されていた海藻重量を食べることは，ヨウ素を過剰に摂取していることになり，健康障害を引き起こす危険性が明らかになった。また，海藻によって差はあるが，長時間煮た抽出物は食べる量に十分配慮する必要が示された。このことから，写経生は海藻を習慣的に食べていたため，栄養状態が良好ではなかったと類推できた。写経生の病気は，足病・赤痢・腹病・下痢・瘡病・胸病などがあり，これらは泊まり込みで長時間労働に従事したことから発症したと考えられている〔川崎 2020，新村 1973〕。先行研究ではヨウ素に着目した報告がないことから，今後は海藻の摂取も要因の1つとして議論できるのではないだろうか。しかしながら，本研究では海藻の個別の支給重量や羹汁と心太の調理方法（加熱時間・海藻濃度）が不明であり，ヨウ素摂取量と疾病との関連を断定できなかったところに限界がある。

　写経生と海藻に関する知見は不足している。古代食の解明に向けて，今後さらに研究成果を蓄積していきたい。

参考文献

池添博彦 1997「続日本紀の食文化考（第1報）―文武期より孝謙期まで―」『帯広大谷短期大学紀要』34

石突吉持ほか 1989「昆布による甲状腺中毒症」『日本内分泌学会誌』65-2

乾陽子ほか 2019「三重県の家庭料理　副菜の特徴」『日本調理科学会大会研究発表要旨集』31

大隅亜希子 1996「律令制下における権衡普及の実態―海産物の貢納単位を中心として―」『東京女子大学学会史学研究室』49

木村修一ほか訳 2014『最新栄養学　第10版』建帛社

川崎晃 2020「万葉びとの病と医療」『モダンメディア』66-2

西念幸江ほか 2015「奈良時代写経所における「飯」の炊飯法の一考察」『東京医療保健大学紀要』10

佐藤恵美子ほか 2017「新潟県の家庭料理—おやつにみる食文化の特徴—」『日本調理科学会大会研究発表要旨集』29

佐藤孜郎ほか 1977「わかめの物理性状とアルギン酸について」『家政学雑誌』28-7

水産省 2020「藻場の働きと現状」https://www.jfa.maff.go.jp/j/kikaku/tamenteki/kaisetu/moba/moba_genjou/（2020 年 10 月 21 日確認）

富塚朋子ほか 2011「木簡に記述された海藻—7 世紀-8 世紀における海藻利用—」『藻類』59

塚田信ほか 2019「日本人若年女性のヨウ素摂取量とその変動について—食事調査法と生体指標法による評価—」『日本臨床栄養学会雑誌』41-1

新村拓 1973「写経生と病気」『日本医史学雑誌』19-2

早川典子ほか 2004「文化財修復材料としてのフノリ抽出物の特性」『文化財保存修復学会誌』48

菱田明ほか 2015『日本人の食事摂取基準（2015 年版)』第一出版株式会社

Masabayashi S, *et al.* 1998 "Iodine-induced hypothyroidism as a result of excessive intake of confectionery made with tangle weed, Kombu, used as a low calorie food during a bulimic period in a patient with anorexia nervosa", *Eating and Weight Disorders*, 3-1

Michikawa T, *et al.* 2012 "Seaweed consumption and the risk of thyroid cancer in women: the Japan Public Health Center-based Prospective Study", *European journal of cancer prevention*, 21-3

皆川勝子ほか 2019「愛媛県の家庭料理　副菜の特徴」『日本調理科学会大会研究発表要旨集』31

峰村貴央ほか 2016「奈良時代の日常食の復元」『日本調理科学会大会研究発表要旨集』28

峰村貴央ほか 2019「東大寺写経生の海藻摂取と疾病に関する研究—ヨウ素摂取量—」『日本栄養学雑誌』77-5 特別付録

文部科学省科学技術・学術審議会 2015『日本食品標準成分表 2015 年版（七訂)』全国官報販売共同組合

安井明美ほか編 2016『日本食品標準成分表 2015 年版（七訂）分析マニュアル・解説』

　　　建帛社

渡瀬峰男 1975「紅そう類粘質物のレオロジー的研究―寒天水溶液ゲルに与えるオゴノ
　　　リおよびテングサ粘質物のアルカリ前処理温度の影響―」『日本食品工業学会誌』
　　　22-11

付記：淑徳大学看護栄養学部栄養学科の渡邊智子教授，ならびに十文字学園女子大学
　　　人間生活学部食物栄養学科の佐々木梓助手には，実験と分析にあたりご助言をい
　　　ただくとともに，細部にわたり終始熱心なご指導をいただいた。ここに深謝の意
　　　を表する。

4　写経生の給食復元から推定される食生活と栄養価

鈴　木　礼　子

1　「主食・主菜・副菜」と日本の健康政策

　「和食」はユネスコ無形文化遺産として平成25年（2013）12月に登録され，国際社会のなかでも注目されている。日本独自の食文化として「和食」が育まれてきた背景に，「新鮮で多様な食材」「四季の移り変わりや自然の美しさを活かした料理」「年中行事・儀式などとのつながり」などがある。日本人の健康寿命が世界の上位国なのは「和食」が栄養バランスに優れているためという説もあるが，近年は「食の欧米化」により生活習慣病が増加している。農林水産省が主導する「第3次食育推進基本計画」でも日本の食文化である和食を推奨する健康政策を打ち出し，「食文化の継承に向けた食育の推進」が柱の1つとなっている。

　令和の現代では，食生活指針や厚生労働省の健康日本21（第2次）でもどの年代にもわかりやすいメッセージ，として主食・主菜・副菜を組みあわせた食事が推奨され，栄養バランスを整える健康増進施策が進められている。

　例えば，健康日本21（第2次）においても「主食・主菜・副菜を組み合わせた食事が1日2回以上の日がほぼ毎日の者の割合の増加」が目標として掲げられ，令和4年（2022）度までに80%以上になるようにと具体的な数値目標が定められている。その科学的根拠については，あまり注目されていないが，主食・主菜・副菜を組み合わせた食事が多いほど，野菜・果物やビタミンC，亜鉛などの微量栄養素まで，バランスよく摂取できることは報告されており〔佐伯ほか 2019，張ほか 2019，濱中ほか 2019，秋葉ほか 2020〕，科学的根拠に基づく健康に向けた日本人に適した公衆栄養学的なメッセージとして確立されている。しかしこの和食の特徴の1つである主食・主菜・副菜の食文化が育まれた歴史

図1　折敷の上に朱漆の花文の漆器が置かれ，山盛りの飯（主食），汁物，魚（主菜），おかず（副菜）2皿が並べられている。奥の皿はおそらく調味料と考えられる（「病草紙」のうち「歯槽膿漏の男」より一部抜粋。京都国立博物館蔵，ColBase〈http://colbase.nich.go.jp/〉）

図2　「奇疾図巻」より一部抜粋（京都国立博物館蔵，ColBase〈http://colbase.nich.go.jp/〉）

的背景や，食具や器などを含めた文化的側面について丁寧に目をむけることは少なく，「主食・主菜・副菜」の概念がいつごろ生まれたのかについてはさまざまな説がある。

　平安時代から鎌倉時代には「主食・主菜・副菜」がすでに存在していたことが，絵画の食風景から推察される。平安時代末期から鎌倉時代初期頃に描かれた絵巻である『病草紙』には食風景の絵画が含まれており，烏帽子を被る階級の貴族が「主食（大盛のご飯）」「汁物」「主菜（魚）」「副菜」2～3品ほどそろえた食事をとる様子が描かれている。主食として烏帽子や顔と同じほども大きな山盛りのご飯（主食）が折敷や机の上に提供され，汁物，主菜，副菜が2～3点と別皿も添えられている。図1・2どちらにも箸置きの代わりに山盛りのご飯に箸が突きたてられる様子が描かれ，当時では日常的によくみられる食風景であったことが推察される。

　奈良時代についても，発掘された食具や木簡，器などから，さまざまな専門的な知見の報告が蓄積され，食生活が明らかになりつつある。奈良時代の「箸」や「包丁」の使用は広く知られているが，三舟の研究班では，奈良時代の東大寺の写経所に従事していた写経生へ支給された食材の種類や量が階級により異

なり，写経生の欠勤帳簿から身体の疾病部位にも着目して，奈良時代の写経生の食生活と疾病の関連について研究をすすめている。食具の復元や，調理方法の歴史的な背景にも考慮しつつ，現代の調理技術を用いて，奈良時代の写経生の給食の復元にむけた数多くの研究報告がなされてきた。当時の調理法，盛り付けられた食材の種類，調理用具・器，調理具に残された科学成分などを推定しながら食事の復元を試みている。

　当時の写経生に支給されていた食品目の1例として，天平宝字6年（762）12月16日「奉写大般若経用度雑物帳」（『大日本古文書』）から推定した食品目と，現在の重さ（グラム）に換算した数値，盛り付けられた食器を次ページに表としてまとめた。経師の場合，ご飯は「笥」，調味料は「塩坏」，羹汁は「陶水椀」，心太は「片椀」，餅は「佐良・皿」，漬物は「坏」に盛り付けられ提供されていたと考えられる。

　写経生の場合，動物性の食材が宗教上の理由で禁じられているため，主食の米以外のタンパク質源は主に「大豆・小豆」となる。豆類が含まれた餅を「主菜」と考え，藻類の「心太」を副菜とし，漬物も独立して皿に盛り付けられたことを考えると，奈良時代に「主食・主菜・副菜」の概念が誕生しており，食文化として育まれていたことが推察できる。

2　写経生の給食復元から推定される栄養価

　「正倉院文書」のなかの天平宝字6年「奉写大般若経用度解案」（『大日本古文書』16-59〜64）に記されている写経所で支給されていた食品目と，食材を重量換算食品目にもとづき現在のグラムに換算した結果（第Ⅱ部第1章の表1参照）の栄養価から，写経生の栄養状況を考えてみたい（次ページの表）。

　表は「支給量」に基づく値であり，「摂取量」ではないことに留意されたい。表の写経生が支給食材のすべてを食したと仮定した場合，総エネルギー量は5,000 kcal 以上になる。

　奈良・平安時代の人骨資料は質・量ともに少ない状況であるが，成人男性の平均身長をおよそ155〜160 cm と推定し，仮に写経生（経師），35歳男性，BMI22 kg/m^2，基礎代謝量1530 kcal/ 日，ほかの職業と比べて座位時間が長く

	人数	総エネルギー (kcal)	タンパク質 (g)	脂質 (g)	炭水化物 (g)	ナトリウム (mg)	カルシウム (mg)	鉄 (mg)	レチノール当量 (μg)
経師	40	5,801	162	59.4	1160.3	34351	1478	34.0	670
題師	2	5,801	162	59.4	1160.3	34351	1478	34.0	670
校生	8	4,548	135	30.4	950.0	19785	1370	28.5	669
装潢	4	5,801	162	59.4	1160.3	34351	1478	34.0	670
膳部	2	2,774	59	11.5	593.5	9334	512	10.0	346
雑使	4	2,774	59	11.5	593.5	9334	512	10.0	346
駆使丁	16	4,492	89	15.9	965.8	9339	536	13.8	346

身体活動量は少ないが，相当な集中力を要する写経時間が1日7〜8時間である想定を考えると，炭水化物を中心としたエネルギーでも不自然ではない。それでも1日5,000 kcal以上の総エネルギー量を習慣的に摂取していたとは考えにくい。写経所での支給量であり，摂取量というわけではない。

　少なくとも，現存する写経生の着衣の大きさや文献から体格を推定する限り，写経生が極度の肥満であるとも考えにくい。写経生が複数で着衣を着まわしていた説もあり，単純な考察はできないが，三舟らが考察しているように，写経所で支給された食料には1日分の食事だけでなく，余剰分が含まれる可能性が高い。

　1日の支給食材の栄養素の絶対値ではなく，エネルギー産生栄養素バランスによる評価を試みた。エネルギー産生栄養素バランスは，「エネルギーを産生する栄養素（energy-providing nutrients, macronutrients），つまり，タンパク質，脂質，炭水化物（アルコールを含む）とそれらの構成成分が総エネルギー量に

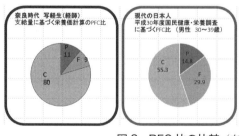

	奈良時代	平成30年度
タンパク質(%E)	11	14.8
脂質(%E)	9	29.9
炭水化物(%E)	80	55.3

図3　PFC比の比較（奈良時代と現代）

量と各種栄養価（第Ⅱ部第1章の表1に基づ

ビタミン B₁ (mg)	ビタミン B₂ (mg)	ビタミン C (mg)	食物繊維総量(g)	食塩相当量 (g)
2.41	2.12	39	98.1	87.2
2.41	2.12	39	98.1	87.2
2.07	1.94	39	95.2	50.2
2.41	2.12	39	98.1	87.2
0.79	0.63	27	22.2	23.6
0.79	0.63	27	22.2	23.6
1.18	0.72	27	24.6	23.6

占めるべき割合の構成比率を「％エネルギー」単位で示した指標である〔厚生労働省 2020a〕。この指標は、それぞれのアルファベットの頭文字から「PFC 比」とも呼ばれている。生活習慣病の発症予防・重症化予防を目的として目標値の範囲が設定されている。タンパク質、脂質、炭水化物の各栄養素が単位重量あたりに産生するエネルギー量であるエネルギー換算係数（Atwater 係数）を 1 g あたりそれぞれ 4 kcal、9 kcal、4 kcal として、小数点第 1 位を四捨五入して計算を行った。

　表にもとづく奈良時代の PFC 比は 11：9：80 であった。一方、国民健康・栄養調査の結果に基づく PFC 比は 14.8：29.9：55.3（平成 30 年度）であった。

　奈良時代の食生活は、現代と比べて、とくに「脂質エネルギー比率」（総エネルギーに占める脂肪の割合）が少なく、「炭水化物エネルギー比率」（総エネルギーに占める炭水化物の割合）がより多い食生活であったことが推察される。

・脂質について

　欧米人と比べ、日本人の食生活は脂質や動物性油脂などに由来する脂質エネルギー比率が少なく、肥満予防につながり、日本の健康寿命が世界上位国となっている要因の 1 つと考えられてきた。

　脂質エネルギー比率は、奈良時代（経師）は 9％E（％エネルギー）で、平成 30 年度は約 29.9％E と高い。日本人の食事摂取基準（2020 年版）では生活習慣病予防のための目標量としての脂質エネルギー比率が 20～30％E とされている。しかし近年、脂質エネルギー比率が 30％ を超える状況が日本人の 20 代の大学

生で報告され，生活習慣病の予防の観点から問題となっている〔石井ほか 2020，山洞ほか 2020〕。

・炭水化物について

　今回の計算では写経生へ支給された米をすべて含めたため，炭水化物エネルギー比率については，奈良時代が現代と比べて高い値が推定された。

ま　と　め

　本報告は，現存する文献・史料からの推定であり，絶対値で栄養価を論じることはきわめて難しく，課題や限界は多い。しかしながら，現代の食生活の改善点を考えるうえで，史料に記された食具・器，調理方法を見直しつつ，古代から長い時間をかけて育まれてきた「主食・主菜・副菜」などの知恵を，現代の課題に応用する視点も必要である。栄養調査の分野では，歴史的な考察を含む研究は比較的少ない。しかしながら，食生活・食文化・栄養学のより深い理解や発展のためには，歴史的視点を含めた幅広い連携や調査が必要である。今後，古代と現代の食生活の両面から，食・栄養と生活習慣病などの関わりを，さらに調査していきたい。

参考文献

秋葉舞子，石井礼菜，山洞なつめ，赤松ひなの，折原芽生，松永瑞希，佐伯佳恵，寺内恵美子，峰村貴央，小西敏郎，鈴木礼子 2020「大学生の食環境と栄養・味覚識別能調査第 3 報 ビタミン C 摂取量について」（第 79 回日本公衆衛生学会総会演題集 program_poster.pdf 70 頁）

石井礼菜，山洞なつめ，秋葉舞子，赤松ひなの，折原芽衣，松永瑞希，佐伯佳恵，寺内恵美子，峰村貴央，小西敏郎，鈴木礼子 2020「大学生の食環境と栄養・味覚識別能調査第 2 報 脂質摂取量と菓子摂取量について」（第 79 回日本公衆衛生学会総会演題集 program_poster.pdf 70 頁）

片山一道 2015『骨が語る日本人の歴史』（ちくま新書）121，137-140 頁

厚生労働省 2020a『日本人の食事摂取基準 2020 年度』（https://www.mhlw.go.jp/content/10904750/000586560.pdf）

厚生労働省 2020b『令和元年度国民健康・栄養調査報告（2020 年度 11 月）』（https://
www.mhlw.go.jp/stf/seisakunitsuite/bunya/kenkou_iryou/kenkou/eiyou/r1-hou
koku_00002.html）

西念幸江・峰村貴央・三舟隆之 2015「奈良時代写経所における「飯」の炊飯法の一考
察」『東京医療保健大学紀要』10-1

佐伯佳恵，張嘉妙，濱中綾子，青山瑞希，高井佳奈子，峰村貴央，小西敏郎，鈴木礼
子 2019「大学生の食事調査―亜鉛摂取量の現状評価と塩味識別能について―」
『日本公衆衛生雑誌』66-10（第 78 回日本公衆衛生学会総会演題集，66-8_78endai.
pdf）

山洞なつめ，秋葉舞子，石井礼菜，赤松ひなの，折原芽衣，松永瑞希，佐伯佳恵，寺
内恵美子，峰村貴央，小西敏郎，鈴木礼子 2020「大学生の食環境と栄養・味覚識
別能調査第 1 報 エネルギー産生栄養素バランスについて」（第 79 回日本公衆衛
生学会総会演題集 program_poster.pdf 70 頁）

張嘉妙，佐伯佳恵，濱中綾子，青山瑞希，高井佳奈子，峰村貴央，小西敏郎，鈴木礼
子 2019「大学生の果物摂取量，味質識別能（甘味）及び食環境について」『日本公
衆衛生雑誌』66-10（第 78 回日本公衆衛生学会総会演題集，66-8_78endai.pdf）

濱中綾子，張嘉妙，佐伯佳恵，青山瑞希，高井佳奈子，峰村貴央，小西敏郎，鈴木礼
子 2019「大学生の野菜摂取量と食環境・生活状況についての横断的調査」『日本公
衆衛生雑誌』66-10（第 78 回日本公衆衛生学会総会演題集，66-8_78endai.pdf）

文部科学省科学技術・学術審議会資源調査分科会 2014『日本食品標準成分表 2015 年
版（七訂）』（https://www.mext.go.jp/a_menu/syokuhinseibun/1365419.html）

5 写経生の請暇解と疾病の関係

齋藤 さな恵

1 写経生の「請暇解」

「正倉院文書」に残る写経生の「請暇解」には，表1のように休暇の理由として具体的な病名やそれに対する治療内容が示されている。とくに多いものとして，赤痢，足病，腹病，皮膚病が挙げられる。写経生の病に関しては，長時間坐業を行う職業で，かつ食事が粗悪な黒飯であったことや不衛生な環境であったことが原因であり，足病や胸痛，赤痢や下痢などは一種の職業病であったとされている〔新村 1985，丸山 1998〕。

一方，写経生に支給された食事にビタミン類が少ないため，足病・湿疹・風邪・眼病などの病気や〔廣野 1998〕，脚気を引き起こした可能性も指摘されている〔瀬尾ほか 1982〕。そこで次に写経生の食事からみた疾病について，若干の考察を行いたい。

2 写経生の食事からみる疾病

炭水化物中心の食事

写経所で支給された食材（天平宝字2年〈758〉12月16日「石山院奉写大般若経用度雑物帳」『大日本古文書』5-290〜299）をもとに，その栄養素等摂取量を示したのが表2である。

表2に示した写経生の給食配給量から推定される栄養素等摂取量をみると，最も少ないとされる膳部や雑使においてもエネルギーが約 2,700 kcal であり，現在の成人男性でいうと，身体活動レベルの「ふつう」の者の必要量に相当する。身体活動レベル「ふつう」は，座位中心の仕事だが，職場内での移動や立

表1　写経生の「請暇解」にみえる病気と症状

写経生名	病　　名	症状・治療	請暇日数	年　　月　　日	出典(『大日本古文書』)
久米熊鷹	腹病		3＋5日	天平 20 年 11 月 20 日	10-441/442
秦姓弟兄	足病			天平感宝元年 6 月 27 日	10-664
嶋浄浜	病		3＋5日	天平宝字 2 年 10 月 1 日	4-338
山乙麻呂	〃			天平宝字 2 年 10 月 5 日	4-339/340
〃	〃			〃	14-401/402
(不明)	〃			天平宝字 2 年 10 月 10 日	4-345
小治田人君	腹病	痢病		天平宝字 7 年 7 月 14 日	13-462
大宅立足	〃	痢病・衰弱		天平宝字 7 年 7 月 19 日	13-475
常世馬人	皮膚病	瘡病/出膿	3 日	天平宝字 2 年 9 月 20 日	14-175/176
辛広浜	腹病	下痢		天平宝字 2 年 9 月 10 日	14-376
紀主人	頭病		1＋5日	天平宝字 4 年 9 月 18 日	14-443
高市老人	病			天平宝字 4 年 9 月 27 日	14-445
広田連清足	皮膚病	足腫	10 日	天平宝字 4 年 10 月 24 日	14-447/448
(不明)	病		3 日	天平宝字 4 年 10 月 25 日	14-448
陽胡田次	〃			天平宝字 5 年正月 14 日	15-88
角恵麻呂	赤痢			天平宝字 5 年正月	15-88/89
能登忍人	病			天平宝字 5 年正月 16 日	15-89
春日伯	腹病		3 日	天平宝字 5 年 2 月 22 日	15-101
道守徳太理	足病	足瘡		天平宝字 4 年 3 月 21 日	4-415/416
広田清足	〃	足腫		天平宝字 4 年 10 月 24 日	4-446/447
十市倭麻呂	腰痛		4 日	天平宝字 5 年正月 15 日	4-486
中臣諸立	皮膚病	唇悪瘡	4 日	天平宝字 5 年正月 19 日	4-487/488
猪名部枚虫	病			天平宝字 6 年 2 月 28 日	15-355
鼻乙麻呂	足病	足腫		天平宝字 6 年 8 月 11 日	5-270
万昆太智	腹病	下痢/服薬		天平宝字 7 年 4 月 15 日	5-435/436
紀山守	病		4 日	神護景雲 4 年 7 月 12 日	17-571
念林宅成	〃	衰弱	3 日	神護景雲 4 年 8 月 11 日	17-562
〃	疫痢病		2 日	宝亀 3 年 6 月 10 日	20-75
刑部広浜	目病		10 日	神護景雲 4 年 8 月 11 日	17-563
不破友足	病		4 日	〃	17-562
長江田越麻呂	足病		10 日	神護景雲 4 年 8 月 2 日	17-566
椋椅部赤人	赤痢		2 日	神護景雲 4 年 8 月 5 日	17-565
赤染広庭	病	不得食	2 日	神護景雲 4 年 8 月 6 日	17-564
坂合部浜足	赤痢		3 日	神護景雲 4 年 8 月 8 日	17-563
〃	冷病	身体 不便 立座	5 日	宝亀元年 10 月 10 日	6-108
(不明)	病		3 日	宝亀元年 10 月 7 日	17-561
岡大津	赤痢		3 日	宝亀元年 11 月 25 日	17-606/607

岡大津	病	身痩	5日	宝亀2年閏3月1日	17-591/592
秦広人	〃	享痛作	2日	宝亀元年12月3日	17-605
〃	足病	服薬	5日	宝亀2年3月28日	17-594
坂本東人	〃		5日	宝亀2年2月20日	17-603
秦忍立	病	胸	3日	宝亀2年3月13日	17-586
中臣丸公成	嗽病		5日	宝亀2年4月13日	17-572
〃	頭病		3日	宝亀2年3月5日	17-590
漢部沙弥麻呂	病		5日	宝亀2年4月5日	17-575
僧衛光	足病			宝亀2年4月20日	6-172
氏部小勝	赤痢		7日	宝亀2年5月27日	17-581, 6-173
三嶋子公	腹病	下痢	3日	宝亀2年6月22日	17-585
〃	足病	重幷気上		宝亀3年8月6日	20-59
〃	〃		3日	宝亀3年9月3日	20-52
不破真助	赤痢			宝亀2年8月7日	18-464
答他虫麻呂		病不癒		宝亀2年8月5日	18-464
丸公成	〃		4日	宝亀2年8月5日	18-465
安宿広成	病		5日	宝亀2年4月25日	18-467
〃	赤痢			宝亀2年5月28日	18-547/548
大宅童子	病	衰弱	3日	宝亀2年8月2日	19-37/38
沙弥慈緒	胸病		3日	宝亀2年4月20日	18-467/468
石川宮衣	腹病	服薬		宝亀2年4月21日	18-468
(不明)	赤痢			宝亀2年6月26日	17-583
〃	病臥	病臥下痢		宝亀2年6月27日	〃
坂上浄道	赤痢		4日	宝亀2年6月6日	17-582
(不明)	腹病	服薬		宝亀2年閏3月8日	17-587
占部忍男	皮膚病	頭悪瘡	3日	宝亀2年閏3月10日	〃
(不明)	胸病		3日	宝亀2年閏3月21日	17-578
大友路麻呂	皮膚病	内股瘡	5日	宝亀2年閏3月22日	17-577/578
(不明)	〃	瘡洗治		宝亀2年閏3月3日	17-590/591
桑内真公	頭・腹痛	痛苦	3日	宝亀2年閏3月7日	17-588
〃	皮膚病	虫病(疥癬)		宝亀3年3月23日	6-289
〃	咳・胸病	服薬	3日	宝亀2年4月16日	18-470
〃	足病		4日	宝亀3年6月8日	6-330/331
(不明)	頭病			宝亀2年閏3月10日	17-587
陽侯穂足	足病		4日	宝亀3年10月21日	20-51
	病	衰弱	60日	宝亀3年	20-61/62
音太部野上	足病		5日	宝亀3年11月14日	20-51
壬生広主	足病・腰痛	不能起居	5日	宝亀3年4月1日	6-312
秦麻呂	病	身病弥苦		宝亀3年5月11日	20-61
(不明)	腹病		5日	宝亀3年5月3日	〃

美努石成	腹病			宝亀 2 年 8 月 13 日	20-57	
〃	〃		4 日	宝亀 3 年 8 月 8 日	20-59	
田部国守	足病	服薬	5 日	宝亀 3 年 8 月 20 日	20-56	
〃	霍乱	起居不得		宝亀 3 年 ?	20-61	
敢臣男足	病		2 日	宝亀 3 年 3 月 21 日	6-288/289	
敢男足	赤痢		3 日	宝亀 3 年 8 月 22 日	20-55	
大坂広川	足病		4 日	宝亀 3 年 8 月 23 日	20-54	
他田建足	〃		3 日	宝亀 3 年 8 月 27 日	20-53/54	
秦正月麻呂	赤痢		3 日	宝亀 3 年 9 月 4 日	20-53	
中室首浄人	腹病		5 日	宝亀 2 年 4 月 14 日	18-470	
中室浄人	足病		5 日	宝亀 3 年 9 月 5 日	20-52	
後家川麻呂	腹病	腹張下痢		年月不明	20-62	
淡海金弓	病			〃	20-63	
韓国形見	胸心病	服薬		宝亀 4 年 ? 7 月 20 日	22-191/192	
秦小公	病			宝亀 5 年 8 月 15 日	22-589/590	
辛由首	目病	眼精迷朦		天平 3 年 9 月 25 日	24-13	
道守広麻呂	皮膚病	瘡病	5 日	天平勝宝 7 年 4 月 21 日	25-160	

位での作業・接客など，あるいは通勤・買物・家事・軽いスポーツなどのいずれかを含む者をさし，1日中座位で作業する写経生には妥当である。

　しかし，写経生に支給された食材のエネルギー源となる三大栄養素の比率には，偏りがみられる。現在の基準値をどの程度当てはめられるかは不明であるが，たんぱく質，脂質，炭水化物の比率は摂取エネルギーに対し，それぞれ13〜20%，20〜30%，50〜65% がよいとされている。写経生の比率は図のよう

表2　写経所での支給食材に基づく栄養素等摂取量

	エネルギー（kcal）	タンパク質（g）	脂質（g）	炭水化物（g）	食物繊維（g）
経師 題師 装潢	5801	162	59.4	1160.3	98.1
校生	4548	135	30.4	950	95.2
膳部 雑使	2774	59	11.5	593.5	22.2
駆使丁	4492	89	15.9	965.8	24.6
現代の男性	2300〜2700	65		50〜65%	21 以上

エネルギー過多　　　　　　　　　　　糖質過多

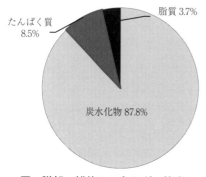

たんぱく質
8.5%

脂質 3.7%

炭水化物 87.8%

図　膳部・雑使のエネルギー比率

に 8.5%，3.7%，87.8% と，炭水化物の比率が極端に高い。これは米の配給量の多さが影響している。経師，題師，装潢，校生，駆使丁にいたっては推定エネルギー摂取量が 4,000 kcal を超えており，身体活動レベル「高い」の者の推定エネルギー必要量の 1.5〜2 倍に相当し，明らかに過剰である。

　写経生に支給された食事には，馬場基氏の指摘するように米の一部に「不食米」が含まれており〔馬場 2010〕，米以外の食料も同様な取り扱いであったとするならば，エネルギーの過剰摂取の可能性は低くなる。米だけを「不食米」（給与）と想定した場合，経師のたんぱく質，脂質，炭水化物の比率はやや炭水化物過多ではあるが，すべて食した場合に比較すればかなり適正値に近づく。

　しかしながら，膳部や雑使では，食事量から米を減らし，エネルギーを 2,400 kcal（体重 60 kg の男性の必要量程度）にした場合においても，なお炭水化物の摂取量が多く，エネルギーに対する比率は 80% を超える。米の摂取に加え，炭水化物の多い小豆や大豆をたんぱく質源としていることもその要因である。

炭水化物中心の食事から予想される疾患

　炭水化物は糖質と食物繊維の総称であり，実際には炭水化物ではなく糖質過多な食事が問題となる。糖質過多の食事と聞いて真っ先に想像される病態は，血糖値および中性脂肪の上昇である。血糖値の上昇は糖尿病を，中性脂肪の上昇は脂質異常症を招き，それらは動脈硬化の原因となる。食事に含まれる糖質はグルコースに分解されて小腸から吸収され，それにより血糖値が上昇する。血糖値が上昇すると膵臓からインスリンが分泌され，血中のグルコースを細胞内に取り込むことで血糖値を正常範囲に戻している。インスリンは血糖調整ホルモンのなかで唯一血糖を下げる作用をもつホルモンであり，血糖値を正常範囲に保つためには欠かせないホルモンである。取り込まれたグルコースからグリコーゲンや脂肪が合成され，貯蔵される。

糖尿病は，このインスリンが分泌されなくなる，もしくは分泌されていても効きが悪くなることによって高血糖状態となる疾患である。血糖値の上昇には食事に含まれるたんぱく質や脂質も影響するが，その割合では糖質が最も影響し，かつ質量依存的に血糖値が上昇する〔Halfon 1989〕。つまり，糖質過多の食事を続けると高血糖状態が続くことになり，それだけ多くのインスリン分泌が必要になる。

　しかし，日本人は欧米人に比較し，遺伝的にインスリンの分泌能が低く，半分程度である〔清野 1995〕。欧米人は糖質の過剰摂取に対して十分なインスリンを分泌し，大量の糖質を貯蔵することができるため，高度な肥満をきたしている。一方で日本人はインスリン分泌能が低いため，欧米人より少ないエネルギーや糖質量で糖尿病を発症しやすい。このインスリン分泌能の差が人類進化の過程でいつ生じたかは定かではないが，食事の糖質量が増えてからの期間，すなわち穀物の栽培を始めてからの期間が関連しているといわれ，欧米人の方が早くに糖質の過剰摂取に対してインスリン産生とインスリン感受性を高めるように進化したとされている。

糖尿病の可能性

　生活習慣が関連する2型糖尿病は進行が緩やかで，初期のころは自覚症状がないまま進行し，自覚症状が出現するころには合併症を発症していることが多い。

　高血糖による自覚症状としては，多尿，口渇，多飲，体重減少などがあり，糖尿病を患らったとされている藤原道長もしきりに渇を訴え，水を飲むようになったという〔服部 1975〕。また，糖尿病の三大合併症には，

　糖尿病網膜症：硝子体出血や牽引性網膜剝離をきたして視力が低下し，失明
　　につながる。

　糖尿病腎症：糸球体の細小血管が障害され，慢性腎不全や透析につながる。

　糖尿病神経障害：末梢神経に障害が生じ，温度や痛みを感じにくくなる。

がある。そのほかに動脈硬化性のものとして，虚血性心疾患，脳血管障害，閉塞性動脈硬化症などもある。

　合併症による自覚症状には，煙のススや小さな虫のようなものが見える（飛

蚊症），黒いカーテンがかかったように見える（硝子体出血），足のしびれや感覚
低下，易感染性による潰瘍や壊疽，腎機能低下による浮腫，貧血，全身倦怠感，
胸の痛み（虚血性心疾患）などがある。

　では，写経生の疾病はどうだったのか。「請暇解」に記載された病名には，足
病，皮膚病が多く，目病や胸病の記載もあり，これらが上記の糖尿病の症状で
あったと仮定することもできるのではないか。長時間坐業を行う職業のため，
「胸痛脚痺」を訴えたとされているが，坐業による影響であれば坐骨神経痛や仙
腸関節障害などであり，その場合は，脚の痺れだけでなく，腰痛も訴えたはず
である。

　一方で糖尿病と仮定した場合，合併症である糖尿病性神経障害による脚の痺
れと虚血性心疾患のうち，狭心症の発作による胸痛ととらえることもできる。
そうとらえれば，藤原道長が口渇の自覚症状からのちに視覚障害を発症し，そ
の後胸痛発作に苦しんだのも，狭心症発作であった可能性が出てくるのではな
いだろうか。

　また，日本人に多いインスリン分泌障害では，バランスのよい食事と運動に
より少ないインスリン分泌でも血糖値をある程度保つことができるが，写経生
のようにアンバランスな食事と長時間座ったままの運動不足状態ではインスリ
ンの感受性が低下し，糖尿病を発症しやすくなる。

　写経生の疾病を紐解くには，配給されたものをどの程度実際に摂取していた
のか，また運動量や消費エネルギーはどの程度であったか，治療方法とその効
果がどの程度であったかなどを考えていく必要があり，今後の課題としたい。

3　糖尿病と古代の疾病

　以上，写経生の食事と糖尿病との関係について若干の考察を行ったが，米を
中心とする食生活が糖尿病につながるとすると，写経生以外でもそれに該当す
る事例はみえる。

　古代の糖尿病については，先述したように藤原道長の例が有名であるが，山
上憶良も『万葉集』巻5の「沈痾自哀文」には「四支（肢）動かず，百節みな疼
み，身体はなはだ重きこと，鈞石を負へるがごとし」とあり，手足が動かず，

関節が痛み，体重が増加して，石を背負っているようだという症状から，糖尿病の可能性が指摘されている〔槇 1999〕。

　これらの貴族以外の庶民でも，たとえば『日本霊異記』上巻8縁では衣縫伴造義通（きぬぬいのとものみやつこぎつう）という者が悪性の皮膚病になったり，下巻11縁では盲目の女が平城京の蓼原堂（たではらどう）の薬師仏に祈ったところ，目が見えるようになったりした説話がある。このように盲目の病気は説話に多くみられ，『日本霊異記』下巻12縁や21縁のほか，『日本感霊録』などにも記されている。さらには平城宮東大溝出土人形（8世紀中）には「左目病作〈今日／□□〉」と書かれていることから，古代においては眼病の事例は多かったと思われる。これらの疾病が果たして糖尿病と関係するものなのかは，写経生の食事と糖尿病との関係と同様，今後の課題としたい。

参考文献

新村拓 1985『日本医療社会史の研究―古代中世の民衆生活と医療―』法政大学出版局

清野裕 1995「糖尿病の新しい概念」『最新医学』50

瀬尾好子・従野敦子・大塚滋 1982「奈良時代の栄養状態―写経生と班田農民を中心として―」『調理科学』15-1

服部敏良 1975『王朝貴族の病状診断』吉川弘文館

馬場基 2010『平城京に暮らす』吉川弘文館

廣野卓 1998『食の万葉集―古代の食生活を科学する―』（中公新書）

槇佐知子 1999『日本の古代医術―光源氏が医者にかかるとき―』（文春新書）

丸山裕美子 1998『日本古代の医療制度』名著刊行会

Halfon P, Belkhadir J, Slama G 1989 "Correlation between amount of carbohydrate in mixed meals and insulin delivery by artificial pancreas in seven IDDM subjects", *Diabetes Care*, 12-6

Ⅳ　古代の食事と生活習慣病
——シンポジウム総合討論——

（2020 年 9 月 13 日，オンライン開催）

司会　三舟隆之（東京医療保健大学）　　参加者　小倉慈司（国立歴史民俗博物館）
　　　馬場　基（奈良文化財研究所）　　　　　　小田裕樹（奈良文化財研究所）
　　　　　　　　　　　　　　　　　　　　　　　森川　実（奈良文化財研究所）
　　　　　　　　　　　　　　　　　　　　　　　山崎　健（奈良文化財研究所）
　　　　　　　　　　　　　　　　　　　　　　　鈴木礼子（日本女子大学）
　　　　　　　　　　　　　　　　　　　　　　　西念幸江（東京医療保健大学）
　　　　　　　　　　　　　　　　　　　　　　　大道公秀（東京医療保健大学）
　　　　　　　　　　　　　　　　　　　　　　　齋藤さな恵（東京医療保健大学）

1 古代の食品加工・保存と海産物

馬場 討論に入りたいと思います。まず1つめに食の保存という問題があります。古代には食品をどうやって加工・保存していたのだろうか。それから2つめにあるのがどうやって調理したのかという問題、3つめにあるのがその加工・保存と調理が組み合わさった先にある健康という問題です。この3つをポイントにして進めていきたいと思います。

　まず非常に重要な史料として『延喜式』があります。私たち古代史を専門とする人間は『延喜式』は非常に慎重に扱うわけですが、考古学が専門の方たちからはよく「『延喜式』のような便利な史料があるのになぜもっと使わないんだ」と言われます。『延喜式』というのはどういう史料で、そこから古代の食についての何がわかるのか、小倉さん、そのあたりを詳しく教えていただけますでしょうか。

小倉 『延喜式』についての詳しい解説は第Ⅰ部第1章をご覧いただければと思いますが、簡単にいえば、古代の役人が予算作成や日常業務を行うためのマニュアルです。『延喜式』に書かれていることは大きく5つに分類できますが、食品については調理される前の原材料として記されていることが多く、詳しい調理方法が書かれているわけではありません。そのため、中世・近世の史料や考古学の成果を参考にしながら復元してみなければいけないということになります。図1は、『延喜式』に出てくるノシアワビ（ナガアワビ）の復元模型を東京医療保健大学にも協力していただいて作ってみたものです。

　作成にあたっては伊勢神宮におさめられているアワビの加工方法や木簡の寸法などを参考にしました。また、長期間保存するために、細長く加工して乾燥させていたと考えました。乾燥させることによって旨み成分が増えるということもあります。

　海外との比較という視点も重要です。現代の日本では食べられなくなったものが、お隣の韓国にはまだ残っているということもあります。品種改良による変化も考えていかなければいけません。

馬場 非常に可能性に満ちた史料ということですね。ところでマニュアルとい

図1　ノシアワビの復元模型作成の
ようす

う点についてですが，調理方法や保存方法が書かれていなくても役に立ったのでしょうか。

小倉　マニュアルは，役人が予算を計算したり請求したりするためにあるので問題ありません。実際の調理は役人ではない人間が行うので，知らなくてもよいのです。

馬場　つまり『延喜式』に書かれているのはあくまで予算であって，最低限必要なものということですね。となると足りないものは現地でこっそり調達していたということもあるのでしょうか。

小倉　そうですね。そういったこともあったかもしれません。

馬場　なるほど。そのあたりは山崎さんが鮭の問題で歩留まりも考えていたのではと話されていました。

小倉　その可能性も考えてみなければいけません。実際のところどうだったのかという問題はあるのですが。

馬場　我々でいうと予算請求の仕様書のときにありますよね。原価標準表とか。ときに，そうしたものを史料としてどう扱うのかというのが課題になってきます。

　さて，鮭の話が出てきましたが，鮭は生で食べられていたというのが非常に重要で，『すしの歴史を訪ねる』という本にも日本人は生にこだわったという話が多々出てきます。「生」というのは結局どういう状態のものなのでしょうか。そしてそれを食べていたのでしょうか。山崎さんと西念さんから教えていただきたいと思います。

山崎　あくまでも遺跡から出土する生ゴミや糞便の堆積からの推察ですが，海で採れる貝類やウニが殻付きで見つかるので，新鮮なものが運ばれてきたのではないかと思います。また便所遺構から寄生虫の卵が出てくるので，火を加え

ずに食べたのではないでしょうか。ここから「生」という言葉を使っています。

馬場　魚を丸ごと寿司にしていた場合も骨が見つかると思いますが，これはどう考えればよいでしょうか。

山崎　たとえばサメの楚割（すわやり）は細長く切ったものといわれていますが，サメの椎骨（ついこつ）が出土していて，楚割でない骨付きの食品があるのか，あるいは楚割に骨がついていたのかは判断が難しいです。また，魚の頭部は蝿害などのリスクがありますが，発掘では頭部の骨も見つかっています。尾頭付きでわざわざ持ってくる必要があったのかもしれません。

馬場　鮭だと氷頭（ひず）やめふんに加工して越後から運ばれてきたことがわかっていますが，頭ごと持ってくるというのは可能なのでしょうか。西念さん，いかがでしょうか。

西念　生鮭の保存実験をご紹介いたします。内臓やエラなどを取り除いて2週間程度干す実験を行ったところ，身の中に蛆がわいてしまいました（図2）。

　そこでハエとの接触を避けるために，さらしで包んだものを用意しました。

　また，現代の保存方法を参考に，魚の表面やお腹の部分に塩をすりこんだものと，海水の利用を想定して食塩水に浸漬（しんし）したものを準備して，同じように屋外に干してみました。

　さらに，山葵（ワサビ）を一緒に輸送していた地域がありますので（表1），その抗菌作用で保存性が増すのではないかと考えて，ワサビの実験も行いました。ワサビもどのように使われていたのかわかっていませんが，とりあえず現代のようにすりおろして生鮭の腹につめたり，身に塗ったりしてみました。

　その結果，ワサビを使ったものが臭いも少なく，スモークサーモンのような色でしっとりしていて，このまま食べられるのではないかと思うような状態でした。この点については，食品衛生がご専

図2　鮭にわいた蛆

表 1 『延喜式』にみえる生鮭とワサビ

番号	国名	種別	数量	日数	その他	箇所
1	若狭	生鮭		3 日		宮内省例貢御贄
2 3 4	越前	鮭子 氷頭 背腸		7 日		〃
5	丹後	生鮭		7 日		〃
6	但馬	〃		〃		〃
7	若狭	〃	三擔十三隻三度	3 日	山葵一斗五升三度	内膳司年料
8 9 10 11	越前	〃 鮭子 氷頭 背腸	三擔十二隻三度	7 日	〃	〃
12 13 14	越後	鮭子 氷頭 背腸	四麻笥別一斗 〃 〃	34 日		〃
15	丹波	生鮭	三擔六隻三度	1 日		〃
16 17 18	丹後	生鮭 氷頭 背腸	三擔十二隻三隻(度ヵ) 一壺 〃	7 日	山葵一斗五升三度	〃
19	但馬	生鮭	三擔十二隻三度	7 日	山葵一斗五升三度	〃
20	因幡	〃	〃	12 日	〃	〃
21	備前	氷頭	十二缶	8 日		〃

門の大道さんに詳しくご説明いただければと思います。

大道　たしかにワサビで処理したものが最も食べられそうな見た目をしていましたが，検出された生菌数は多くなりました。初期腐敗は，1 g あたりの生菌数が 10^7 に達したかが 1 つの目安になります。この指標を適用すれば，1 番食べられそうなものが初期腐敗の状態であったことになります。逆に生菌数が少ないものは，見た目では食べられそうにないものでした。生菌数と見た目は，一致しないということが確認できました。

　食品衛生での腐敗の定義は，食品が微生物の作用によって可食性を失うこと，つまりタンパク質や核酸などの窒素を含んだ成分が，微生物の作用で分解

され，アンモニア・アミン類・硫化水素などの悪臭成分や有害成分を産生し，その食品が可食性を失うことです。その指標として，まずは見た目や匂い，実際口に含んでみる官能試験があります。あるいは生成するアンモニアやトリメチルアミンといった揮発性塩基窒素を測る方法もあります。また腐敗が進むとpHが下がりますのでpHを調べたり，生菌数を調べたりする方法もあります。魚介類ですと，魚の活きのよさをみるK値というものもあります。こういったものから複合的に腐敗の度合を判断していくことになります。

　先ほどの生菌数を指標にすると，1gあたり10^7〜10^8ぐらいからが初期腐敗ということになるので，ワサビを使った鮭が1番食べられそうなのに初期腐敗した状態ということになってしまいます。このように，生菌数だけで腐敗の程度を調べることには問題があります。

　また，我々にとって有用な菌というのも世の中にあるわけで，それらを害のある菌とひとくくりにしてよいのかというのも問題です。たとえば納豆やヨーグルトには1gあたり10^7以上の細菌が存在しますが，それらは腐敗とはいわないわけです。我々にとってメリットのあるものを発酵，デメリットになるものを腐敗といっていて，発酵と腐敗は紙一重といえます。また，生菌数はある試験法で確認された菌数に過ぎませんので，すべての菌を測定できているわけではありません。そうしたことも考えなければいけないと思います。

馬場　ありがとうございます。たとえば生イワシという腐りやすいものを大阪湾から運んで賄賂に使うこともあったようで，「生」が何を指すのかは大変大きな問題です。そうしたなかで大道さんが指摘されたような，発酵というものが1つの核になるかと思います。発酵には生の食感を残しつつ栄養価を高めるというメリットがあるようですが，発酵のためには大きな甕の利用が必要になってきます。つづいて小田さんに甕の報告をお願いしたいと思います。

小田　私は森川さんと同じように土器の研究をしておりまして，平城宮・京から出てくる土器をもとに，古代ではどういう道具を使って食事の準備をしていたのかを検討しています。そのなかで，貯蔵容器としての甕について報告させていただきます。

　平城宮や平城京から出てくる土器に須恵器というものがあります。そのなかでも甕は大容量の貯蔵容器として使われていました（図3の41〜43）。平城宮に

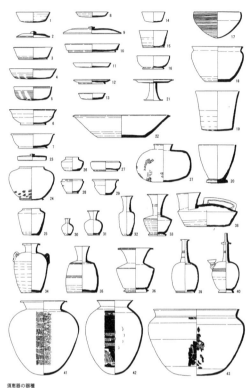

須恵器の器種

図3　奈良時代の須恵器（国立文化財機構奈良文化財研究所編『図説平城京事典』柊風舎，2010年）

は造酒司という役所がありまして（図4），ここから多量の須恵器甕の破片が出土しています。この造酒司地区から出土した「二条六甁三石五斗九升」の木簡はおそらく図5のように須恵器の甕の頸の部分にかけられていたと考えられます。

　ただ，平城宮造酒司の甕については，古い調査で出土したものということもあり，実態がよくわからないところがあります。そこで，本日は西大寺食堂院の資料についてご紹介したいと思います。この発掘調査では甕を据え付けた建物の跡が見つかりました。列になった甕がそのままグシャグシャと壊れた状態で検出されております（図6）。

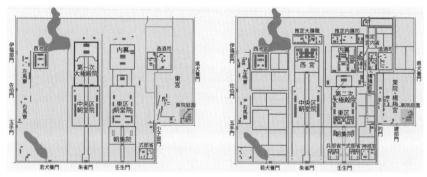

図4　奈良時代の平城宮（左：奈良時代前半，右：奈良時代後半）

そのうちの1つと考えられるのが図7の大きな甕です。これはすぐ隣の大型の井戸から出土したものでして，建物の中で埋め甕として使われていたものを引っこ抜いて井戸に捨てたのではないかと考えられています。大きさは口径32cm・胴部最大径64cm・器高65cm，大体容量はおおよ

図5　須恵器甕と付札木簡（奈良文化財研究所蔵）

そ120ℓです。これは約1石4斗に相当しますので，当時「みか」と呼ばれた大型の甕のなかではやや小さいサイズになります。これでも2〜3人で運ぶのも大変で，中に液体や物を入れると動かすのも難しくなります。

実は三舟さんが調査に来られた時に，この甕の内面に不思議な痕跡があるこ

図6　西大寺食堂院の須恵器甕据付穴（奈良文化財研究所蔵）

図7　西大寺食堂院 SE950 出土の須恵器大甕（奈良文化財研究所蔵）

とを発見されました。図8の矢印の先のところに，水平方向に2本，黒い筋の
ようなものがあります。三舟さんから，「小田さん，これは何ですか」と聞かれ
て初めて私も認識したのですが，どうやらこの甕が使われている間に付いた痕
跡のようです。もしかすると，甕の中身が何なのかを表しているのかもしれま
せん。図9は底部側から上を見上げるようにして撮影したものですが，2つの
矢印のところに白い痕跡があります。これも内容物や使い方に関わるものでは
ないかと考えています。ほかにも探してみると，平城京から出土した須恵器の
甕の内面にも2条ぐらい黒い筋があり，さらにその下に白い筋があるとわかり
ました（図10・11）。このように実は甕の内面には使用時に関わると考えられる
痕跡が残っていることがわかってきました。これから三舟さんと一緒に，この
痕跡はいったい何なのか，この甕の中身は何だったのか，ということについて

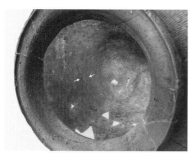

図8　SE950出土須恵器大甕内面の
　　　痕跡（底部内面，奈良文化財研究
　　　所蔵）

図9　SE950出土須恵器大甕内面の
　　　痕跡（頸部内面，奈良文化財研究
　　　所蔵）

図10　平城京出土須恵器甕（奈良文
　　　化財研究所蔵）

図11　平城京出土須恵器甕内面の痕跡
　　　（奈良文化財研究所蔵）

研究を進めていきたいと思っております。

2　米をどのように調理したのか

馬場　続いて調理法の話題に入っていきたいと思います。まずは西念さんに炊飯方法のご紹介をお願いしたいと思います。

西念　古代の米は甑で蒸すと聞いていたので，もち米だと思っていましたが，実際に支給されているのはうるち米だそうです。うるち米は蒸し加熱には適さないので，普段私たちが食べているような白飯の食感にはなりません。米を飯に変化させるには，デンプンが糊化する必要があります。デンプンが糊化する条件のうち，特に重要なのがお米に含まれる水分です。蒸す前にはお米を水に漬けますが，これが終わった段階でうるち米に含まれる水分は 20〜25% にしかならず，デンプンを糊化させるには足りません（もち米は 30〜40%）。しかも漬ける時間を長くしてもこれ以上増えることはありません。また，うるち米はデンプンを貯蔵する細胞が石垣状に配置されているので，外側から中に水が浸透しづらいという問題もあります。

　実際に蒸し上がった米 1 粒を見てみると，表面はやや糊化していますが中心部は生のままでした。また蒸している全体量を見ていても蒸し器の底や上の部分は蒸気のおかげで糊化しやすいのですが，中心部はほぼ生のような状態でした。温度が高い時は山盛りの状態で器に盛り付けられますが（第Ⅱ部第 1 章の図 3 参照），少しでも冷めてくると溶けたろうそくが冷えて固まるような感じになってしまいます。

　これを改善するために振り水をしたりお米の品種を変えたりという実験はしましたが，大きな変化はなかったので，何か別の処理をしていたのではないかと考えています。今は蒸し終わった後にもう一度蒸らすなどの処理をしていたのではないかと考え，実験を進めているところです。

馬場　端的に言うと今までは漠然と，古代は米を蒸していて，ある時から炊くようになった，あるいは粥として食べていたと考えられていたのですが，そんな簡単な話ではないということがわかったということでしょうか。

西念　そうですね。生の部分が残った米を食べ慣れると「こんなものか」と思

いますが，実際にこれを毎日大量に食べるのは難しいと思うので，何かしらほかに手を加えていたのではないかと思います。

馬場　今，大量にという話がありましたが，古代には1人につき1日2升（現在の約1升）の米が支給されています。「浜子の一升飯」という言葉が瀬戸内にもあるそうですが，塩田で塩を作る浜子は膨大なカロリーを消費するので，飯を1升も食べるという意味らしいです。つまり普通は1升なんて食べられない。そうなると，支給量を米とみるか，飯とみるかというのが問題になってくると思います。

三舟　その問題に関連して，ここからは吉野秋二さんの説を検証した実験をご紹介したいと思います。吉野さんは昨年，『古代の食生活』（歴史文化ライブラリー，吉川弘文館）という，非常に魅力的な本を出版されました。そのなかで，たとえば平城京左京三条二坊の長屋王邸跡から見つかった「西宮小子二口米二升〈受望末呂／十二月廿五日稲虫〉」（『平城京木簡二』1896，吉川弘文館，2001年）や「鶴司少子〈虫麻呂　国嶋／田人〉右三人飯六升」（同1901）の木簡のように，「米」と「飯」両方の木簡が出土していますが，渡辺晃宏さんが「飯」を「飯米」の省略だと考えたのに対し（「長屋王家木簡と二つの家政機関」『奈良古代史論集』2，1991年），吉野さんは炊飯後に増える体積が支給量に反映されており，「飯」の支給基準は米の2倍であると考えておられます。そこで私たちは，実際に「飯」の体積が米の約2倍になるのかを実験しました。

西念　1合升にお米を入れてすりきり，中に入っているものを取り出して蒸し加熱を行いました。蒸し上がったものを同じ升の中に竹串を使って隙間がないように詰めていきます（図12）。その結果，升約2杯分になり，蒸すことで体積は約2倍にはなるのではないかと考えました。しかし詰め方によってはどうしても隙間ができてしまい，押し込むような場合もありました。このように，詰め方によって個人差

図12　蒸した米を升に詰める様子

図13　現代の炊飯方法を使った実験結果

が生じるという問題があります。

三舟　吉野さんは，現代の炊き方で約2倍の体積になるとしていますが（『日本古代社会編成の研究』塙書房，2010年），我々が現代の炊き方で炊飯を行うと2.6倍になりました（図13）。

　西念さんは，升に詰めて量る方法では，はっきり2倍であるとは断言できないとおっしゃいましたが，私はおおよそ2倍と考えて問題ないと思っております。現代の炊飯法だと2.6倍になってしまうのですが，蒸すという古代の炊飯法ならばだいたい2倍になるのではないかと考えています。これについては，のちほど吉野さんにご意見をお伺いしたいと思います。

馬場　古代には穀から米の量を算出するさい，おおよそ容積が半分になるものとして計算します。これは法定規定でして，もしかすると米から飯への計算も約2倍になると都合がいいというような可能性があったのかもしれません。今回の実験では近い数字が出たので，これをどう評価するかがとても大事なのだと思います。

　さて，飯につづけてさらに厄介なのが，すさまじい量の食材をどうやってメニューに仕立てたのかという問題です。器の盛り付けの問題もあります。まずは献立について，西念さんにご紹介いただきたいと思います。

3　古代の献立を考える

西念　図14は写経所で経師に支給されていた1日分の食材を，加工前の状態で並べてみたものになります。まず羹やところてんが史料には出てくるので，それをふまえつつ現代の調理と合わせながら考えてみました。まず羹のアラメとワカメですが，量がとにかく多すぎて，戻したものをお湯に入れて加熱したものは約4kgにもなってしまいました。

　また，ところてんは天草とフノリとイギスを使って，現代のものと似たような形で作りました。鍋の中で60分ほど煮たあと，通常ならば海藻の部分を取り除くために絞ると思うのですが，箸などで押して絞ろうとしてもまったくさらしの目を通らないので，手で摑むしかありませんでした。温度も高いままなのでとても素手では扱えず，この段階で絞るのは無理ではないでしょうか。温度を下げると固まってきてしまうので，やはり溶け残った海藻も全部入れて固めていたのではないかと考えます。

　餅に関しては，もち米を水で茹でて柔らかくなったものを棒で潰し，ごま油，あずき，大豆を入れて作りました。実験したなかでは比較的食べやすい量と味だったのではないかと思います。作ったものを全部並べたのが図15になります。1日の合計が約8kgあり，これを人間のお腹の中に1日で収めるのは非常

図14　写経所で経師に支給されていた食品（1日分）

に難しいのではないかと思います。

馬場　ありがとうございます。盛り付けに関しては森川さんにお伺いしたいと思います。食器の1人前のセットはわかってきているのでしょうか。

森川　天平勝宝3年（751）から天平宝字8年（764）までに行われた7つの写経事業ごとにどのような食器が使われているのかをまとめたのが表2です。

　この表をみると，たとえば埦・坏・盤という3種類があるのはどの事業でも同じですが，木製食器が付くものと付かないものがあるという違いがあります。事業別にみても，食器の種類は多くても5つくらいです。御願経書写（天平宝字2年）の水埦と埦は麦埦の代わりに支給されたものですが，実用上は1種類としていいと思います。また（陶）片埦は付かない場合もあります。これに坏または羹坏と，饗坏または塩坏（口径が小さい坏類），さらに盤が付くようです。したがって，埦・坏・盤をあわせて4ないしは5種類というのが，スタンダードな食器構成といえます。

　問題はこれで何を食べたのかということです。私が重視しているのは，どれがご飯用の器だったのかという点です。おかず用の器というのはその日のメニューによって変わりますので，なかなか決めることができません。スープ用の羹坏と，調味料である味噌や塩，醬を盛るための小皿は同じだと思いますが，盤は何に使われたのかわかりません。埦は今でいうご飯茶碗にあたると考えら

1日合計重量
8304 g（調味料は除く）

1日分食材費
3041 円（水は除く）

図15　実験で作った1日分のメニュー

表2 写経事業ごとの食品の種類と数

写経事業	事業期間	木製容器		堝	
		笥	折櫃	陶堝／水堝・麦堝	鋺形
写書所	天平勝宝3年5月	13合		水堝 13口	
御願経書写	天平宝字2年6月〜11月			水堝＋堝 150口	
奉写称讃経所	天平宝字4年6月〜7月				200口
周忌斎一切経	天平宝字4年8月〜5年5月			水堝 15口	
石山院奉写大般若経所	天平宝字6年2月〜12月	30合	30合	陶堝 40口	
大般若経二部千二百巻	天平宝字6年12月〜7年4月	60合	41合	〃 100合	
大般若経一部六百巻	天平宝字8年8月〜11月	44合	22合	陶水堝 30合	

れ，おそらくご飯や麺類を入れたのだと思います。

　また，海藻がたくさん支給されていますので，それをどのように食べたのか考えると，坏か盤が候補になると思います。しかし口径が10〜20cmしかないので，先ほどの支給量は多すぎるということになります。

馬場　「煮る」という話が出てきましたが，焼くときにはどのような方法を取っているのでしょうか。三舟さんと小倉さんからご紹介いただきたいと思います。

図16　「焼海老五十隻」と
　　　書かれた木簡（奈良
　　　文化財研究所蔵）

三舟　平城京の二条大路木簡に「焼海老五十隻」と書かれた木簡があります（図16）。

　「隻」という単位なので，この「焼海老」は海老の原型をとどめていたと考えられます。天平9年（737）6月26日の官符では，煎ったり炙ったりしたものを食せ，要するに生ものを食べるなとありますので，魚も焼いたり炙ったりしたものがあったのだろうと思います。先日小倉さんから「包み焼」というものもあるというお話を伺ったのですが，それについてはいかがでしょうか。

小倉　最近「包む」ことと食べ物の関係について原稿を書くなかで気になったのが「包み焼」です。『日本国語大辞典』で「包み焼き」の項目を見ますと，まず1つには「魚肉を草木の葉や濡れた紙などに包み，温灰（ぬくはい）に入れて焼くこと。また，その焼

片坏	坏		盤	その他
	坏＝(陶)甕坏	饗坏・塩坏		
大片坏　200口 陶片坏　250口 片坏　60口 陶片坏　100口 片坏　80口	坏　13口 甕坏　200口 陶坏　100口 土坏　100口 陶坏　60口 陶甕坏　100口 坏　80口	塩坏　26口 饗坏　150口 塩坏　100口 〃　200口 〃　60口 〃　90口 〃　80口	陶盤　13口 片盤　150口 盤　100口 佐良　200口 陶盤　60口 〃　111口 陶佐良　80口	後盤　20口 坏蓋研　20口

いた魚肉」とあります。『倭名類聚抄』に和語として「包み焼」が載っていますから，10世紀ごろにはそう呼ばれるものがあったことがわかります。中国の百科全書『斉民要術』にもありますが，そこに記されている料理法が同じものかどうかはわかりません。

　もう１つは，フナの腹の中に昆布などを詰めて焼くというものがあります。13世紀の『宇治拾遺物語』に，壬申の乱の少し前に大友皇子の妃十市皇女が吉野にいる父・大海人皇子に近江の情勢を伝えるためにフナのお腹の中に手紙を入れて包み焼として送ったという説話がみえます。説話なので古代にさかのぼらせるのは難しいのですが，『万葉集』に気になる歌があります。「高安王　裏める鮒を娘子に贈る歌一首」というものです。ここに「藻伏し束鮒」という言葉が出てきます。たとえば新編日本古典文学全集では「苞の中に藻と共に詰めて生きたまま届けられた小鮒をいうか」という注がつけられていますが，これは恋の歌ですから，思いを包むという意味が込められていると考えられます。つまり単純に生きたまま鮒を包んだというよりは，このころにあった鮒の包み焼というものをふまえて詠まれたものという可能性もあるのではないかと思います。

馬場　包んで焼いたり，いろいろなものを中に詰めて焼いたり，多様な調理法があったということですね。東南アジアの民俗事例も含めて考えなければいけない，大変重要な調理法だと思います。この点について，橋本道範先生からコメントをいただきたいと思います。

橋本道範（滋賀県立琵琶湖博物館）　フナの包み焼については私も調べたこと

があります。『貞丈雑記』など近世の儀式書には作り方が書いてあるのですが，書物によってさまざまでして，基本的にこれは説話上の料理であって，中世には遡らないのではないかというのが私の結論です。ただ，古代については私の専門外ですので，ぜひこれから一緒に検討させていただければと思います。非常に興味深い事例だと思います。

馬場　調理法には多様な可能性があるということがわかってきました。つづいて，調理具の話に入りたいと思います。土器の専門家である小田さんと森川さんからご説明いただけますか。

小田　平城宮・京から出土している奈良時代の土師器のうち，煮炊き具や調理具と考えられているものをご紹介します（図17）。甕には丸い球の形をした甕Aと，それに把手がついた甕B，胴が長い甕Cがあります。ほかには平べったい鍋と呼んでいるものや，カマド，コシキがあります。このうち平城宮・京から一番多く見つかる煮炊具は甕A・Bでして，大小さまざまなサイズがあります。図18は土師器の甕のうち小さいサイズのものになりますが，外側にススが

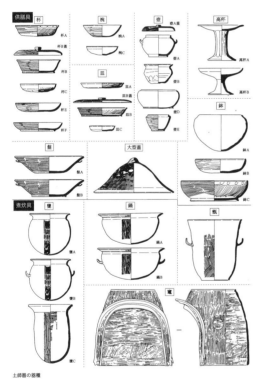

図17　奈良時代の土師器（国立文化財機構奈良文化財研究所編『図説平城京事典』柊風舎，2010年）

図18　平城京出土土師器甕
（奈良文化財研究所蔵）

付着しているので，よく使われていたと考えられます。

森川 （実物〈図18〉を見せる）

小田 この甕の内側を見ますと，オコゲのような痕跡が残っています。さらによく見ると白抜きのポツポツしたものがありまして（図19），ひょっとするとこれがお米を炊いた跡なのかもしれません。図20はカマドの写真で，1番上に乗っているのがコシキです。これは，三舟さんがカマドの調理実験で使用された再現土器のモデルになっています。この写真のように，カマドに胴の長い甕Cをはめて，その中で水をぐつぐつ沸かして，さらにその上にコシキを乗せて蒸すということになります。ですので，コシキの内面には，当然ですがおこげはつきません。一方，甕Cは外面だけすすけているということになります。このように内面の痕跡です

図19　平城京出土土師器甕内面の痕跡（奈良文化財研究所蔵）

図20　平城京出土土製炊飯具（竈・長胴甕・甑，奈良文化財研究所蔵）

とか外面のすす，汚れを観察することで調理の実態がわかるのではないかと思います。

馬場 こういうものは，たとえば平城宮ではどこでどのように使われていたのでしょうか。

小田 それでは平城宮東院地区で見つかった「厨」の発掘調査をご報告させていただきます。2017年に行われた第593次調査で大型の井戸が検出されまし

た。規模は平城宮のなかでも最大級で，内裏の井戸に匹敵します。また，井戸から汲んだ水を流すような溝もあります。この溝は，井戸から派生して二手に分かれていまして，その上に覆い屋がかかっています（第Ⅱ部第2章図3）。これは，汲んだ水を使って，食器を洗ったり，大根についた泥を落としたりするような空間であったと考えています。

　そしてこの井戸には東側に階段がついているので，井戸で汲んだきれいな水を運んでいたと考え，東側の調査を行いました。すると，東側からは方形に区画された遺構が見つかりました。この遺構では細い溝でいくつかの区画が作られていて，その区画内部から土が焼けた痕跡や炭がたまった痕跡を検出しました（第Ⅱ部第2章図5・6）。これは造り付けカマドの基礎部分ではないかと考えられます。しかも1基もしくは2基置かれたものが連続していて，複数の竈が設置されていたようです。

　このように平城宮東院地区の調査では，井戸の水を利用する空間と火を使って調理する空間，システムキッチンでいうところの流しとコンロの部分が見つかったと考えています。またこの井戸と竈の南側では，かなり大きな建物が見つかっていまして，ここで調理や配膳を行っていたのではないかと考えています。この遺構周辺からは土器もたくさん出土していまして，食器類に加えて，先ほど説明した須恵器の甕や土師器の甕，カマドなどが見つかっています。これらの遺物を含めてこれから分析を進めていきたいと思っています。

　この「厨」は奈良時代後半のものと推定されています。おそらく天平勝宝年間くらいに設置されて，宝亀年間には廃絶したようです。その時期の中枢施設は東院地区の中央付近にあったと考えられているので，中枢施設のすぐ北側に調理施設があったということがわかりつつあります（第Ⅱ部第2章図8）。

馬場　備え付けのカマドがあるということは，韓竈（移動式のカマド）をどこで使ったのかというのが問題になりますが，それは置いておきましょう。こうした状況からすると，土器の付着物はどう考えられるのでしょうか。

大道　国内外で一定の評価を受けている土器の分析方法としては，以下に挙げたものがあります。

　　・バイオマーカーの利用（例：アルキルフェニルアルカン酸）
　　・個別脂肪酸の分子レベルの安定同位体比分析（GC-IRMS の利用）

・CN 比及び炭素・窒素安定同位体比分析

・ステロール分析

・DNA 分析（DNA メタバーコーディング法）

　私自身は，CN 比および炭素・窒素安定同位体比分析やステロール分析を使って実験を進めています。CN 比や炭素・窒素安定同位体比の場合は，長い間土壌に埋まっている間に数値が変動することがあります。例えば炭素安定同位体比は，脂質を含むと低い値になる傾向にあります。脂質はタンパク質に比べれば分解されにくいので，タンパク質が分解されても，脂質は分解されないで残ってしまい，炭素安定同位体比が低く出るということもあります。

　また，CN 比は炭素の含有割合を窒素の含有割合で割ったものですが，長期間土の中に埋没していると窒素が分解されるなどして抜けていってしまい，結果的に CN 比（C/N）が上がることがあります。そうした点も考慮しなくてはいけません。

　バイオマーカーの利用や個別脂肪酸の安定同位体比分析については，奈良文化財研究所の庄田慎矢さんが国内外でリードされていると思います。まず代表的なバイオマーカーにアルキルフェニルアルカン酸類があります。特に炭素 20 や 22 は海洋生物のバイオマーカーとして注目されていますし，このほかキビのバイオマーカーとしてはミリアシン，水棲生物のバイオマーカーとしてはプリスタン酸やフィタン酸などのイソプレノイド類があります。また GC-IRMS（分子レベルでの安定同位体比測定の一種）を利用して，土器に付着している脂質などを分子レベルで分析して，残存する脂質がどのような動物に由来するものなのかを推定する研究も進められています。そこから得られた成果を複合的・総合的に分析することで食材が類推できると思いますし，場合によっては，どういった調理方法だったかということもわかるかもしれません。

馬場　土器の付着物については庄田さんのチームも分析を進めていますので，これからいろいろ研究が展開すると思います。

　一方で，難しいのは調味料です。薬なのか調味料なのかという問題もあります。以前に明治大学の阿部芳郎さんから調味料を入れて煮込んだような料理はあるのかと聞かれたのですが，調味料はどのように使っていたとみるのがよいでしょうか。

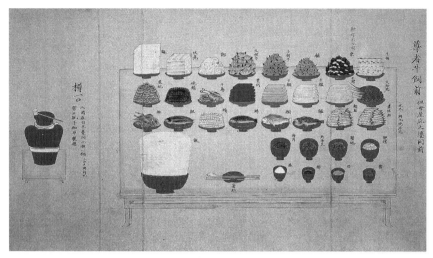

図21　「尊者牛飼前」（『類聚雑要抄』東京国立博物館蔵）

三舟　図21は平安時代の『類聚雑要抄』に書かれている大饗料理（貴族の宴会料理）になります。これを見ると，手前に4種の調味料（塩・酢・酒・醬）があります。こういうものに素材をつけて食べたのではないかと考えています。

4　食からみた古代の病

馬場　食材をどう保管してどう調理したのかがわかってきました。またその過程でまだまだ明らかにできない部分も見えてきたように思います。さていよいよ，病気・栄養学の観点からみるとどうなるのかを考えていきたいと思います。

　奈良時代の人々の病気で有名なのは天平年間の大疫病ですが，造東大寺司の写経生たちが出した休暇願にもさまざまな病気が出てきます。特に目立つのが膝で，それから腰，皮膚病，目，お腹です。たとえば腹痛は，写経所の衛生状態が悪く，赤痢だったのではないかといわれています。目と腰と膝はよく職業病と表現されますが，写経という行為は非常に神経を使うので目が疲れるだろうということ，それからずっと座った状態なので腰や膝にくるだろうということがあります。皮膚病は，彼らが服を頻繁に着替えなかったためではないかといわれています。彼らはよく服を洗いたいという理由で休暇願を出していま

す。私は，彼らの膝と腰の不調は白米食が多いことによる脚気ではないかと考えていて，愛知県立大学の丸山裕美子さんもあずきの支給を根拠に同じことを言っておられます。一方で改めて彼らの食べているもの全体を見ると，脚気だけにとどまらない問題があるように思います。そこで鈴木さんに，写経生の食事の栄養価と，それが具体的に健康状態や栄養状態とどのように関わるのかについてご紹介いただければと思います

鈴木　まず PFC について説明しておきます。P はタンパク質（protein），F は脂質（fat），C は炭水化物（carbohydrates）でして，総エネルギー摂取量の計算に必要な 3 要素です。PFC 比は，この 3 要素が総エネルギー摂取量に占める割合を示したものです。

日本型食生活として推奨される理想値と目標値とは異なります。日本人の食事摂取基準 2020 年版に基づく目標量は，現代の私たちが達成可能と考えられている数値で，タンパク質 13〜20％，脂質 20〜30％，炭水化物 50〜65％ です。一方，理想値は諸説ありますが，一般的にタンパク質 13〜15％，脂質 20〜23％，炭水化物約 60％ といわれています。これに対し，奈良時代の写経生の給食の PFC 比はタンパク質 11％，脂質 9.2％，炭水化物約 80％ です。

今回の古代食の給食の再現に基づくと，総エネルギー摂取量は 5,801 kcal となります。これは相当高い数値です。国民健康・栄養調査によると，現代日本人の 30 代男性の総エネルギー摂取量は平均 2,200 kcal で，うちタンパク質は 14.8％ で，植物性か動物性かは議論の余地がありますが，ほとんど目標量の範囲といえます。

問題は脂質です。奈良時代の写経生は 10％ 未満と推定されますが，現代の男性は平均 30％ です。若い女性は 30％ を超えている状況です。

炭水化物に関して奈良時代の写経生は約 8 割を占めていますが，現代の日本人は 6 割未満です。流行の糖質制限ダイエットなど，さまざま要因が考えられますが，糖質・炭水化物を控える代わりに高脂質となっているのが，今の日本人の食生活の問題点です。

食事摂取状況を評価するためには，まず「体格（BMI）」を確認し，総エネルギー摂取量の過不足を評価するのが一般的です。次に，タンパク質・脂質・炭水化物やビタミン・ミネラルなどの栄養素が摂取不足なのか過剰摂取なのかを

検討する必要があります。さらに生活習慣病について考えるためにナトリウム（食塩相当量），藻類，米なども見ていきます。

　まず，35 歳くらいの男性で，身長 155〜160 cm（中央値 157.5 cm），体重 54.6 kg（日本肥満学会の肥満ではない BMI から逆算）であったと仮定します。基礎代謝の推定参考値はおよそ 1,300 kcal です。そして 1 日の睡眠を 9 時間，座位での写経時間を 7 時間と推定し，そのほか移動時間なども含めると，1 日に必要な活動量は 2,400 kcal くらいであったと考えられます。基礎代謝と消費エネルギーに他の要素を考慮しても合計 3,800 kcal くらいで，計算上の摂取量の 5,600 kcal とは大きくかけ離れており，理解が難しいところです。

　収支バランスは推定でしかないのですが，文献史料からみて，おそらくビタミン A（レチノール当量）とビタミン C が推奨量よりは不足していたようです。しかしこの数値は果物の種類や摂取量で大きく変わってくる可能性があります。

　食塩相当量に関しては，現代の日本人男性で 1 日あたり 7.5 g 未満が推奨されています。これは生活習慣病を予防するための値です。高血圧や慢性腎臓病の重症化予防を目的とする場合は 1 日あたり 6 g 未満となります。対して写経生には 87 g 以上の食塩が提供されています。日本古来の食生活は高血圧になりやすかった可能性が高いと考えられています。

　海藻類はミネラルが多く含まれるので，鉄・カルシウムは一見不足していないように見えますが，吸収率が低いため，結果的に不足している状況が考えられます。先ほどお伝えしたように，炭水化物の割合が大きいので，それが健康上の問題を引き起こしていたかもしれません。

　このように写経生の給食では米と海藻の存在がよい面も悪い面も生み出していると感じます。特に米が主食のアジア地域は，肥満が少ないにもかかわらず糖尿病が多いという報告があります。当時の食生活が現代の疾病にも関わってきているのではないかと考えています。

馬場　栄養についてご報告いただきましたが，これが病気にどう関わってくるのかという点について，齋藤さんからご説明をお願いいたします。

齋藤　鈴木さんのご報告にあったとおり，古代の写経生はエネルギー過多で，特に炭水化物が多く，これらをすべて食べていなかったと仮定しても相当な量

であったといえます。炭水化物は糖質と食物繊維の総量ですが，食物繊維を引いたとしても糖質の量が多く，このような食事をしていれば，血糖値がかなり上昇していたと考えられます。糖質は摂取した分だけ血液中の糖を上げるため，糖質過多であれば，食後の高血糖を招いていたと考えられます。炭水化物，タンパク質，脂質で血糖値の上昇を比較した研究では，糖質の含有量にしたがって血糖値が上がっていくとのことなので，先ほどのPFC比だけでなく，そもそも炭水化物の摂取量が習慣的に多いのであれば，血糖値がかなり上昇していたのではないかと思います。

　糖尿病は，インスリンが分泌されなくなる，もしくはインスリンが分泌されているのに効かなくなる状態をいいます。インスリンは血糖値を下げるホルモンですが，日本人はその分泌量が欧米人に比べて遺伝的に少ないといわれています。つまり，日本人は血糖値が上がりやすい状態にあるということです。糖尿病は初期にはあまり自覚症状がないため，合併症の症状から気が付くことも多い疾患です。合併症には細小血管のものと大血管のものがありますが，特に細小血管のものが糖尿病に特異的なものだといわれています。代表的なものは網膜症，腎症，神経障害です。

　糖尿病の研究は，1869年にインスリンを分泌する膵臓のランゲルハンス島が発見されたことにはじまります。また，同じ年に別の研究者も目の病気が糖尿病に関連することを見つけました。インスリンというホルモンも命名されてからまだ100年ほどしか経っておらず，糖尿病という病気の研究はまだまだ日が浅いものといえます。日本に限らず，のちに糖尿病の症状とされているものが多くあるので，今回の「請暇解」に書かれている症状も，糖尿病の可能性がないとはいえないでしょう。

　合併症のうち網膜症は，視力が低下してきたり視野が欠けてきたりしてだんだん目が見えなくなってきます。写経生が目を患っているというのも，こうした症状が出ていたためと考えられます。腎症では，タンパク質がうまく処理できないために浮腫みが起きやすくなります。現在のような透析の治療もなかったため，写経生の足の浮腫みは腎症に関係していたのではないかと思います。そのほか，腎症には貧血や全身の倦怠感，かゆみなどの症状もあります。

　目の病としてはほかに，ビタミンAの欠乏による夜盲症，緑内障，近視・遠

視などがあります。一概に糖尿病による症状とはいえないかもしれませんが，もしあれだけの栄養素を摂ったとすれば，たとえその半分の量と見積もっても，やはり糖質が過剰ですので，血糖値は高い状態になります。そうすると，現代よりもかなり早く合併症を発症していた可能性があります。足の病には脚気やリウマチ，痛風などもありますが，これよりも糖質過多によるものの方が割合としてはかなり多かったのではないかと思います。

　以上を踏まえると，「請暇解」に書かれている足・目・皮膚の症状は，おそらく糖尿病によるものと考えられます。今後は，実際に支給されていた量を食べた際の血糖値の上昇度合を確認していきたいと思っているところです。

馬場　つまり多くの症状がこの食生活による糖尿病が原因といえそうですね。

齋藤　おそらくそうだと思います。欧米などでは古代から糖尿病があったといわれています。わかりやすいのは尿の症状なので，尿について書かれているようなものが出てくるとよいのですが。

馬場　残念なことに，尿がかけられたと思われる立小便禁止の木簡はあるのですが，記録はあまり残っていません。『御堂関白記』の記述から藤原道長が糖尿病だったのではないかとする研究があるように，古記録類から検討したものはありますが，「正倉院文書」を使って実態に迫ったものはこれが初めてです。さらにいうと道長は金持ちだから糖尿病になったと思っていたので，貧乏な写経生が糖尿病というのは大変衝撃でした。

齋藤　高カロリーなものを食べているから糖尿病になるといわれた時代もありましたが，実際に血糖値を上げるのは主に糖質ですので，高級な物を食べるとなる病というよりは，現代でいうとおにぎりやパン，麺や間食が多いという食生活を続けている人がなりやすい病気だと思います。

馬場　「正倉院文書」にみえる病気を糖尿病から分析したというのは大変大きな成果だと思います。

5　米と食器，そして病

馬場　次に，ご参加の皆さまからご意見をうかがいたいと思います。まずは吉野さんから一言お願いできますでしょうか。

吉野秋二（京都産業大学）　飯と米の支給基準の差については，私は長屋王家は2倍でよいだろうと思っています。『延喜式』には数種類の飯について，それぞれが米でどのくらいにあたるか規定した条文があります。いくつか飯の種類の支給基準についてもだいたい2倍前後ですが，種類によって違いがあります。こうした違いなども詳しく検証していただけるとありがたいと思っています。また，飯で支給する場合には，炊飯の手間賃が含まれ少なめになっていることも考えられます。

　さて，先ほどもち米とうるち米の違いについての話がありましたが，古代米にもいくつか種類があるということが木簡からわかっています。こうした昔の米と今の米ではどのように違うのでしょうか。

　また，現代の日本人からみると古代の人々は炭水化物を取りすぎていることになるのかもしれませんが，昔奈良文化財研究所にいらっしゃった上野邦一さんという建築史がご専門の方に，東南アジアではご飯をたくさん食べる部族がいると聞いたことがあります。現代の日本人と古代の日本人で体のつくりが違う可能性はないのでしょうか。

　もうひとつ，先ほど森川さんが土器と食器の関係についてお話されていましたが，長屋王家木簡にも出てくるとおり米の入れ物は木製の筥というものを使います。筥は蓋つきなのでおおよそ標準的な支給量に対応している可能性があり，こうした木製品についても分析してみると新しいことがわかるのではないかと思っています。

三舟　現代の米は，かなり品種改良されているそうです。しかし，平川南さんの研究によると古代の米の品種名は江戸時代にも確認でき，さらに近年まで残っていたものもあるそうですが，我々が実験するにあたっては，品種改良がかなり進んだ現在の米を使うしかないという難しい問題があります。

馬場　米の品種や食味の問題，それに応じた炊き方の違いについては，すでに米の研究の方で多々ご指摘ありますので，吉野さんがおっしゃった視点での分け方はすごく大事だと思います。今回の研究ではこの点を深く掘り下げることはできませんでしたが，全体的な方向性を示すことはできたのではないかと思っております。筥については森川さんからもコメントをいただけますか。

森川　筥については実はまだよくわかっていません。

馬場　出土する木製品に笥はないですよね。

森川　笥は蓋つきの食器ですが，大きさもよくわかっていません。前掲の表2を見ていただくと，笥は天平勝宝3年と天平宝字6〜8年の写経事業にしか出てきません。土器だけの食器構成もありますから，笥を使わず土器で代用していたことも考えられます。そしてそれが塊なのではないかと考えているところです。笥はご飯用の食器ということで無視できない存在ではあるのですが，実物がないのでよくわからないというのが正直なところです。

馬場　「家にあれば笥に盛る飯を〜」という歌があるように，飯と言えば笥というのが古代史を文献から研究している方の常識だと思いますが，一方であれだけ膨大な食膳用具のセットを揃えている写経所に笥がほとんどないというのは不思議なことです。

三舟　古代と現代で日本人の体質が違うのかという点は，奈良時代の人は火葬されて骨が残っていないのでよくわかっていません。米の品種については，西念さんの方から補足していただければと思います。

西念　炊飯の実験では，一番手に入りやすい品種ということでコシヒカリを使いましたが，もち米に近いものも考えられたので，ほかに3種類の米（ミルキークィーン・山田錦・こがねもち）でも実験を行ってみました。しかし，表3のように浸漬した状態のものでそれぞれを比べても，品種による差はそこまでありませんでした。

三舟　今後は東南アジアとの比較ということで，カンボジアの米の摂取量と糖尿病の関係などを科研費で調査する予定です。

馬場　はっきりとご質問にお答えするのはなかなか難しいのですが，今後もご意見をいただければと思います。ところで発酵という非常に重要な問題に関連して，貯蔵具の甕について中久保辰夫さんからコメントいただければと思います。

中久保辰夫（京都橘大学）　古墳時代から平安時代にかけての甕の容量を検討している立場から感じたことをお話させていただきます。

　平安時代の最も大きな甕は平安宮の造酒司から出土したものですが，600ℓは入ると考えられます。一方，古墳時代で一番大きな甕は5世紀のもので360ℓ，6世紀代で400ℓくらいです。奈良時代になると500〜600ℓくらいのもの

表3　品種による炊きあがり倍率の違い

	コシヒカリ		ミルキークィーン		山田錦		こがねもち	
米重量(g)	603.5							
浸漬	有	無	有	無	有	無	有	無
浸漬後重量(g)	777.2	—	801.5	—	866.1	—	838.5	—
炊き上がり重量(g)	900.3	756.2	893.6	732.4	971.2	1078.8	835.2	1066.0
炊き上がり倍率(倍)	1.49	1.25	1.48	1.21	1.61	1.79	1.55	1.77

試　　料：コシヒカリ(平成29年　栃木県産)
　　　　　ミルキークィーン(平成29年　栃木県産)＊低アミロース米
　　　　　山田錦(平成29年　兵庫県産)＊酒米
　　　　　こがねもち(平成29年　新潟県産)＊もち米
炊飯実験：浸漬ありの試料は米の重量の1.5倍の水に60分浸漬した。すべての試料は40分間蒸
　　　　　し加熱をした。

が出てきますので，須恵器生産が始まった4世紀末から5世紀以降，だんだん
と甕の容量は増えていくようです。奈良時代には造酒司も徐々に整備されてい
くことがわかっていますし，醸造は時代を経るごとに生産規模が大きくなって
いったと考えられます。また，貯蔵容器もいくつか大きさの違うものが出てく
るのですが，甕や壺の中身のことはなかなかよくわかりませんので，本日のご
報告は大変参考になりました。

　ところで，酒や調味料を作るときに米や穀物類を大量に蒸す必要があるわけ
ですが，一方で，8世紀から9世紀にかけて土師器の甑はどんどん出土数が減
っていきます。これについてもし実験などでわかっていることがあれば教えて
いただけないでしょうか。

小田　大量の米を蒸す際に「櫓」というものが出てきますので，おそらく木製
のものがあったのだと思います。平城宮から出土する土師器の甑は，特別なも
のなのではないかと考えています。また，甕の容量についてですが，平城宮の
造酒司の発掘調査で見つかった甕の整理が追い付いていないので，大容量のも
のがあったかどうかはまだわかっていません。これはこれから調査を進めてい
きたいと思っています。

馬場　東院の据え付けカマドのように，やはり蒸すときには地上式のカマドに
鉄釜を置いて木製のコシキを据えるというのがメインになると考えていいので
しょうか。

小田　いわゆる移動式の土製のカマドは祭祀用など，据え付けカマドとは別の使い方をしていたのではないかと考えていたのですが，東院の遺構では据え付けカマドのすぐ隣の溝から土師器のカマドも出てきましたので，これから使い分けを調べていかなければいけないと思っています。

馬場　以上の返答をふまえて中久保さんからほかに何かコメントはありますでしょうか。

中久保　8世紀後半から9世紀は土器様相が大きく変化する時期でして，たとえば平安時代前期はそれまで須恵器生産の中核を担っていた陶邑窯跡群が衰退し，貯蔵や煮炊き用の土器や食器類の様式も変化していきます。特に8世紀半ば以降に杯Bが小型化していくとか，土師器の割合が増えていくとか，そういった細かな変化も気になります。限られた文献史料から分析していくには，少なくとも奈良時代と平安時代前半期の様相は分けて考えた方がよいのではないかと思いました。

馬場　今回の実験では7世紀末から10世紀初頭までという長い期間をまとめて扱っていたのですが，それを分けた方がよいということですね。

中久保　この時期の土器様式は大きく変動しているので分けて扱った方がよいように思いました。

馬場　中心となるのは8世紀ですが，『延喜式』など9世紀や10世紀の情報も参照しています。そのなかからうまくノイズを取り除くことができるかということですね。平安京の話が出ましたので，吉野さんからもコメントをいただけますか。

吉野　奈良時代と平安時代で食器の使い方が変わるというのは，國下多実樹さんの研究（「長岡京の土器と食器構成の復原」『長岡京の歴史考古学研究』吉川弘文館，2013年）にありますが，実際のところどうなのでしょうね。

馬場　さて，五島淑子さんからご質問を頂戴しております。支給されている食事は本当にその人だけのものなのか，たとえば家に持って帰ることを前提に支給している可能性はないのか。米には不食米といって実質賃金として支給されているものがあると論じたことがありますが，海藻もそうなのではないかというご質問です。また，西念さんが実験されたように，海藻が乾いた状態なのか戻した状態なのかというのも難しくてわからないということがありました。こ

うした点については写経所の暮らしの雰囲気というものが大事になってくると思いますが，その雰囲気をよく知っていそうな正倉院事務所の飯田剛彦さん，いかがでしょうか。

飯田剛彦（宮内庁正倉院事務所）　写経所という場の性格を考慮するならば，精進料理のような側面もあったと思いますので，そのあたりも加味して考えなくてはならないのではないでしょうか。また，あまりにも量が多いという点はやはり気になるところで，給与的な側面というのも考えなくてはいけないと思います。

馬場　やはり給与的な意味もあるかもしれないということですね。海藻は乾いたものを支給したのか戻したものを支給したのかという点についてはいかがでしょうか。

飯田　奈良ですから，あまり生っぽいものは支給しないのではないかと思います。

馬場　乾いているものを戻すと実験のような量になってしまうという理解でよろしいでしょうか。

飯田　そうだと思います。

馬場　写経生の病気については，私が調べているところでは目の病気，腰の病気，膝の病気，皮膚病，腹痛などがありました。ほかに何か目立つものはありますか。

飯田　腹痛が一番多いですね。現代でもそうですが，休む理由としてはそれが一番よいような気がします。ただ，今まで食事が原因でこのような病気に罹ったとは考えたことがなかったので，今日のご報告はたいへん勉強になりました。

馬場　ところで先ほど体質の話題で，アジア全体で糖尿病が多いという指摘がありましたが，これについて鈴木さんから補足があるということです。

鈴木　まず米と糖尿病のリスクに関する日本人のコホート研究では，米を食べていて運動しない人は米を食べていて運動する人に比べリスクの高いことが発表されています。この研究発表は，米食を守る立場の方々から厳しく批判されました。ただ，ハーバード大学でも米を多く食べるアジア人は糖尿病のリスクが55％増えるという研究結果が出ていて，WHOでも，肥満が多くないアジア

圏で糖尿病が比較的多いという報告が出されており，やはり歴史的には炭水化物を多く摂ると，その分血糖値が上がりやすい状況であった可能性があります。

馬場　栄養学などの研究からすると，米食がもたらす糖尿病のリスクが写経所からもわかるということでしょうか。

鈴木　肥満でなくとも糖尿病にはなるので，もしかすると人種も関係しているかもしれません。

三舟　痩せていても糖尿病になるということは，食生活環境の影響が大きいといえます。奈良文化財研究所が再現した貴族・官人・庶民の食事模型では，貴族の食事が豪勢で生活習慣病になりやすそうだというのが見ただけでよくわかったのですが，実は庶民も糖尿病になる可能性があったということになります。『日本霊異記』の説話に出てくる病気を調べてみると，皮膚病や視覚障害の例は多く，なかでも盲目になる話は多いです。下巻の十一縁・十二縁では貧しい人が盲目になっていて，二十一縁では僧侶が失明しています。また『日本感霊録』でも，失明する病気の話が出てきます。平城宮の東大溝から出土した人形にも，「左目病作今日□日」と書かれたものがあります。いろいろと史料を集めているところですが，目が見えなくなるという病気の割合は，案外多いのではないかという気がしています。その原因の１つとして糖尿病が考えられるのではないかということで，今後も古代の食と生活習慣病との関係について研究を進めていきたいと思っています。

馬場　米食というのがとても重要な要素であったことがわかったわけですが，ではなぜ日本人が米を食べているのかについては，国士舘大学の原田信男さんの研究にあるように，日本人が歴史的に選択した結果だと考えられています。これは食文化と病気の関係を考えるさい，とても大事な問題です。一方でたとえば山崎さんが明らかにした動物食や，平城宮跡から見つかっている植物の種を見ると，非常にいろいろなものを食べていたといえます。このあたりを飯田さんのお話にあった写経所の特殊性と合わせて深めていくと，中久保さんの指摘にあった平安時代以降の変化にどのような影響があったのかということがわかってくるのではないでしょうか。食の多様性という観点から山崎さんにコメントをいただきたいと思います。

山崎　食の多様性という観点では，都の資料をみるだけでは不十分なのではないかという印象をもっています。骨や種などの生ゴミについては，残る／残らないという堆積土壌の問題や，土壌をフルイにかけて微細資料を回収する／しないという調査方法の問題があるので，平城京と平安京で比較できるほどの材料が揃っていないというのが現状です。ただ，都城以外をみると，内陸部にある埼玉県深谷市の下田町遺跡や幡羅遺跡からハマグリなど海の貝殻が出土していたり，千葉県の印旛沼西岸にある上谷遺跡ではダンベイキサゴという九十九里浜で採れる貝殻が約 1,000 個分見つかっていたりと，地方で殻付きの貝類が出土している事例があるので，視野を広くもって調査していきたいと思っています。

馬場　研究でみているのは断片ですが，その断片がいずれ社会を覆っていく可能性があるというのがすごいところです。さて，飯田さんにお伺いしたいのですが，写経所の特殊性というのはどのような部分のことを指しているのでしょうか。

飯田　写経自体が仏教における作善行為なので，それに伴って食事にもいろいろな制限がかかっていたという点は考慮する必要があるのではないかということです。

馬場　肉食とか殺生を嫌うということでしょうか。

飯田　そのほかにも我々にはうかがい知れない制限があったのではないかと思います。

馬場　そのなかで最後に残ってくる食材というのが米なのかもしれませんね。

飯田　ところで，正倉院には佐波理という金属製の食器が大量に保存されていて，そのなかには米を盛り付けていたと思しき痕跡が残っているものもあります。そういった痕跡が米の蒸し具合などを解明する手がかりになるのではないかと思いました。

三舟　それは非常に興味深いですね。

馬場　米食に偏るのは必ずしも全国的なものではなかったかもしれませんが，一方で米食を志向したというのは事実としてあると思いますので，食の多様性もふまえつつ，都の病としての糖尿病について考えるのも面白いのではないかと思います。

三舟　米と日本人は弥生時代以来の付き合いですから，我々の生活が常に米に左右されているというのはあると思います。さて，ここまで米を中心に議論してきましたが，米以外についてご意見があればお伺いしたいと思います。

田村葉子（出雲古代史研究会）　乳製品のミルクなどは飲んでいたのでしょうか。

馬場　飲んでいたかどうかはわかりませんが，牛乳を食べていたのは間違いないです。奈良時代には牛乳を煮詰めた蘇という食品がありますが，牛乳自体がきわめて貴重品なので，少なくとも平城京の木簡では光明皇后に関わるところからしかみつかっていません。『延喜式』では月交替で奉納しているように，かなりの高級品だったようです。

小倉　番を組んで全国各地で作っているのですが，そのあと途切れてしまいます。

馬場　牛乳の使い方については，孝徳朝に和薬<rp>（</rp><rt>やまとのくすし</rt><rp>）</rp>という人が伝えたという伝承が残っています。牛の伝来よりは遅かったようです。

田村　『倭名類聚抄』などに馬乳は出てこないのでしょうか。たとえばモンゴルには馬乳を使ったバター茶があります。

馬場　日本で馬乳というのは，聞いたことがないです。

三舟　最後に食文化の観点から五島淑子さんにコメントをいただいてもよろしいでしょうか。

五島淑子（山口大学）　私が江戸の終わりから明治の初めを対象に栄養計算したところ，エネルギー量の約9割が穀類であることがわかりました。また，エネルギー量のうち数％が豆です。長州（山口県）では米と麦，飛驒では米と稗が主な穀類になります。タンパク質の供給源も7割が穀類でして，穀類が重要な食事になっています。その時にミネラルの供給源として海藻がとても重要になってくると思いますので，古代にも同じ状況があったとわかり，とても興味深く思いました。また，栄養不足はそのまま病気に結びつかないので，なかなか病名を探るのは難しいと思いました。それから，縄文時代には動物性タンパク質をとっていたのが，段々と少なくなっていくわけですが，それが低身長に影響しているのではないかと考えています。

三舟　五島さんが研究対象とする時代は幕末なので我々の古代とは状況が全然

違うと思いますが，方法論的に目指している方向は同じではないかと思っていますので，今後もご意見をいただければと思います。

　さて，この研究は私の卒業研究ゼミから始めてもう10年ほどになります。現在も研究を続けており，今年は索餅や果実の漬物を作っています。索餅はそうめんやうどんに近いものになりそうで，楽しみながら研究を進めているところです。

　以前，奈良文化財研究所平城宮資料館で奈良時代の庶民の食事モデルを見学したとき，一緒にいた栄養学科の先生が「庶民ってこういう食事を摂取していたんだ。この栄養状態だったら2週間で死ぬぞ」と言った言葉が忘れられません。そうか，これは明らかに栄養不足なのかと思いました。奈良時代の貴族・官人・庶民の食事は身分の違いが出やすいのでいろいろな資料館で復元されたものが展示されています。私もかつて社会科の高校教員でしたから，その復元が正しいものと思い続けてきました。ところが栄養学的にみるとこうした復元には違和感があるということがわかり，興味をもつようになりました。

　最初は調理学や食品学の先生たちと古代食を復元してみようということで始めましたが，その後栄養学の先生にも参加してもらうことになりました。また，対象となる時代も奈良から平安へと徐々に広がりはじめています。さらに科研費の基盤Aで「東ユーラシア東辺における古代食の多角的視点による解明とその栄養価から見た疾病」が採択されたので，これからカンボジア・中国・韓国などの東アジアや東ユーラシアも対象に考えていこうと思っています。今後も文献史料や考古学・動物考古学，食品学・調理学・栄養学という食品に関わる学問を総合して，古代の食を復元していくつもりです。

　当初はまさか生の鮭が何日もつかという実験をやるとは，想像もしていませんでした。山崎さんには天然ものじゃないとだめだといわれて，1尾7,000円の鮭を3尾も買いました。結局蛆がわいてしまいましたが……。現在，古代の食の再現研究では，いろいろな研究が始まっています。福井県美浜町で松葉竜司さんの製塩土器の実験も見学させていただきましたが，塩を煎熬して土器で運んだら土器がボロボロになり運べないとおっしゃっていました。明治大学の阿部さんの製塩研究も関心がありますし，琵琶湖博物館の橋本さんにも一緒に鮎鮨を作りませんかという提案もしてみたいし……。今後も古代の食の復元実

験を多方面から行っていきたいと思っていますので，皆さんにはまたご指導ご教示をよろしくお願いしたいと思います。

　最後に，今まで写経生の病気は職業病だといわれていましたが，新たに生活習慣病だった可能性があるということを今回の研究で明らかにできたのは大きな成果だと思います。本日は長時間にわたり参加いただき，ありがとうございました。

V　古代食の復元への試み

附編1　木簡にみえる鮎の加工法

三　舟　隆　之・大　平　知　未

はじめに

　藤原宮跡や平城宮跡などの宮都遺跡から出土した木簡によって，古代の食生活が明らかになりつつある。これらの木簡の多くは，調や贄などの貢進物の荷札や付札として使用されたものであり，『延喜式』などの文献史料とも合わせて，その食品名と産地が判明し，古代の食品研究の重要な史料となりうる。そこで本稿では木簡にみえる鮎を例として，その加工法を木簡の記載内容や『延喜式』などの文献史料を含めて検討してみたい。

1　木簡にみえる鮎とその加工品

「鮎」木簡の出土遺構と加工法

　アユ（鮎・年魚）はサケ目キュウリウオ科の魚で，日本では北海道南部から沖縄まで広く分布し，ふ化後海に出て生育した後，3～6月にかけて川を遡上する〔松井 1986〕。1年で成長するため「年魚」とも呼ばれるが〔永山 1998〕，8月下旬から12月上旬にかけて鮎は産卵のため川を下るので，この時期の鮎は「下り鮎」「落ち鮎」とも呼ばれる。

　藤原宮跡や平城宮跡などから出土した木簡で，「鮎」「年魚」と記されて加工状況が判明するのは表の木簡であり，鮎の加工品には「鮨鮎（年魚）」「酢年魚」「押年魚」「煮塩鮎（年魚）」「煮膳年魚」「干鮎」「醬鮎」「塩漬年魚」などがみえる。鮎の加工についてはすでに澁澤敬三氏の『延喜式』を中心とした研究があるが〔澁澤 1992〕，ここでは木簡とそれにみえる加工品を中心に検討してみたい。

185

〈なれずし〉

　古代の「鮨」は現在の鮒鮨のような「なれずし」であったと考えられ，『今昔物語集』には酔っ払った女が馬に驚いて売り物の鮎鮨の桶に吐いてしまうが，似たような物だからと混ぜてしまったという話があり，ここからすると現在の鮒寿司のように発酵して相当な臭いのある食品であったことが推測される。

　『令集解』賦役令調絹絁条所引の古記条では，鱗を取らないまま魚の内臓を取り出し，塩と酒と飯を合わせてその上に重石を置き，熟成させるとある。「鮨」が魚に飯を詰めたのに対し，「鮓」は飯の中に魚を入れたものという説もあるが〔関根 1969〕，『令義解』では「鮨亦鮓也」とあり，平安時代ではすでに混用されている。『延喜式』内膳司条では「造=雑魚鮨十石味塩魚六斗_〈河内国江厨所ㇾ進〉料，（商）布十六段，信濃麻百斤，白米一石塩一石三斗」とあり，これからすると鮨に使用する塩分の濃度は，約 10％ 程度と考えられる。「酢年魚」の「酢」は「鮓」に通じ「鮨年魚」と考えられるが，美濃国の「酢年魚」は荷札木簡の記載も 10 月であることから，「鮨年魚」とは製法が異なるものである可能性も考えられる。

　「年魚鮨」（鮎鮨）は，平城宮跡の溝 SD3245 から「□□鮎十隻　右」が，東院地区の溝 SD3236B から「年魚鮨　殿」が，二条大路の溝 SD5100 から「鮨年魚五月十七日」「七月九日鮨年魚下」「七月廿五日年魚鮨」「天平八年五月十七日鮎鮨」「天平八年六月九日鮨年魚」などの木簡が見つかっている。平城宮跡から出土した「年魚鮨」の木簡は 032 型式が多く，ほとんどが付札木簡と考えられ，製品として加工された物に付されていた可能性が高い。また溝 SD3245 出土の「鮨鮎十隻」は，「隻」という数量で数えているところから原形をとどめていたと考えられ，食に供される段階のものであろう。

　また，平城京左京三条二坊一・二・七・八坪の長屋王邸跡の溝 SD4750 から出土した木簡には「年魚酢分米三升受　豊国　家令　□□」とあって，この「酢」が「鮓」とすれば，貢進された鮎を加工して鮨を作るために請求した米 3 升を受け取った伝票木簡と考えられ，「鮨年魚」の加工を長屋王邸で行った可能性がある。SD4750 から出土した木簡から長屋王邸には「塩殿」が存在していたことが明らかであり，同時に SD4750 からは美濃国から貢進された「煮塩年魚」の木簡なども出土しているので，これらの鮎と米と塩を使用すれば，鮎鮨の加

工は可能である。江戸時代の鮎のなれずしの製法をみると，鮎を塩に漬けて乾燥させた「塩鮎」を水につけて塩出しをし，それをまた塩と米飯に漬けて作っている。

　一方，『延喜式』主計上には「鮨年魚五斤十両」とみえ，美濃・播磨・阿波・筑後・肥後・豊前・豊後国から貢進されている。宮内式の諸国例貢御贄には但馬・美作国からの貢進がみえ，また内膳式の年料には伊勢・丹波・播磨・紀伊国から「二擔四壺」，美濃国から「四擔八壺」，但馬国から「二缶」とあり，大宰府では鮨年魚が「二百廿三斤六缶」，「内子鮨年魚」が「卅六斤一缶」とある。『延喜式』では，鮨鮎は「壺」「缶」という単位で壺などの容器に入れて貢進されていて鮨の荷札木簡はみられないので，8世紀の段階では鮨鮎自体を貢進するのではなく消費地で加工していたが，『延喜式』の段階では製品を各地から貢進したのではなかろうか。

　鮨鮎の木簡の日付は5〜7月であることが多く，なれずしの発酵期間が3〜6ヶ月であることを考えると〔小泉ほか編 2005〕，正月前後に加工したものと思われる。とすれば鮨鮎に用いた鮎は生の鮎ではなく，秋に捕獲して日干し，煮干した塩蔵品の鮎であろう。一般に現在の鮒鮨は，市販品でも乳酸菌による酸性度は pH 4 以下であり，酸性度が pH 4 以下であれば腐敗細菌は増殖しないので保存性は高くなる。「年魚鮨」の木簡が付札であることは，鮨鮎は製品として保存されていたことを示している。

〈乾燥品〉

　乾燥品の鮎としては，「干鮎」「鮎日干」「乾年魚」「日乾年魚」があり，『延喜式』主計上には「火乾年魚」もみられる。「干鮎」「鮎日干」「乾年魚」「日乾年魚」は天日干しの干物であり，干鮎は江戸時代には水につけて塩抜きをして使用しているので，塩漬けして干したものと思われる。「火乾年魚」は鮎を遠火で乾燥させたものか，あるいは竈の上につるして乾燥させたものとも考えられる。

　平城京左京三条二坊一・二・七・八坪の長屋王邸跡の溝 SD4750 から「干鮎」，長岡京左京南一条間大路南側溝 SD11806 から「日干年魚川隻」，大宰府不丁地区の溝 SD2340 から「乾□魚七斤」〔年ヵ〕などの付札木簡が出土している。「隻」「斤」という単位が混在しているので，鮎の原形をとどめて数量で貢進したものと，

重量で貢進した例があることがわかる。石神遺跡南北溝 SD1347A から出土した荷札木簡「高草評野□五十戸鮎日干／□贄」の「高草評野□五十戸」は因幡国高草郡野坂郷と考えられ，『延喜式』主計上に因幡国の中男作物に「火乾年魚」がみえる。しかし木簡にみえる加工法は「日干し」であり，反対に『延喜式』には「日干し」はみられず，すべて「火乾（干）」である。この点については，7・8 世紀では「日干し」製法であったのが，『延喜式』段階では「火乾し」製法に変化した可能性が考えられる。『延喜式』主計上では駿河・美濃・因幡国から「火乾年魚」，内膳式条では美濃国から「火干年魚」が貢進されているが，「火乾年魚」は燻製のように乾燥させたものであろう。

「煮塩年魚」は「塩で煮た鮎」とされるが〔奈良国立文化財研究所 1975〕，「煮塩年魚」の木簡は荷札木簡が多いところから，その製品は保存が利くものでなくてはならないので，「煮塩年魚」はいったん塩で煮た後，日干したものと考えられる。平城宮跡の溝 SD3035 から「筑後国生葉郡煮塩年魚肆斗弐升／霊亀三年」などが，式部省東方・東面大垣東西溝 SD17650 からは「□塩年魚入一斗七升六合／員二百卅口」が出土している。なお，表面の単位は斗升による量で，裏面はその数量である〔三保 2004〕。そのほか平城京二条大路・左京二条二坊十二坪の二条大路北側溝 B から「遠江国長上郡煮塩年魚三斗八升　〈三〉　天平廿年」，左京三条二坊一・二・七・八坪の長屋王邸跡の溝 SD4750 から「美濃国煮塩年魚三斗　霊亀二年十月廿二日」などの荷札木簡が出土している。平城宮跡から出土した「煮塩年魚」の木簡には「十月廿二日」という日付が多く，この日付から考えると貢進者側は「落ち鮎」を加工したものと思われる。

養老賦役令では調雑物の品目の一つに「煮塩年魚四斗」とあり，これが中男作物に引き継がれていった。『延喜式』内膳司では六月神今食料や新嘗祭供御料・中宮豊楽料・正月節供御料などに「煮塩年魚二升」とある。主計上では伊勢・尾張・駿河・近江・美濃・但馬・播磨・備前・備中・備後・紀伊・阿波・土佐・筑後・肥後・豊後の各国から貢進され，内膳式の年料条では近江・備中・大宰府から貢進されている。

「煮干年魚」「煮腊年魚」は出雲国・美濃国方県郡から貢納された木簡にみえるが，都より離れた地域であることから考えれば，鮎の腐敗を防ぐため，鮎をいったん塩で煮て天日干しで乾燥させる「煮干し」の方法がとられたと考えら

れる。とすれば，実は「煮塩年魚」も「煮干年魚」「煮腊年魚」も，その製法は同一と考えられる。

　木簡に記載された時期に10月が多いのは，「落ち鮎」を使用しているためであろう。江戸時代の『合類日用料理抄』には，8月前につくると虫が入るとあるので，この時期を選んでいることも想定される。鮎は魚のなかでも脂質含量が5・5％前後で多く，「油焼け」というように脂質酸化が速く風味が劣化しやすいが，煮干しのように原料を煮熟してから乾燥させる場合には，水分解酵素は加熱により失活するので問題はない〔小泉ほか編 2005〕。落ち鮎を用いるのは時宜に適っており，また塩で煮て乾燥させるという加工法が最も保存に適している。

〈塩蔵品〉

　食品を食塩に漬けて保存する方法は古くから行われ，現在でも一般的である。「塩漬年魚」はまさしく塩に漬けた鮎であり，「塩塗年魚」は塩を塗った鮎であろう。現在では魚を内臓処理して丸まま食塩をまぶしてつけ込む方法を「振り塩漬」といい，食塩水につける方法を「立て塩漬け」という〔小泉ほか編 2005〕。もしその加工の際に重石などで鮎を押しつけることがあれば，それを「押年魚」というのではなかろうか。現在の「改良漬け」という加工法がこれにあたり，重石によって魚体から水が浸出し，周囲の食塩を溶かして飽和食塩水となるため，「立て塩漬け」となり保存に適している。

　平城京左京三条二坊五坪の二条大路の溝 SD5300 からは，「塩漬年魚」の付札木簡が出土している。『延喜式』主計上では筑前・筑後・肥後・豊前国から貢進されることになっており，そのほか「塩塗年魚」が伊賀国と丹波国にみえる。「塩漬年魚」と「塩塗年魚」の加工法の違いは不明であるが，『延喜式』では「塩漬年魚」は大宰府管内の国に集中するが，「塩塗年魚」は伊賀と丹波の比較的畿内に近い国にみえることを考えると，同じ塩漬けであっても塩の量が異なることも考えられる。「塩塗」の例として，藤原宮跡から出土した，丹後国熊野評から大贄として貢進された「塩塗近代百廿隻」の木簡がある。

　「押年魚」については，二条大路の溝 SD5100 から「□□□□六斤□〈天平八年／　籠重五□〉[押 年 魚ヵ]」とある荷札木簡のほか，「上野国山田郡大野郷□□里鴨部子□村輸押年魚大贄陸斤　天平八年十月[田 後ヵ]」という荷札木簡が出土している。そのほ

か平城宮跡の溝 SD3154 から「押年魚」，第一次大極殿院築地回廊東南隅付近の溝 SD3715 から「押年魚〈上〉」の付札木簡が出土している。『延喜式』主計上には，中男作物として「火乾年魚」「煮干年魚」とともに「押年魚」がみえ，備前・備中・備後・紀伊・筑前・筑後・肥後・豊後国から貢納されており，また内膳司の年料として土佐国から「一千隻」が貢納されている。

　「押年魚」の加工法については不明で，木簡では「六斤」などの重量で記されているが，『延喜式』では重量ではなく数量が単位であり，その点からすると鮎の原形をとどめているものと思われる。『延喜式』内膳司正月節供御料に「押鮎」「煮塩鮎」がみえ，『西宮記』には歯固めの行事として「押鮎二盤〈切盛置_頭二串_〉」とあり，大江匡房の『江家次第』にも，供御薬として「押鮎一杯〈切盛置_頭〉」とある。歯固めの行事に用いられたことから固いものであったことには間違いなく，おそらく鮎に塩を振って重石などで押したものであろう。また『土左日記』には「押鮎の口のみぞ吸ふ」とあるので，頭や尾を取るという従来の解説は正しくない。歯固めなどの正月行事のほか，『延喜式』大膳上によると宴会の際，親王以下三位以上と四位の参議，ならびに四・五位と命婦に給付されている。ただ儀式の際に食さなかった可能性も指摘されている〔黒板1995〕。そのほか塩漬けではないが，「醬鮎」「年魚醢」などの例もある。

　塩漬けの原理は，食塩による脱水作用と，浸透した食塩の水分活性の低下作用によって微生物の増殖を抑制することにある〔小泉ほか編 2005〕。実は塩干しも「年魚醢」などの塩辛も鮎鮨のようななれずし加工過程は一緒で，原料の魚をいったん塩蔵処理する。その後自己消化による肉質の軟化を防ぐために速やかに乾燥させるか，または有用微生物による発酵作用によって保存性を高めるかによる違いがある。とくに食塩含量が 20％ 以上の場合は 1ヶ月以上の保存が可能であるから，この方法ならば『延喜式』にみえるような遠国からの運搬や，大膳職などの官司での保管も可能となる。

〈「生年魚」〉

　一方，加工品ではないが生の鮎と思われるものも存在する。平城京左京三条二坊八坪の二条大路の溝 SD5100 から「生年魚」と書かれた文書木簡が出土しているが，同じ SD5100 からは「葛野河年魚二百五十隻　四月十九日作」という木簡も出土している。この葛野河の鮎は『延喜式』や『西宮記』にみえる葛

野河供御所で獲れた「氷魚」の鮎であろう。「四月十九日」という日付からも，小鮎であることが推測される。「氷魚」は鮎の幼魚で〔廣野 1998〕，現在も琵琶湖周辺では「ヒウオ」「ヒオ」とよぶ。『西宮記』には「近江国田上御網代，毎日進=氷魚=」とあり，『延喜式』内膳司には年料として「山城国〈氷魚，鱸魚〉」とあって，贄殿に収め供御に擬している。さらに山城国と近江国は宮内省諸国例貢御贄でも「氷魚」がみえる。『宇治拾遺物語』「或僧人の許にて氷魚ぬすみ食たる事」では，僧の鼻から「氷魚」が飛び出したとあって，「氷魚」を生食していたことが知られる。鮎に限らず古代で魚の生食が行われていたことは，藤原宮跡や平城宮跡のトイレ遺構から寄生虫卵が検出されていることからも明らかである。鮎に寄生する横川吸虫の寄生虫卵が発見されていることからも，鮎の生食は裏付けることができる〔山崎 2013〕。

鮎の貢進地域

　藤原宮跡や平城宮跡などから出土した木簡をみると，東は下野国から西は筑後国まで，各地から鮎が貢進されている（表）。さらに『延喜式』でも，駿河国から肥後国まで，さまざまな地域から鮎が貢進されている。

　次に『倭名類聚抄』（以下，『和名抄』と略）などの郡郷名を参照すると，表の貢進地域はそれぞれ「上毛野国車評桃井里」が群馬県の利根川流域，「上野国山田郡大野郷」と「下毛野国足利郡波自可里」が栃木県の渡良瀬川流域，「美濃国方県郡」「美濃国大野郡美和郷」が岐阜県の長良川や揖斐川の流域，「遠江国長上郡」が静岡県の天竜川流域に推定される。さらに因幡国の「高草評野岬五十戸」は現在の鳥取県の千代川流域に，阿波国の「麻植郡」は徳島県の吉野川流域に，「土佐国安芸郡」は高知県の安芸川流域に，「筑後国生葉郡」は福岡県の筑後川流域にあたり，いずれも大きな河川のそばにある郡（評）・郷里であって，鮎の捕獲が可能な地域といえる。木簡の種類も荷札木簡が中心であり，これらの地域で捕獲されて貢進されたとみてよい。

　しかし捕獲した鮎をそのまま貢進するのは遠国では困難であるから，保存の利く状態に加工したと思われる。『延喜式』にみえる運搬の日数は，最も遠い越後や下野国では 30 日を超しており，大宰府でも西海道諸国から大宰府に運搬する日数を考慮すれば，やはり 30 日前後になる。とすれば，これらの貢進され

表　木簡にみえる鮎の加工品

種　類	数　量	出土遺跡／遺構
鮨ヵ鮎	十隻	平城宮跡 SD3245
年魚鮨		平城宮東方官衙地区 SK19189
〃		平城京左京三条二坊八坪二条大路 SD5100
〃		〃
年魚鮨　殿		平城宮東院地区 SD3236B
年魚酢		平城京左京三条二坊一・二・七・八坪長屋王邸 SD4750
鮨年魚		平城宮京二坊坊間大路西側溝 SD5780
〃		平城京左京三条二坊八坪二条大路 SD5100
〃		〃
酢年魚		〃
〃		平城京左京三条二坊一・二・七・八坪長屋王邸 SD4750
酢年〔魚ヵ〕	二斗六升	平城宮跡 SD12965
押年魚	陸斤	平城京左京三条二坊八坪二条大路 SD5100
押年魚ヵ	六斤	〃
押年魚		平城宮第一次大極殿院築地回廊東南隅付近 SD3715
〃		平城宮跡 SD3154 付近整地層
煮塩鮎	十〔隻ヵ〕	平城宮跡 SD3245
煮塩年魚	肆斗二升	平城宮跡 SD3035
〃	伍斗	〃
	一斗七升六合	平城宮式部省東方・東面大垣東西溝 SD17650
〔煮塩ヵ〕年魚	二斗七升	平城宮内裏北外郭東北部 SD2700
煮塩年魚	三斗八升	平城宮二条大路・左京二条二坊十二坪二条大路北側溝B区
〔煮塩ヵ〕年魚	三斗	平城京左京三条二坊一・二・七・八坪長屋王邸 SD4750
煮〔塩年魚ヵ〕	二斗	〃
〔煮塩ヵ〕		〃
煮塩年□		平城京左京三条二坊八坪二条大路 SD5100
煮塩年魚		長岡宮跡東方官衙・春宮坊跡
煮干年魚		平城京左京三条二坊一・八坪二条大路 SD5100
煮腊年魚		平城京左京二条二坊五坪二条大路 SD5300
〃		
鮎日干		石神遺跡
干鮎		平城京左京三条二坊一・二・七・八坪長屋王邸 SD4750
日干年魚	三十隻	長岡京左京南一条間大路南側側溝 SD11806
乾〔年ヵ〕魚	七斤	大宰府不丁地区 SD2340
醤鮎	肆斗壱升	平城京左京三条二坊一・八坪二条大路 SD5100
塩漬年魚		平城京左京二条二坊五坪二条大路 SD5300
生年魚		平城京左京三条二坊八坪二条大路 SD5100
年魚	二百五十隻	〃
年魚醢		平城宮東院地区 SD8600

木簡研究：『木簡研究』（木簡学会），荷札集成：『評制下荷札木簡集成』（奈良文化財研究所），城：平城京：『平城京木簡』（奈良文化財研究所），平城宮：『平城宮木簡』（奈良文化財研究所），長岡京：

形式	内容分類	出　典	備　考
081	文書	平城宮 2-2803	
032	付札	木簡研究 31-11	
〃	〃	城 31-34	七月二十五日
〃	〃	〃	天平八年六月九日
〃	〃	城 12-13	
019	文書	平城京 2-1993	
081		城 11-13	
032	付札	城 22-14	五月十七日
〃	〃	城 31-34	天平八年五月十七日
011	〃	〃	七月九日
032	〃	〃	
031	荷札	平城京 1-444	阿波国麻殖郡
011	〃	平城宮 7-12838	美濃国大野郡美和郷，神亀三年十月
019	〃	城 31-40	上野国山田郡大野郷〔田後ヵ〕里，大贄
081	〃	城 31-32	天平八年
〃	付札	平城宮 7-11984	
〃	〃	平城宮 2-2780	
〃	文書	平城宮 2-2804	
031	荷札	平城宮 2-2287	筑後国生葉郡，霊亀三年
〃	〃	平城宮 2-2288	筑後国生葉郡，霊亀二年
032	〃	木簡研究 20-12	
〃	〃	城 38-22	土佐国安芸郡
〃	〃	木簡研究 5-19	遠江国長上郡，天平二十年
〃	〃	城 40-21	美濃国，霊亀二年十月二十二日
〃	〃	城 25-20	美濃国，霊亀…十月二十二日
039	〃	平城京 2-2176	美濃国
〃	〃	平城京 2-2177	美濃国
081	付札	城 31-32	□平六年十月廿四□
032	〃	木簡研究 20-59	
039	〃	〃	
031	荷札	城 22-35	出雲国，御贄
039	付札	平城京 3-4979	
081	荷札	城 29-34	美濃国方県郡
031	〃	荷札集成 163	因幡国高草評野〔岬ヵ〕五十戸，贄
033	付札	城 27-23	
081	〃	長岡京 2-1585	
032	〃	木簡研究 13-146	
033	文書	城 30-5	近江国坂田郡筑摩御厨
051	付札	平城京 3-4976	
081	文書	城 31-19	
032	荷札	城 22-13	葛野河年魚〔氷魚ヵ〕
019		城 12-9	

『平城宮発掘調査出土木簡概報』（奈良文化財研究所）
『長岡京木簡』（向日市教育委員会ほか）

た鮎は，当然1ヶ月以上保存が利く方法で加工されていなければならない。『延喜式』で最も多い鮎の加工方法は「煮塩年魚」で，駿河国から肥後国まで分布している。次に「押年魚」は備前国から肥後国までの西日本が中心であるが，平城宮跡出土木簡では上野国山田郡からも貢進されているので，「押年魚」も一般的な加工方法であったと思われる。越後国からは「□年魚」が「九千九百八十九隻」も進上されているが，この場合も塩蔵の加工品で「押年魚」であろう。また「塩漬年魚」は，『延喜式』では大宰府管内の諸国が中心で他地域にはみられないが，平城宮跡出土木簡のなかに筑後国生葉郡から貢進された「煮塩年魚」があるので，保存性においては「塩漬年魚」も「煮塩年魚」もそう大差はないと思われる。

　古代で一般に流通していた水産物がどのような加工方法で製品とされたかは具体的には明らかではないが，少なくとも冷蔵機能のない当時，食品としての水産物は塩蔵か乾燥品で保存せざるをえない。それゆえ木簡や『延喜式』にみえる鮎は，ほとんどが塩漬鮎や煮塩鮎・日干鮎などの加工品となっている。そこで次にこれらの鮎の加工品を，実際に復元してみることにした。今回は煮塩鮎・日干鮎・塩漬鮎が，どのような方法で加工・保存されていたのかを検証する。

2　鮎の加工復元とその調理法

　先述のとおり古代にはいわゆる「落ち鮎」を使用していたとみられるところから，今回実験で使う鮎も「落ち鮎」を利用することにした。

　①日干鮎……現代の干物は食塩濃度8〜10%前後で作られるものが多い。今回の実験でも同様の濃度の食塩水につけた。まず鮎を背開きにして内臓を取って出し，水分を拭き取って食塩水に約1時間漬けこみ，干物用の網を用いて天日で4日間乾燥させた。

　②煮塩鮎……鮎の内臓を取ってよく洗い，食塩水8%を沸騰させ，その中に内臓を取ってよく洗った鮎を入れて20分間煮込み，その後干物用の網を用いて天日で4日間乾燥させた。乾燥後は身の締まりも固く，水分もしっかり飛んでいた。

③塩漬鮎……鮎の内臓を取り，よく洗って水分を拭き取り，タッパーの中に大量の食塩とともに入れて４日間漬けこむ。４日後には脱水が進みかなり固い状態であった。そのため一尾は湯戻しを行った。湯戻しを行うと，もとの鮎の柔らかさに戻った。

　このように①〜③はすべて塩で処理し，その後４日間かけて乾燥させた。一般的には天日干しの場合，天候に左右されなければ晴天で３日間干せば十分に乾燥させることができるという。この加工法を行った鮎はほとんどの水分が抜けており，かなりの固さになっているので，このまま食することは困難と思われ，これをもって塩の補給源と考えるのは難しい。とくに塩漬鮎の場合はかなりの塩分を含んでおり，食品とする場合の調理方法については検討する余地があると思われる。

　以上，木簡にみえる鮎の加工法のうち，煮塩鮎・日干鮎・塩漬鮎の実験を行ったが，どの方法も塩と加熱処理もしくは天日干しの条件が備われば，とくに難しい加工法ではない。食塩含量が 20% 以上で魚肉の食塩濃度が飽和状態にまで達しているような場合は１ヶ月以上の保存が可能である。ただし，加熱処理を行わない場合は脂質酸化が起きやすいが〔小泉ほか編 2005〕，煮塩鮎のような加熱を行えば問題はない。木簡や『延喜式』でも「煮塩年魚」や「火乾年魚」が多くみられるのは，おそらく古代でも加熱処理による保存性の高さが経験として理解されていたからに違いない。

3　鮎の調理法

　木簡や『延喜式』にみえる「日干鮎」「煮塩鮎」「塩漬鮎」などの鮎の加工品は，祭祀に用いられた可能性もあるが，『延喜式』で神饌として供えられ祭祀に用いられた例は，大膳上竈神祭に「煮塩年魚」と釈奠祭に「押鮎・火干鮎」のみである〔澁澤 1992〕。鬼頭清明氏が指摘するように，『延喜式』や木簡にみえる贄については，基本的には節料や旬料などのための御贄であり，天皇の食膳に供すべき供御物であって，やはり鮎も食品として消費されたとみるべきであろう〔鬼頭 1993〕。

　古代の木簡や『延喜式』などにはさまざまな食品がみられるが，実際の調理

法についてはよくわかっていない。『和名抄』には「炙」（「和名阿布利毛乃」）や「炰」（「和名豆々三夜木　裏焼也」），「膔」（「和名以利毛乃　少汁膹也」）という「炙りもの」「包み焼き」「煮詰める」調理方法が記されている。平城京左京二条二坊五坪の二条大路濠状遺構 SD5100・5300 からは，「焼海老五十隻」と記載された木簡が出土しているが，平城宮跡などに焼くのに用いたと思われる調理具の痕跡はなく，現在のような串を用いた痕跡も今のところ報告されていない。ただし，檜前寺周辺遺跡では堅穴建物 SB910 のカマド焚口焼土から焼けて白色化したスズキ属の前上顎骨が出土し，さらに甘樫丘東麓遺跡では焼土遺構 SX215 の土壌から焼けて白色化したタイ科の歯骨が確認されているので〔山崎 2012〕，魚をカマドの中で焼いた可能性はある。

　一方，『類聚符宣抄』天平9年6月26日の官符では，疫病の際の魚の生食を禁じ，「煎炙」という方法で魚を調理するよう命じている。また，病気回復後の生食も禁じており，なかでも「乾鰒・堅魚」などは干物でよいが鯖や鯵などは干物で食することも禁じ，さらに鮎に至っては「煎炙」しても食べてはいけないとしているので，魚には生食のほかに干物があって，「煎炙」という加熱する調理方法が存在したことが明らかである。「炙」は『和名抄』に炙るとあり，「煎」は『類聚名義抄』では「イル・ニル」とあって，「堅魚煎汁」のように煮出すことである。鮎を煮て食したことは，平安時代中期から末期の作とされる『玉造小町子壮衰書』に「羹沸東河之鮎」とあって，鮎を羹（汁物）としていたことが知られる。このように古代の鮎には，生食やなれずし以外に「炙る」「煮る」という調理方法が存在したことが判明する。

　参考ではあるが，江戸時代の料理書『料理網目調味抄』には「塩鮎」について，「戻に八器物に水と小砂を入塩鮎を一夜埋置ハなま鮎のことくなるすしによし」とある。『万宝料理秘密箱二篇』にも，「いかほど，塩つよき鮎にても，一，二度水にて洗ひ申し候て，あらい砂に，水をしたしたに入れ，右あゆをすしの通り。砂沢山に漬，一日一夜をき申候得ば，何ほどしほつよき鮎にても生のごとくになり申候」とあり，また『江戸料理集』には，煮物の部の「大煮物」に「焼鮎〈丸切りめ〉」「干鮎同」とあり，保存していた乾燥鮎を煮物にしていたことが知られる。

　このように鮎の調理法として，平安時代には鮎を汁物としていた例があるこ

と，近世には塩蔵品の鮎を煮たり水で塩を抜いたりして使用している例があることがわかる。つまり，古代においても諸国から貢進された塩蔵品の鮎をそのまま食することはなく，煮たり水に戻したりしてから調理して食した可能性があったと思われる。

おわりに

このように，古代の木簡にみえる鮎について，その記載内容から加工法を検討してきた。古代の鮎は「なれずし」にするか，干鮎や煮干鮎，煮塩鮎などのように塩で処理をしてから乾燥させて保存する方法や，塩漬鮎などの塩蔵の方法がとられていた。諸国から貢進するのにかかる日数から考えれば，保存性の高い方法を取らざるをえない。実験の結果から，煮炊具があればその加工は容易であり，さらに乾燥させることによって保存性が高まり，『延喜式』にみえる運搬日数でも十分保存できる可能性を示した。さらに木簡に記された貢進年月日や，共伴した木簡も加えて検討すれば，新たな加工法が判明する可能性がある。食品名のある木簡を詳しく調べることで，古代食の復元がさらに可能になるのではなかろうか。

参考文献

今泉隆雄 1998「貢進物付札の諸問題」『古代木簡の研究』吉川弘文館

鬼頭清明 1993「西海道荷札について」『古代木簡の基礎的研究』塙書房

黒板伸夫 1995「食わざる美学―王朝貴族にみる―」『平安王朝の宮廷社会』吉川弘文館

小泉千秋・大島敏明編 2005『水産食品の加工と貯蔵』恒星社厚生閣

櫻井信也 2002「日本古代の鮨（鮓）」『続日本紀研究』339

澁澤敬三 1992「式内水産物需給試考」『澁澤敬三著作集』第1巻，平凡社

関根真隆 1969『奈良朝食生活の研究』吉川弘文館

永山久夫 1998「鮎」『日本古代食事典』東洋書林

奈良国立文化財研究所 1975『平城宮木簡二　解説』

廣野卓 1998『食の万葉集―古代の食生活を科学する―』（中公新書）

松井魁 1986『鮎』（ものと人間の文化史56）法政大学出版局

三保忠夫 2004「古代木簡資料による助数詞」『木簡と正倉院文書における助数詞の研究』風間書院

山崎健 2012「藤原宮造営期における動物利用―使役と食を中心として―」『文化財論叢Ⅳ』奈良文化財研究所

山崎健 2013「古代日本の食嗜好に関する研究」『浦上財団研究報告書』20

付記：今回の再録にあたっては紙数の関係上，原論文を大幅に改変・要約した。詳細については，初出の『木簡研究』35（2013年）を参照していただきたい。

附編2 『延喜式』にみえる古代の漬物の復元

土 山 寛 子・峰 村 貴 央・五 百 藏 良・三 舟 隆 之

1 古代の野菜について

奈良時代の野菜類

古代の野菜類については,「正倉院文書」を中心に検討した関根真隆氏の研究が詳しい〔関根 1969〕。関根氏によれば,奈良時代の野菜類には,蕪菁(カブ。菁菜・菁奈・蔓菁はアオナと読み,葉の部分。蔓菁根は根部),薊(アザミ),萵苣(チシャ),羊蹄(ギシギシ),蕗(フキ),葵(アオイ),芹(セリ。茎芹・葉芹がみえるので,葉と茎がそれぞれ食用になったと思われる),水葱(ミヅアオイ),蕨(ワラビ),茶(オホツチ。現在の何にあたるかは不明),莪(ヨメナ),太羅(タラ),唐丈(イタドリ),瓜類(青瓜〈アオウリ〉・生瓜・黄瓜・冬瓜〈トウガン〉),茄子(ナスビ),芋(イヘツイモ。里芋のことで,芋の茎〈イモガラ〉も食用),薯蕷(ヤマイモ),大根(ダイコン),蓮根(レンコン),蒜(ネギ,ニンニク),笋(タケノコ),茸(キノコ)などがある。

「正倉院文書」の宝亀2年(771)「奉写一切経所解」に「西薗」とあるので,これらの野菜類のなかには園地で栽培されていたものもあると思われる。また『延喜式』内膳司耕種園圃条には,それらの栽培法がみえる。

以上のように,古代に食べられていた野菜には,現代と同じ名前の野菜も多い。蕗・蕨・蕪菁・茄子・大根・蓮根・薯蕷・芹・多羅などは現代でも食用であるが,野菜類は水産物とは異なり,現在までにさまざまな品種改良が行われている。また西洋野菜などの輸入により,在来種の野菜のなかには食用とされなくなったものもある。

『延喜式』にみえる野菜類

　『延喜式』内膳司供奉雑菜条には，生瓜（5〜8月），茄子（6〜9月），莧（ヒユ，5〜8月），薊（2〜9月），蕗（5〜8月），蔓菁（正〜12月），莖立（ククタチ，2〜3月），薺蒿（ヨメナ，正・2月，11・12月），萵苣（3〜5月），葵（5・8〜10月），羊蹄（4・5月，8〜10月），韮（2〜9月），葱（正月，4・5月，9〜12月），蒜（正〜4月，11・12月），生薑（6〜8月），蜀椒（葉3・4月，根5・6月），蓼（4〜9月），蘭（正〜12月），大根（正・2月，10〜12月），芹（正〜6月），水葱（5〜8月），芋茎（6〜9月）などの野菜類がみえ，旬の時期も判明する。実際『延喜式』内膳司には「京北園・山科園・奈良園・泉園」などの名がみえ，園地が存在している。耕種園圃条には，耕作のための人数，牛や犂の数，播く種の量まで規定されていた。

　そのほかの農作物では，大麦・大豆・小豆・大角豆などもみえ，こうして安定的に農作物を供給していたものと思われる。古代には「生菜」というものもみられるが，野菜も生鮮食品である以上，数日後には腐敗してしまう。そこで野菜を保存するための方法として，「漬菜」という保存法が用いられたと思われる。

漬菜の種類

　「漬菜」とは，いわゆる漬物のことである。『延喜式』内膳司漬年料雑菜条には，春には蕨や芹，蕗，瓜，薊，秋には冬瓜や菁根，茄子といった野菜のほか，桃子・柿子・梨子などの果物も漬けられていたことがわかる（表1）。これらの野菜や果物は，都の近郊や供御料の菜園から運ばれてきたと考えられ，平城京などの都城遺跡からも瓜や冬瓜，茄子のほか，桃子・梨子・柿子などの種実が出土しており〔奈良文化財研究所 2015〕，当時これらの野菜や果物が食されていたとわかる。

　『延喜式』漬年料雑菜条には，さまざまな野菜の種類とともに漬け方についても記載がある。そこで以下に，代表的な漬け方（①〜⑥）を示した。

①塩漬……蕨・薺蒿・薊・芹・蕗・蘇羅自（よめな・そらし）・虎杖（いたどり）・多々良比売花搗・蒜房・蒜英・韮搗（以上春菜）瓜・菁根（かぶら）・茄子・龍葵子（こなすび）・水葱（なぎ）・山蘭（やまあららぎ）・和太太備・舌附・桃子・柿子・梨子・蜀椒子（またたび）（秋菜）

②糟漬……瓜・冬瓜・菁根・茄子・小水葱・茗荷・稚薑（はじかみ）（わかはじかみ）（秋菜）

③醤漬……瓜・茄子（秋菜）

　④須須保利漬……蔓菁（秋菜）

　⑤葅……龍葵（春菜）・菘・蔓菁・蘭・蓼（秋菜）

　⑥その他……蔓菁黄菜・荏裹

　これらをみると野菜類は塩漬けが多く，醤漬には瓜や茄子のような実のある
ものが用いられていた。野菜の計量では，把・束・石斗・圍の単位がみられる。
把・束・圍は被計量体が束状になることのできるもので，1圍が1斗，1束が10
把である。石（斛）・斗・升は升で量り，そのほか顆・丸は単体の個数で計量で
きるものであり，割・砕は分割しなければ計量できない大型のものと考えられ
る。『延喜式』では現代と違い，「石・斗・升」で野菜を計量している。そのた
め正確な塩分濃度が計測できない。そこで今回は，ひとまず容積比で表すこと
にした。

漬け方と塩の割合

　①塩漬は，たとえば蕨の例を挙げると，奈良時代も平安時代も漬け方には大
きな違いはない。宝亀2年「奉写一切経所告朔解」では，「（塩）一升六合蕨四斗
漬料」とあり，蕨1斗に塩4合を用いており，容積比による塩分濃度は4％に
なる。『延喜式』でも「蕨二石〈料塩一斗〉」の場合，蕨2石（142ℓ）に対し，
塩の量が1斗（7.1ℓ）であるから，塩分比は5％になる（表1）。現在では塩の量
が3％の割合は即席漬けで，6ヶ月以上保存させるとなると，12％以上が必要
になる。表1をみる限り，古代の漬物の塩分濃度はそう高くないと思われる。
現在の漬物というよりは，保存食としての意味合いが強いのではないかと考え
られる。

　②糟漬けは汁糟を加え，汁糟は酒滓の可能性がある。

　③醤漬は，塩のほかに滓醤や汁糟を用いており，漬け床に醤・醤滓を使用し
たものであろうか。醤の原料は醤大豆・塩・米・酒・糯米などで，滓醤は滓の
多少混じった醤で，原料に酒糟を用いたものや，もろみの段階にあるものなど
が考えられる。

　このほか「未醤」は正しくは「末醤」で，『延喜式』大膳下造雑物法には「未
醤料，醤大豆一石，米五升四合〈糵料〉小麦五升四合，酒八升，塩四斗，得二一

附編2　『延喜式』にみえる古代の漬物の復元　　201

表1 『延喜式』内膳司漬年料雑菜条にみえる野菜と塩分量

	番号	『延喜式』漬菜銘	野菜名	漬け方	量（現在量）
春菜	1	蕨	ワラビ	塩漬け	2石(142ℓ)
	2	菁蒿	ヨメナ	〃	1石5斗(106.5ℓ)
	3	薊	アザミ	〃	2石4斗(170.4ℓ)
	4	芹	セリ	〃	10石(710ℓ)
	5	蕗	フキ	すすほり漬け	1石5斗(106.5ℓ)
	6	蘇羅自(ソラシ)	カサモチ	塩漬け	6斗(42.6ℓ)
	7	虎杖(イタトリ)	イタドリ	〃	3斗(21.3ℓ)
	8	多々良比売花	ウスバサイシン	〃	3石(213ℓ)
	9	龍葵(コナスビ)	コナスビ	味菹漬(あまにらぎ)	6斗(42.6ℓ)
	10	瓜	ウリ	味(あま)漬け	1石(71ℓ)
	11	蒜房	ニンニク芽	塩漬け	6斗(42.6ℓ)
	12	蒜英(ヒルハナ)	ニンニク球	〃	5斗(35.5ℓ)
	13	韮	ネギ・ニンニク	〃	4斗(28.4ℓ)
	14	蔓菁黄菜	アオナのもやし	すすほり漬け	5斗(35.5ℓ)
秋菜	15	瓜	ウリ	塩漬け	8石(568ℓ)
	16	〃	〃	糟漬け	9斗(63.9ℓ)
	17	〃	〃	醤漬け	〃
	18	冬瓜	トウガン	糟漬け	1石(71ℓ)
	19	〃	〃	醤漬け	4斗(28.4ℓ)
	20	菘	スズナ・タカナ	菹(にらぎ)	3石(213ℓ)
	21	蔓根(アオナ)	カブの葉	すすほり漬け	6石(426ℓ)
	22	菁根(カブラ)	カブ	菹(にらぎ)	10石(710ℓ)
	23	〃	〃	すすほり漬け	1石(71ℓ)
	24	〃	〃	醤漬け	3斗(21.3ℓ)
	25	〃	〃	糟漬け	5斗(35.5ℓ)
	26	〃	〃	切菹(にらぎ)	1石4斗(99.4ℓ)
	27	茄子	ナス	塩漬け	5石(355ℓ)
	28	〃	〃	醤漬け	6斗(42.6ℓ)
	29	〃	〃	糟漬け	
	30	水葱(ナギ)	ミズアオイ	塩漬け	10石(710ℓ)
	31	小水葱	〃	糟漬け	1石(71ℓ)
	32	蘭	アララギ	菹(にらぎ)	3斗(21.3ℓ)
	33	大豆	ダイズ	糟漬け	6斗(42.6ℓ)
	34	山蘭	ヤマアララギ	塩漬け	2斗(14.2ℓ)
	35	蓼	タデ	菹(にらぎ)	4斗(28.4ℓ)
	36	茨	ミツフフキ	塩漬け	1石5斗(106.5ℓ)
	37	茗荷	ミョウガ	糟漬け	6斗(42.6ℓ)
	38	稚薑(ワカハジカミ)	若ショウガ	〃	3斗(21.3ℓ)
	39	鬱萌草	ククサ	塩漬け	〃
	40	和太太備	マタタビ	〃	2斗(14.2ℓ)
	41	舌附		〃	1斗(7.1ℓ)
	42	桃子	モモ	〃	2石(142ℓ)
	43	柿子	カキ	〃	5升(3.6ℓ)
	44	梨子	ナシ	〃	6升(4.3ℓ)
	45	蜀椒子	ハジカミ	〃	1石(71ℓ)
	46	荏棗	エヅツミ	醤漬け	瓜9斗・冬瓜7斗・茄子6斗・菁根4斗
	47	生薑	ショウガ	糟漬け	4石5斗(319.5ℓ)

「塩分量のみ」は醤・未醤・滓醤などの塩分濃度が判明しないため，塩分量の塩分濃度のみを掲

漬塩量(現在量)	漬醬量(現在量)	その他添加物	塩分濃度	備　考
1斗(7.1ℓ)			5%	
6升(4.2ℓ)			4%	
7升2合(5.1ℓ)			3%	
8斗(56.8ℓ)			8%	
1斗(7.1ℓ)		米六升(4.2ℓ)	6%	
2升4合(1.7ℓ)			4%	
1升2合(0.8ℓ)			4%	
3升(2.1ℓ)			1%	
4升8合(3.4ℓ)		楡3升(2.1ℓ)	7%	
3斗(21.3ℓ)			3%	
5升(3.5ℓ)			8%	
4升4合(3.1ℓ)			9%	
4升(2.8ℓ)			10%	
3升(2.1ℓ)		栗3升(2.1ℓ)	6%	
4斗8升(34ℓ)			6%	
1斗9升8合(14ℓ)	汁糟1斗9升・滓醬2斗7升・醬2斗7升		22%	塩分量のみ
〃	醬・滓醬各1斗9升8合		22%	〃
2斗2升(15.6ℓ)	汁糟4斗6升		22%	〃
8升8合(6.2ℓ)	滓醬・未醬各1斗6升8合		22%	〃
2斗4升(17ℓ)		楡1斗5升(7.5ℓ)	8%	
6升(4.2ℓ)		大豆1斗5升(10.6ℓ)	1%	
8升(5.7ℓ)		楡5升(3.6ℓ)	1%	
6升(4.2ℓ)		米5升(3.6ℓ)	6%	
5升4合(3.8ℓ)	滓醬2斗5升		17%	塩分量のみ
9升(6.4ℓ)	汁糟1斗5升		18%	〃
2升4合(1.7ℓ)		楡2升(1.42ℓ)	2%	
3斗(21.3ℓ)			6%	
1斗2升(8.5ℓ)	汁糟・味醬・滓醬各1斗8升		20%	塩分量のみ
〃	汁糟1斗8升		20%	〃
7升(5ℓ)			1%	
1斗2升(8.5ℓ)	汁糟5斗		12%	塩分量のみ
2升4合(1.7ℓ)		楡1升2合(0.9ℓ)	8%	
6升(4.2ℓ)	汁糟1斗8升		10%	塩分量のみ
4升(2.8ℓ)			20%	
〃		楡1升6合(1.1ℓ)	10%	
1斗5升(10.6ℓ)		米7升5合(5.3ℓ)	10%	
6升(4.2ℓ)	汁糟2斗4升		10%	塩分量のみ
〃	汁糟1斗5升		20%	〃
4升5合(3.2ℓ)			15%	
2升(1.4ℓ)			10%	
2升2合(1.6ℓ)			22%	
〃			1%	
2升(1.4ℓ)			39%	
3升6合(2.6ℓ)			60%	
2斗4升(17ℓ)			24%	
1斗2升(8.5ℓ)	醬・未醬・滓醬各1石		5%	荏胡麻の葉で包む 塩分量のみ
1石4斗2升(100.8ℓ)			31%	

示した。また塩分濃度は，容積比から示している。

石_」とあって，その製法が判明する。

　④須須保利漬は，塩のほか玄米や大豆，粟やヒエなどと合わせて漬けるもの
で，現在の糠漬のもととなったといわれている。おそらく玄米や大豆，粟，ヒ
エなどは石臼で粉末状にし，糠漬けのような漬物であったと思われる。

　⑤葅は，『延喜式』内膳司には「楡皮一千枚〈別長一尺五寸，広四寸〉，搗得
粉二石〈枚別二合〉」とあるところから，楡（ニレ）の粉末を香辛料として加え
たものと思われる。

漬物の製造者

　次に『延喜式』内膳司条には，漬物の作り方が以下のように書かれている。

> 生薑四石五斗〈料塩一石四斗二升。汁糟四石二斗〉。柏卅五把〈杷_廻口_
> 料〉。瓠二柄〈汲ㇾ汁料〉。択ㇾ薑女孺単五十人，女丁十二人半給_間食_〈人
> 別日八合〉。

　これによれば，おそらく古代の漬物作りは女性の労働であったと思われる。
さらに「右年料請_内侍司_漬造。至_于明年三月_更易_塩糟_。其数随_残多
少_。〈仮如残薑一石，料塩一斗，糟五斗之類〉。始_当年九月_迄_明年七月_供
之」という記載があって，内侍司が担当して漬けていたことが知られる。そし
て漬物に使用した薑や塩，酒糟などは3月に入れ替え，その年の9月から翌年
7月にかけて漬物に使うというものであったことがわかる。

漬物の容器

　古代の漬物の容器は須恵器を用いたと思われる。廻は「サラケ」と読み，『和
名抄』では「浅甕」を「サラケ」と呼んでいるので，廻も大甕より小さい貯蔵
具であると思われる。広口で浅型の須恵製の甕であると思われ，漬物以外でも
醸造用として使用されている。重要なのは柏の葉を使用していることで，これ
は廻口を覆ったものと思われる。

　以上，奈良・平安時代の漬物について，「正倉院文書」や『延喜式』の例をみ
てきた。そこで次に古代にはどのような漬物があったのかを，これらの史料を
基に実際に復元し，食品学の側面からの検討を行った。

2 古代の漬物の復元実験

　当時は物を量る際は，一般に升を用いることが多いが，野菜などをどう量っていたかについては不明な点ばかりである。そのため今回は，単純に升の容積を現在の重量に変換して実験を行った。また『延喜式』内膳司漬年料雑菜条には，塩漬のほか醬漬・須須保利漬といったように，さまざまな種類の漬物が記載されているが，具体的な製造方法は不明なものが多い。今回は，塩漬は現在と変わらず塩のみで漬けたものとして復元実験を行い，その保存性について検証を行った。

　まず漬物瓶に野菜類と塩（伯方の塩）を入れ，その後の保存状況と微生物を観察し，さらに必要に応じて生酸菌数・一般細菌数を求めた。また重石や落とし蓋などの有無によって保存状況に影響が出るかを実験した。

漬け方による実験

　実験では根や灰汁の処理を行わなかった点や重石・落し蓋を用いなかったため漬け汁が出ず，そのため直ちにカビが発生して保存効果が得られなかった。

　重石・落とし蓋を用いたため，漬け汁が若干出ており，漬け汁で浸かった部分にはカビが生じなかったが，それ以外ではカビが発生した。重石の重量が足

表2　塩漬け

野菜名	量(g)	塩分量(g)	重石・落し蓋	観察結果
茄子	845.3	50.7	なし	3日後変色，1週間後にカビ発生
蕨	344	17.2	〃	〃
芹	292.8	35.5	〃	〃

表3　重石・落とし蓋を用いた漬け方

野菜名	量(g)	塩分量(g)	塩分濃度%	重石・落し蓋	観察結果（標準寒天培地）
蕨	334.6	17.3	4.2	あり	pH 6.4，生酸菌数 4.1×10^7 cfu/ml，一般生菌数 1.3×10^8 cfu/ml
芹・野芹	380.1	30.4	5.6	〃	pH 3.7，生酸菌数 3.2×10^5 cfu/ml，一般細菌数 5.6×10^6 cfu/ml

表4　茄子と瓜・菁根の塩漬け

野菜名	量(g)	塩分量 (g)	塩分 濃度%	重石・ 落し蓋	観察結果 （標準寒天培地）
小茄子	287	17.2	4.0	あり	pH 4.1，生酸菌数 8.0×106 cfu/ml
瓜	500	30	3.8	〃	pH 3.3，生酸菌数 2.4×107 cfu/ml
菁根	557	33.4	3.8	〃	pH 4.5，生酸菌数 8.0×105 cfu/ml

りなかったのが原因とみられる。光学顕微鏡観察の結果見つかったのはいずれも細菌で，漬物に生育する酵母特有のコロニーは検出されなかった。一般に漬物などの発酵食品は，乳酸菌が産生する乳酸でpHを下げ，腐敗を防ぐことができる。今回検出された生酸菌は通性嫌気性生酸菌であり，漬物に有効であることが確認された。しかし生酸菌数より一般細菌数が多いと，腐敗に進むことも明らかになった。重石の効果で空気が遮断され，1ヶ月後もカビの発生はみられず，腐敗臭もなかった。生酸菌数も多く，空気の遮断に成功したためと思われる。

『斉民要術』にみえる漬物法

　『斉民要術』とは中国で書かれた世界最古の農学書で，塩漬の作り方は「濃い塩水を作り，塩水で野菜を洗う。はじめに淡水で洗うとあとになって腐ってしまう。野菜を洗った上澄みで漬けるといつまでも色鮮やかに漬かる。この塩水を水で洗い煮て食べた感じは新鮮な野菜とまったく同じである」とある〔田中ほか 1997〕。今回はこの記述を参考に漬菜の復元実験を行って，肉眼による微生物の観察を行った。なお，塩分濃度については『延喜式』を参考にした。

　菁根・菁根の葉722 g，茄子470 gを用い，塩分濃度を6%に調整した塩水で野菜をよく洗い，別に用意した6%食塩水に菁根・菁根葉，茄子を入れ，野菜が浮かない程度に重石を乗せた。その結果，茄子にはカビは発生しなかったが，菁根の方には一部カビらしきものが発生した。『斉民要術』には「野菜はそのままの新鮮な色を保つ」とあったが，色の変化が茄子には若干みられたものの，カビは発生しなかったことから，この方法は有用であると考えられる。菁根には一部カビが発生したが，これは落とし蓋代わりのアルミホイルとビーカーの間に隙間ができたために，液面から出ていた葉が空気に触れたためと推察

した。

　古代の漬物の復元において重要なのは，野菜や果菜が漬け汁につかることと，通性嫌気状態（極微量酸素が必要）を保つことである。

結　　論

　古代の漬物の復元においては，塩分量のほかにも塩水で洗うことや重石や落とし蓋など，漬け方の技術も考えていかなければならないことが判明した。まず漬け方では野菜や果菜が漬け汁につかることと，通性嫌気状態（極微量酸素が必要）を保つことが必要であることがわかった。

　また『延喜式』にみえる漬物の塩分濃度では，長期の保存は難しいといわざるをえなかった。この塩分濃度は，「正倉院文書」における漬物の塩分濃度ともさほど変わらない。塩が貴重な古代においては大量の塩を使うことはできず，このぐらいの塩分濃度と考えられる。長期保存といえば梅干しと奈良漬が思い浮かぶが，この２つの漬物は半年～１年以上漬けても安全においしく食べられる。梅干しの多くは 10％ 以上の塩分濃度であり，現在の奈良漬も多くは塩に埋めるような形で漬けている。そのため，やはり長期保存をするには塩分濃度が 10％ 以上は必要となる（表5）。『延喜式』や「正倉院文書」では「醤漬け」などの例がみられ，これらは長期保存の漬物の可能性がある。しかし，日常的な野菜の保存では，塩分濃度の低いものは浅漬けや短期間の漬け込みで食していたのではないだろうか。少なくとも『延喜式』や「正倉院文書」にみられる塩分量では，長期の保存が難しいことは今回の実験でも明らかである。

　一方，『延喜式』や「正倉院文書」では，漬菜を洗うための「桶」もみられるので，実際に食べる際には一度洗っていたことも想定できる。また西大寺食堂院跡からは，野菜や塩，そして漬物の木簡が出土しており，製塩土器や大甕，そして瓜類

表５　現代の漬物の保存期間と塩分濃度の関係（河野編 1991）

	材料との割合
即席漬け	
2～3 漬け	2%
半日～1 日	3%
当座漬け	
2～3 日	3～4%
1～2 週間	4～5%
保存漬け	
1～2ヶ月	5～8%
3～6ヶ月	10～12%
6ヶ月以上	15～25%

などの種実も出土しているので，これらが古代の漬物製造に関する遺物であることは間違いない。漬菜をどう食していたかも含めて，さらに古代の漬物の復元を行っていきたい。

参考文献

青葉高 1981『野菜　在来品種の系譜』（ものと人間の文化史 43）法政大学出版局

青葉高 1991『野菜の日本史』八坂書房

小川敏男 1996『漬物と日本人』（NHK ブックス）日本放送出版協会

河野友美編 1991『漬け物　新・食品事典 8』真珠書院

関根真隆 1969『奈良朝食生活の研究』吉川弘文館

田中静一・小島麗逸・太田泰弘編訳 1997『斉民要術　現存する最古の料理書』雄山閣出版

奈良文化財研究所 2015『古代都城出土の植物種実』

農山漁村文化協会編 2003『聞き書　ふるさとの家庭料理　8.漬物』農山漁村文化協会

付記：今回の再録にあたっては紙数の関係上，実験部分を大幅に要約した。実験の詳細については，初出の『東京医療保健大学紀要』11-1（2016 年）を参照していただきたい。

附編3　古代における「糖（飴）」の復元

三　舟　隆　之・橋　本　　梓

1　奈良時代の甘味料

　古代の食事がどのような味覚であったかを復元することは，きわめて困難である。平安時代末に成立した『類聚雑要抄』や鎌倉時代の『厨事類記』などには，手もとの調味料として塩・醬・酒・酢の4種がみえるので，これらが基本的な調味料と考えられる。古代の食品はこれらの調味料に浸けたり蘸えたりして調味していたのであり，食品そのものには味は付いていないことが推定される。

　このように古代の調味料としては，塩や醬など塩分を含むものは頻繁にみえるものの，甘味料について記載された史料はきわめて乏しい。古代の史料にみえる「菓子」は基本的に果物を指すことが多く，これらの果物によって甘味を味わっていたことが知られるが，料理自体に甘味を加えたかどうかは定かではない。そこで本稿では，古代における甘味料の実態を史料から明らかにするとともに，そのなかで比較的文献に登場する頻度が高い「糖」についての復元実験を行った。

文献史料にみえる甘味料

　奈良時代の甘味料としては，蜜・蔗糖・甘葛煎・糖（飴）が知られている。まず「蜜」については，『日本書紀』皇極天皇2年（643）是歳条に，「百済太子余豊，以=蜜蜂房四枚-，放=養於三輪山-。而終不=蕃息-」とあって，人質として日本に来た百済太子の豊章が三輪山の麓で養蜂を行ったものの失敗している。この記事から，当時養蜂を行って蜜を採取する技術が日本にはなく，百済からの技術をもってしてもなかなか成功しない困難なものであったことがわかる。

「正倉院文書」の「買新羅物解」に「蜜汁」が輸入品として載っているほか，『続日本紀』天平11年（739）12月戊辰条では渤海使として来日した己珎蒙らが持参した贈り物のなかに「蜜三斛」がみえるところから，奈良時代において蜂蜜は輸入品であったと考えられる。

　さらに『続日本紀』天平宝字4年（760）閏4月丁亥条には，「仁正皇太后遣二使於五大寺一，毎レ寺施二雑薬二櫃，蜜一缶一。以二皇太后寝膳乖レ和也」とあって，光明皇太后が病に倒れた際に，その病気平癒を祈るため雑薬とともに五大寺に「蜜一缶」が寄進されているところから，「蜜」は薬とみなされていたと思われる。奈良時代には蜂蜜は輸入に頼っていたが，その後『延喜式』の時代の10世紀初頭には国産化されている。『延喜式』内蔵寮には甲斐・相模・信濃・能登・越中・備中・備後国から貢納されていたことが知られるが，その量も各国1〜2升と少量であることから，この段階でも一般的な食品ではなかったと思われる。

　蔗糖はいわゆる砂糖のことと思われるが，『唐大和上東征伝』には，「訶梨勒（かりろく）・胡椒・阿魏・石蜜・蔗糖等五百余斤，蜂蜜十斛」とあり，天平勝宝5年（753）に来朝した唐僧・鑑真の手により日本へ持ち込まれたとされている。当時は調味料ではなく薬として認識されており，天平勝宝8歳6月の「奉盧舎那仏種々薬帳」にもさまざまな薬品と並んで「蔗糖二斤十二両三分〈幷堺〉」とある。実際，慶長年間（1596〜1614）頃から日本でも甘蔗を原料に砂糖が生産されるようになったが，庶民の口に入るようになったのは江戸時代中期頃であった。

　以上の点から，蜂蜜と蔗糖の2つは「薬」としての側面が強く，甘味料としては一般的に流通していなかったと思われる。一方「糖」は，比較的簡単に作ることのできる甘味料であったらしい。「糖」は『新撰字鏡』には「糖糚餹溏」とあって，「阿米（あめ）」と読むとある。また『新撰字鏡』には「餳」を「飴也，阿女」と読むともあって，「糖」と「飴」は同一のものを指しているとみてよく，古代では「糖」を「阿米」と読んでいたことが知られる。しかし「糖」もまた高価な食品であったことは間違いなく，市などで市販されていても庶民が口にできるものではなかった。

　一般的な甘味料は甘葛煎で，『和名類聚抄』には「和名阿末豆良本朝式云甘葛煎」とあって，「アマヅラ」と呼ばれていたことが知られる。天平8年の「薩摩

国正税帳」や天平 11 年の「駿河国正税帳」には，それぞれ「甘葛煎」「味葛煎」が貢納物として記されており，『延喜式』の宮内省諸国例貢御贄では遠江・駿河・伊豆・越前・越後・丹波・丹後・但馬・因幡・美作・備前・備中・阿波・大宰府が，大膳下諸国貢進菓子では，伊賀・遠江・駿河・伊豆・出羽・越前・加賀・能登・越後・丹波・丹後・但馬・出雲・美作・備前・備中・紀伊・阿波・大宰府が貢進国としてみえるので，基本的には全国から貢進されていたと考えられる。甘葛煎は，ツタなどの樹木を切り，切り口から取り出した樹液を煮詰めて作るため，相当な労力が必要であったと考えられる。

出土木簡史料にみえる「糖」

平城京跡出土木簡には，「糖」に関するものがいくつかみえる。まず平城京左京三条二坊八坪の二条大路溝 SD5100 から出土した木簡に「糖五斗五升」「糖一斗」「糖二斗」とある。「糖五斗五升」の木簡には，そのほかにも「酢」「未滓」「未醬」などの調味料と思われる食品の記載があり，「糖一斗」の木簡には「米」「糯米」「大豆」「大角豆」「小豆」「新小麦」「胡麻子」などの食品や，炭や薪などの燃料がみえる。また「糖二斗」の木簡では，「糖二斗　主菓」とある。「主菓」は養老職員令大膳職にみえる「主菓餅」のことで，その管掌する職務は「掌。菓子。造_雑餅等_事」とあるとおり，菓子（果物）とさまざまな餅を作ることであった。「正倉院文書」に残る諸国の正税帳には，正月最勝王経の斎会では，僧への供養料として「糖」は餅とともに支給されているので，木簡は「糖」が実際に平城京で甘味料として用いられ，流通していたことを示している。

「糖（飴）」の支給──「正倉院文書」にみえる「糖」「飴」──

天平 10 年の「淡路国正税帳」では，正月 14 日に『金光明経』四巻『最勝王経』十巻の 2 部を読経した僧の供養雑用料として「稲参拾肆束玖把捌分」を充て，それぞれ飯・粥・饘・大豆餅・小豆餅・煎餅・浮留餅・呉床餅・麦形（素麺）や餅に混ぜる大豆・小豆，そして大豆を熬る胡麻油などを支給している。天平 11 年の「伊豆国正税帳」でも，同じく正月 14 日の『金光明経』四巻『最勝王経』十巻を読経した僧らの供養料として「飴捌合〈布留料〉価稲参束弐把」とあり，「淡路国正税帳」でも「飴玖□□□」と欠字があって明確ではないが，おそらく

「飴九合」が支給されていると思われる。「布留」とは「浮餾餅」のことで，「淡路国正税帳」でも「浮餾餅参拾弐枚料米陸升肆合〈升別五枚〉」とある。『延喜式』神祇七に大嘗祭供物の餅に「粰梳筥五合」とあり，九条家本では「布留」を「オコシコメ」と読んでいる。『和名抄』には「オコシコメ」は「粔籹　文選注云粔籹〈巨女二音和名／於古之古女〉　以蜜和米煎作也」とあり，これによれば米を煎って蜜と和えるものである。先述したように「蜜」は高価で入手できないから，「飴（糖）」で代用したのであろう。

また天平宝字2年6月21日の「写千巻経食物用帳」には「油三升〈一升煎餅料〉　糖二升　米一斗〈煎餅料〉」とあって，直接煎餅という記述はないものの，「糖」が煎餅関係の食品に挟まれて記載されているところから，餅と関係する可能性もある。そのことは同じ「食物用帳」に，

　　廿八日下糯米三斗五升　胡麻八升　大角豆五升

　　糖一升　油二升　米五升　〈已上六種物胡麻柏餅等料〉

とあって，糯米・米・胡麻・ささげ・糖・油の6種の食材から胡麻の柏餅を作っていることが知られる。同様に「荒麦三斗　油三升　炭四籠　糖一升　〈已上四種前平料〉」とあるので，米や糯米，荒麦などを粉末にして煎って煎餅を作り，それに糖（飴）を付けて食したのであろう。天平宝字2年7月17日の「千手千眼新絹索薬師経料雑物下宛帳」に「糖五合　薑五球　〈已上二種餅合料〉」とあるが，これも調味料と思われる。これ以外にも「食物用帳」などには「糖」の記載が多くみられるから，蜜や蔗糖と異なり糖は比較的入手しやすい甘味料であったと思われる。

このほか天平宝字6年8月12日の「経所食物下帳」には，「又下白米玖升〈乗米内之五升粉酒料　四升煮糖料〉」とあって，「糖」の製法が推測されるが，一般的にはこれらの「糖」は市などで買い求めることも多かったようで，天平宝字8年3月2日の「上山寺悔過所銭用帳」には，「三月二日請銭一千文」のなかに「糖一升〈六十文〉」とあり，このほかの例をみても「糖一升」は大体60文の価格であったことが判明する。ただこの価格を米と比較すると，天平11年段階では「糖一升」は「稲四束」，すなわち米2斗に相当し，天平宝字4年から6年では米の5～8倍するから，相当高価な食品であったことは間違いない。

2 『延喜式』にみえる「糖」——「糖」の製法——

　『延喜式』大膳下には，正月最勝王経斎会供養料条に僧別の供養料として，「糖一合〈甜物料七勺，菜料三勺〉」とある。このように『延喜式』の段階でも，仏事の際の僧侶への供養料として「糖」が用いられていることがわかる。また大膳下にはこのほかにも七寺盂蘭盆供養料に寺別餅菜料として「糖三升」，仁王経斎会供養料に「糖三合六勺〈菓餅料二合，好物料五勺，海菜料七勺，生菜料一勺，索餅料三勺〉」とある。さらには『延喜式』大膳上の宴会雑給条に親王以下三位以上と四位参議には「糖二合六勺」，四位・五位と命婦には「糖一合五勺」が支給されるとあり，平野夏祭雑給料などの神事の際にも支給されている。これらの条文から，「糖」は高価な食品でありながらも大量に消費されていることがわかる。『延喜式』東西市司には西市に「糖鄽」とあり，西市で「糖」が売られていたこともわかる。

　『延喜式』大膳下造雑物法条には，この「糖」の製法が記されている。そこには「糖料。糯米一石，萌小麦二斗，得三斗七升」とあり，「糖」は糯米と萌小麦，すなわちもち米と小麦麦芽を用いて作られている。さらに同じ大膳下の年料条には，「糖十斛八斗九升四合六勺」を天皇・中宮にそれぞれ「一斛六斗八升三合」，東宮に「一斛六斗七升八合八勺」，そのほか雑給として「五石八斗四升九合八勺」を支給するとある。また同条には「絞糖布袋十二口〈別四尺〉」とあり，「糖」は布袋で絞る液体状のものであることも判明する。

　また先述した天平宝字6年8月12日の「経所食物下帳」にあるように，「糖」は煮て作ったと思われるが，『日本書紀』神武即位前紀戊午年九月条には，「吾今当以八十瓮，無水造飴。々成，則吾必不仮鋒刃之威，坐平天下。乃造飴」とあって，神武天皇が天香具山の埴土で作った瓮を使って，水なしで飴を作っているが，逆に通常は瓮に水を入れて沸かして飴を作っていたといえる。

　中国の賈思勰が著した農書で6世紀前半に成立した『斉民要術』のなかには，「かたみずあめ」と「うすみずあめ」の製法に関する記述があり，どちらも糖化のために麦もやし（麦芽）を用いているが，「かたみずあめ」は米飯を用いているのに対し，「うすみずあめ」はキビを炊いたものを用いている〔田中ほか編

1997〕。このことから，日本における「糖（飴）」の製法に類似しているのは，「かたみずあめ」の方であるといえる。

　「かたみずあめ」には白・黒・琥珀の3色があり，それぞれ小麦もやし・青芽の餅状となった麦もやし・大麦もやしと，使用する麦もやしが異なっている。製造法に関しては，炊いた米の熱をとり，冷めないうちに麦もやしを混ぜて保温し，沸騰した湯を加えて時間を置いた後に弱火で煮詰めていく，という点は3種類で共通している。しかし，乾燥粉末にした小麦もやしは5升で米1石を糖化できる一方，ほかの2つは1斗で米1石を糖化すると記載されているので，小麦もやしを用いる方が効率よく糖化が行えることがわかる。

　『延喜式』には，「糯米一石」と「萌小麦（小麦麦芽）二斗」から「糖」が「三斗七升」得られるとあるが，計量に容積を用いていることから，「糖（飴）」の完成形も現代の水飴のような液体状ではないかと考えられる。そこで次に，実際にこの『延喜式』の製法で「糖（飴）」を製作してみたい。

3　古代の「糖」の復元実験

現代の水飴作り

　小麦麦芽を利用した水飴作りは現在でも全国各地で行われているが，たとえば岩手県の事例では，発芽させた麦もやし（麦芽）を乾燥させて挽き割り，もち米を炊いてかゆを作り，人肌より温かい段階で麦もやしを入れて置いておき，布袋で漉して汁を煮詰める製法が紹介されている〔農山漁村文化協会 1984〕。

　でんぷんの糖化は小麦麦芽に限ったことではなく，甘酒作りに使用される米麴でも可能である。日本最古の飴は「甘酒を煮詰めたもの」であり，小麦麦芽が一般的に使用されるようになるまでは，米麴が主として使われていたと推測される〔伊藤 1979〕。また麴には麦から作られるものも存在する。

　そこで本実験では『延喜式』の記載による「糖（飴）」の復元実験を行うと同時に，米麴と麦麴でも同様の実験を行い，小麦麦芽を用いた場合の糖度を比較し，『延喜式』ではなぜ小麦麦芽を用いたのかを考察することとした。

「糖（飴)」の復元実験

『延喜式』では升を使って計量しているため，重量ではなく容積で量って実験を行った。

まず糯米に 540 mℓ の水を加えて 60 分浸漬し，炊飯器で炊いた（約 50 分）。炊きあがった糯米に 1 ℓ の水を加えて粥状にし，それぞれの試料（小麦麦芽・米麹・麦麹）を入れて混ぜた。そして 60 度のスチームコンベクションオーブンで 6 時間保温した後，曝し布で濾した。こうしてできた液糖をそれぞれ煮詰め，目標値まで煮詰めた。目標値の算出は，『延喜式』にみえる「糖料。糯米一石，萌小麦二斗，得□三斗七升□」に基づき，液糖量に容積比である 37／120 を掛け，それぞれ麦芽 465.5 g，米麹 404.8 g，麦麹 62.9 g とした。煮詰めたものを 3 回糖度計で計測し，その平均値を採ったものが表 1 である。

若干ではあるが，糖度はやはり小麦麦芽を用いたものが高かった。3 つの試料のうち，小麦麦芽を用いることが糖度を上げるうえで有効であるといえよう。

4 「糖（飴)」の復元からわかること

麹と麦芽の糖化効率

今回の復元実験では，『延喜式』の記載通りの材料を用いて，「糯米」と「萌小麦（小麦麦芽）」から「糖（飴)」が復元できることを実証したが，そのほか米麹・麦麹でも同じ実験方法で「糖（飴)」を作製した。その結果，糖液の収集量や煮詰め後の糖度に違いがみられた。

このような結果となったのは，麹と麦芽で糖化効率が異なるためではないかと推測される。麹の場

表 糖の実験 (2016.11.4)

サンプル名	小麦麦芽	米 麹	麦 麹
糯米重量(g)	458.8	456.2	458.0
試料(g)	61.6	70.6	79.2
加水量(mℓ)		540.0	
炊飯時間(分)		60.0	
総重量(g)	3027.3	3043.4	3050.7
ボウル重量(g)	2449.6	2559.7	2537.0
加水量(g)		1000.0	
加熱温度(℃)		60.0	
加熱時間(h)		6.0	
糖液重量(g)	1509.7	1312.9	1177.0
糖液糖度(%)	20.6	20.4	19.9
煮詰め時間(分)	40.0	35.0	30.0
煮詰め後重量(g)	465.5	509.0	362.9
煮詰め後糖度(%)	67.9	67.2	65.7

合は，米や麦に付着した麹菌が産生する糖化酵素によって糖化が起こるが，麹菌は60℃付近では死滅してしまう。そのため，菌があらかじめ産生していた酵素を用いて糖化が行われる。麹は麹菌が繁殖する際に種付けされた米のでんぷんを利用するため〔小泉 2015〕，麹菌が産生する酵素が糖化するのは糯米のでんぷんだけになる。

　一方，麦芽は発芽することで糖化酵素が作られる。ビール製造では，麦芽やそのほかの糖質原料（米，トウモロコシなど）に水を加え加熱することで，麦芽内や糖質原料のでんぷんを糖化させ，麦汁を作り出している〔東編著 2003〕。そのため，今回のように「糖（飴）」を作製する際は，糯米のでんぷんだけでなく麦芽自身のでんぷんも利用されていると考えられる。今回のように，小麦麦芽を用いた「糖（飴）」の糖度が一番高い結果となったのは，糖化に使用されるでんぷんの量が多かったためではないかと推測される。

なぜ小麦もやし（麦芽）が利用されるようになったのか

　今回の復元実験では小麦もやし（麦芽）の方が液量が多くなり，糖度が高くなったことから，ほかの方法と比べ製造が容易であると思われる。麹を製造する場合は温度や湿度の管理を行ったり，酸素の供給を行ったりするなど，麹菌が十分繁殖できるような環境を整える必要があり，管理が難しい。一方の麦芽は，小麦を水に漬け，定期的に水の交換を行いながら風通しのよいところに置いておくだけで発芽する。このように，麹より麦芽の量産の方が容易であったため，麦芽を利用する方法が浸透していったのではないかと推測される。

　先述の通り，古代の日本では「甘葛煎」は諸国で製造され，貢納されていたと考えられる。しかし「糖」は諸国からの貢納例がみられないことから，貢納品ではなく都で製造されていたと推測される。それは米麹・麦麹よりも，麦芽による製法の方が比較的簡単であったことにもよる。今後もこのような食品の復元実験を行って，古代における食生活の解明を試みたい。

参考文献

東和男編著 2003『発酵と醸造Ⅱ』光琳

伊藤うめの 1979「日本古代のタガネ飴とタガネ米餅とカムタチ麹と日本酒」『風俗』

18-1

京都大学文学部国語学国文学研究室編 1967『新撰字鏡』増訂版，臨川書店

小泉武夫 2015『絵でわかる麹のひみつ』講談社

関根真隆 1969『奈良朝食生活の研究』吉川弘文館

田中静一・小島麗逸・太田泰弘編 1997『斉民要術　現存する最古の料理書』雄山閣出
　　版

農山漁村文化協会 1984『日本の食生活全集 3　聞き書　岩手の食事』

平野雅章 2008「日本人と砂糖の交流史」伊藤汎監修『砂糖の文化誌─日本人と砂糖─』
　　八坂書房

付記：本研究は，国立歴史民俗博物館「古代の百科全書『延喜式』の多分野協働研究」
　　（研究代表者：小倉慈司）との共同研究の一部である。また，今回の再録にあたっ
　　ては紙数の関係上，実験部分を大幅に要約した。実験の詳細については，初出の
　　三舟隆之・橋本梓「古代における「糖（飴)」の復元」（『国立歴史民俗博物館研究
　　報告』209，2018 年）を参照していただきたい。

附編4　古代の堅魚製品の復元
——堅魚煎汁を中心として——

三　舟　隆　之・中　村　絢　子

は じ め に

　古代の日本では，縄文時代の遺跡からも鰹（堅魚）の出土例があり，古くから食されていたことが知られる。浦島太郎の物語の原型として有名な『万葉集』巻九の「浦島子」伝承でも「水江の浦島子が堅魚釣り　鯛釣り誇り」とあって，奈良時代でも一般的な魚であったことが知られる。古代の堅魚製品については，木簡や『延喜式』では「堅魚」とあるほか，「生堅魚」「煮堅魚」「麁（荒）堅魚」「堅魚煎汁」など，さまざまみられる。

　「煮堅魚」「麁（荒）堅魚」や「堅魚煎汁」は，駿河・伊豆国などから宮都へ税として納められていたが，『延喜式』によると駿河・伊豆国からの運搬にはおおよそ20日間ほどかかる。そのためには保存性が高くなくてはならないが，「堅魚煎汁」や「堅魚」「煮堅魚」「麁（荒）堅魚」の実態はほとんど明らかになっていない。そこで本章では，出土した木簡や『延喜式』などから「堅魚煎汁」や「煮堅魚」などの堅魚製品を復元し，その保存性について，明らかにしていきたい。

1　史料からみた堅魚製品と「堅魚煎汁」

木簡にみえる堅魚製品と「堅魚煎汁」
　石神遺跡や平城宮跡・平城京跡などからは多数の堅魚木簡が出土している〔竹内 2006〕。その代表的な例を以下に挙げる。
〈石神遺跡出土木簡〉
　①「此皮加都男」

石神遺跡第15次発掘調査により出土し，「シハカツオ」と読むが内容は不明である。伴出した木簡の年代から，天武朝前半から中頃の時期と考えられる。

②「加ツ遠木太比」

「カツヲキタヒ」と読み，堅魚の「腊」のこと。堅魚を干したもので，天武朝中頃の木簡と推定される。このほか，「辛巳年鴨評加毛五十戸／矢田部米都御調卅五斤」の木簡も出土しており，「卅五斤」とあることから，伊豆国賀茂郡加茂郷から貢進された堅魚貢進木簡と考えられる。

〈飛鳥京跡〉

飛鳥京跡第131次調査で，B期の溝 SD9205 から「川名五<ruby>□<rt>十ヵ</rt></ruby>戸煮一籠十八列」という木簡が出土している。「川名五十戸」は『倭名類聚抄』（以下『和名抄』）の駿河国蘆原郡川名郷で，国―評―五十戸制段階のものである。この「煮」は「煮堅魚」であり，大宝令成立の前段階から「煮堅魚」が貢進されていたことを示す。また「一籠十八列」とあるところから，1籠は乾燥品を18個にまとめて収納していることがわかる。

〈藤原宮跡〉

「生堅魚」

藤原宮跡東面大垣外の外濠より出土した荷札木簡であるが，「生堅魚」とすれば長期の保存は利かないと思われる。あるいは，志摩国などの近国からの貢進であろうか。志摩国からの堅魚の貢進は，平城宮木簡では伊雑郷や二色郷からのものがみられる。

〈平城宮・平城京跡〉

①「堅魚煎汁」

平城京左京二条五坪出土の二条大路木簡で，「駿河国安倍郡中男作物堅魚煎一升天平七年十月「小」」とあり，駿河国安倍郡から中男作物として堅魚煎汁1升が貢進されている。そのほかの堅魚煎汁の木簡については，表を参照されたい。また「人給所請堅魚煎壱合　〈御羹料〉　□月廿日」／「□□五□　<ruby>□□<rt>直　銭</rt></ruby>□□□文　<ruby>□二□□□<rt>隻直銭ヵ</rt></ruby>／一貫五百卅五文」とあり，「堅魚煎汁」が「御羹料」として用いられていることから，羹汁の調味料として用いられている可能性がある。「堅魚煎汁」の単位は斗・升・合であるので，液体状のものであることが想定される。

②「麁（荒）堅魚」「堅魚」

　「麁堅魚」は「荒堅魚」ともあり，「荒堅魚」は天平18年（746）以降「麁堅魚」の表記が使用され（『静岡県史』資料編4・古代），「堅魚」の上等でないものとされる（本稿では，以後「麁堅魚」を用いる）。平城宮内裏北方官衙地区から出土した木簡には「伊豆国賀茂郡三嶋郷戸主占部久須理戸占部広遅調麁堅魚拾壱斤／十両　員十連三節　天平十八年十月」とあり，現在の静岡県三島市周辺から戸主占部久須理の戸口の占部広遅が調として「麁堅魚」を天平18年10月に「十一斤十両」分貢納している。この例では，「麁堅魚」11斤10両という重量が10連3節という数量でまとめられている。長岡京跡出土木簡には「若人調麁堅魚壱籠延暦七年十月」という木簡があることから籠で貢納されたことは明らかで，そこから乾燥品であることが知られる。「堅魚」と記す木簡も11斤10両が

表　木簡にみえる堅魚煎汁

番号	本　文
1	〔堅魚煎汁ヵ〕
2	堅魚煎
3	河国益頭郡中男作物煎
4	駿河国益頭郡煎一升
5	駿河国益頭郡煎一升天平七年
6	駿河国益頭郡煎一升天平七年十月
7	駿河国安倍郡中男作物堅魚煎一升天平七年十月宇治
8	国安倍郡中男作物堅魚煎一升田
9	駿河国安倍郡中男作物堅魚煎一升天平七年十月「小」
10	駿河国安倍郡中男作物堅魚煎一升天平七年十月泉屋郷栗原里
11	駿河国富士郡嶋田郷鹿野里中臣□□煎一升天平七年十月
12	駿河国駿河郡駿河郷中男煎一升天平九年十月
13	駿河国有度郡山家郷竹田里丈部小床中男作物煎一升天平九年十月
14	五百原郡煎一升
15	伊豆国煮堅魚「伊豆国煮煎一」
16	「上」田方郡有雑郡大伴部若麻呂煎一天平七年十月
17	田方郡有雑郡□□子煎一升天平七年十月
18	伊豆国田方郡久寝郷矢田部足嶋煎一升天平七年十月
19	伊豆国中郡堅魚煎一升中
20	人給所請堅魚煎壱合御羹料　　月廿日「五直銭□□文二隻直銭

出典は附編1の表と同じ

多いので，「麁堅魚」と「堅魚」はほぼ同じ製品ではなかろうか。時期も 9・10月のものが多い。

　③「煮堅魚」

　「煮堅魚」の例も「麁堅魚」と同様で，平城京左京三条二坊八坪の二条大路木簡の例には「駿河国蘆原郡川名郷三保里矢田部小嶋調煮堅魚八斤五両納四連二節天平八年七月」とあり，「煮堅魚」は大体 8 斤 5 両の重量である。ただ重量と数量を併記することは同じで，伊豆国賀茂郡川津郷湯田里から貢進された「湯田里戸主矢田部根麻呂口矢田部石麻呂調煮堅魚八斤五両「七連三節」天平八年十月」の木簡から，連・節で数量単位の形状であることが推定される。また平城京東方官衙地区出土木簡に「煮堅魚一籠盛十節」とあるところから，籠で運搬できる乾燥品であることが知られる。

遺跡名	遺構名	出　典	木簡型式	備考
平城京左京二条二坊五坪二条大路溝状遺構北	SD5300	平城京 3-4975	039	
平城京左京三条二坊五坪二条大路	〃	平城京 3-5777	091	
平城京左京二坊坊間大路西側溝	SD5780	城 11-15(137)	059	駿河国
平城京左京三条二坊八坪二条大路	SD5100	城 22-22(213)	033	
平城京左京三条二坊五坪二条大路	SD5300	城 29-32 上(364)	〃	
平城京左京三条二坊八坪二条大路	SD5100	城 31-25 上(342)	〃	
〃	〃	城 32-26	〃	
〃	〃	城 31-25(348)	019	
平城京左京三条二坊五坪	SD5300	城 24-24(228)	033	
平城京左京三条二坊八坪二条大路	SD5100	木簡研究 12-12(23)	081	
〃	〃	城 22-23(228)	032	
〃	〃	城 31-25(354)	〃	
〃	〃	城 31-25(345)	033	
〃	〃	城 31-25(350)	〃	
〃	〃	城 24-24(231)	019	
平城京左京三条二坊五坪二条大路	SD5300	城 24-25(235)	032	
平城京左京三条二坊八坪二条大路	SD5100	城 31-26(359)	〃	
〃	〃	城 31-26(360)	〃	
平城宮内裏当力東大溝地区	SD2700	城 19-21(186)	033	
平城宮推定造酒司宮内道路南側溝	SD11600	木簡研究 18-11(18)	081	

「堅魚」の木簡はその形状や記載内容から各地からの税の荷札木簡で，記載内容は大体，「国名＋郡名＋（郷名・里名）＋戸主名＋貢納者名＋調＋「堅魚」（貢納物）と量＋年月日」というものが多い。「中男作物」の場合は個人名ではなく国郡郷里の単位で，出土した木簡例では圧倒的に駿河・伊豆国が多く，次に阿波・志摩・遠江国などがみられる。

　賦役令では，「堅魚」の貢納量は正丁１人に「卅五斤」で，「賦役令」では小斤，『延喜式』や木簡では大斤が使用されていると考えられている。古代の度量衡では重量は「斤」「両」で表し，１斤は15両に相当する。さらに量りには大斤と小斤があり，大斤は小斤の３倍である。平城宮跡で出土した木簡のなかでも，駿河国や伊豆国から貢納された「堅魚」では貢納量が「十一斤十両」というのが多いが，これは「賦役令」の「三十五斤」の３分の１に相当する。「煮堅魚」の場合も「賦役令」では「二十五斤」であるから，同様に３分の１の「八斤五両」となり，これが運搬に使用する一籠の量であると考えられている。

　通常の重量を量る際には「大斤」を用いるのが原則であり，「大一斤」＝約670ｇで，「十一斤十両」では約7,415ｇになる〔宮下　2000〕。さらに堅魚の場合は数で数えることもされており，「節」は本数を表し，10節以上の数を記した木簡が今のところみられないから，「連」は10節をまとめた助数詞と推測できるので，「十連三節」は「堅魚」103本と考えられる。この木簡では「十一斤十両」という重量表記もされているので，「堅魚」103本がこの重量ということになる。「十一斤十両」は約7,415ｇであるから，「堅魚」１本の重さは約72ｇとなろう。ただしこのほかの木簡では，同じ「十一斤十両」でも「七連八節」や「十一連二丸」など数量が異なるので，製品としての「堅魚」の大きさが異なることを示している。

　このことから，まず「堅魚」「麁堅魚」「煮堅魚」はある程度本数でまとめられる状態であったといえる。また，「堅魚」がどのような製法で加工されたかも推測することができる。すなわち１本の重量からみると，「堅魚」はおそらく３枚におろされた後，さらに細分された可能性が高い。古代の魚類の加工法である「楚割<ruby>（すはやり）</ruby>」と同様に，大型の魚類はより乾燥を徹底するために細かく割いた可能性がある。「麁（荒）堅魚」の「麁」「荒」は「粗い」という意味であるから，製品としては上等でない「堅魚」であると考えられるが，鰹を素干しし塩水に

浸けて塩蔵した現在の「塩鰹」（カネサ鰹節商店）が「麁堅魚」に該当し，「煮堅魚」は煮て天日干ししたものであるとする説もある。そのほか「煮堅魚」を現在の「鰹生利節」とする説，それを製造した際の煮汁が「堅魚煎汁」であるとする説など，さまざま存在する。

『延喜式』にみえる「煮堅魚」「麁堅魚」「堅魚煎汁」

　鰹は古代では「堅魚」の字を当て，『和名抄』には「煎汁，本朝式云堅魚煎汁〈加豆乎以呂利〉」とあって，「カツヲイロリ」と読んでいたことが知られる。また『伊呂波字類抄』でも「煎汁」を「イロリ」と読み，「色利」も同じ，とする。賦役令には正丁の調雑物として「堅魚卅五斤」「煮堅魚廿五斤・堅魚煎汁四升」が，調の副物のなかに「堅魚煎汁一合五勺」がみえる。なかでも「堅魚煎汁」は，『令集解』には「謂，熟煮汁曰煎也，釈云，説文，煎熟，煮熬也。音子仙反，案熟煮也。醬類也」とあり，堅魚の煮汁を煮詰めたもの，とある。「醬類也」とあるところから，調味料としても用いられたと思われる。

　平安時代に編纂された『延喜式』には神饌としての供物や，宴会で貴族・官人に振る舞われる食事のなかにも「堅魚」や「堅魚煎汁」がみえ，鰒や鮎と並んで神事に用いられる一般的な海産物であったことが知られる。『延喜式』主計上では諸国調条で各国から「煮堅魚六斤七両」を貢納することが義務づけられている。『延喜式』にみえる貢納品の堅魚には，「堅魚」「煮堅魚」「醴堅魚」があるが，とくに駿河国では調として「煮堅魚二千一百卅斤十三両，堅魚二千四百十二斤」，中男作物として「堅魚煎汁・堅魚」が，伊豆国でも調として「堅魚」，中男作物として「堅魚煎汁」の貢納が義務づけられている。このほかにも，中男作物として相模・安房・紀伊・土佐・豊後国，調・庸として志摩・阿波・土佐・豊後・日向国から貢納されている。一方，交易雑物として伊豆国の「堅魚煎一石四斗六升」がみられる。

　以上，『延喜式』をみると税目では諸国からの貢納が義務づけられているものの，鰹の生態からみると，実際は太平洋沿岸部の，とくに駿河・伊豆国を中心として貢納が義務づけられており，その様相は平城宮跡出土木簡からも実証することができよう。

2 「堅魚煎汁」の製法と用途

『延喜式』や木簡にみえる「堅魚」の実態

「煮堅魚」は鰹を茹でて火乾して日干ししたもの，また「堅魚」「麁（荒）堅魚」は火で炙らず日干ししたものとする説があるが〔瀬川 1990・91・97, 宮下 2000〕，鰹をただ煮たなまり節は日持ちが悪く，『延喜式』にみえる都までの運搬日数では途中で腐敗する可能性がある。木簡の貢納の時期をみると圧倒的に10月が多く，魚を干すには乾燥の度合いのよい時期ではあるが，この時期のカツオはいわゆる「戻り鰹」で脂がのっており，乾燥させるには不向きである。あるいは，調の貢納期との関係が保存性よりも優先されたのであろうか。

出土した「堅魚煎汁」の木簡は，表にまとめたように駿河国や伊豆国からの貢納が多い。単位が「升」であるから重量ではなく，容積で量るものであることが判明する。「煮堅魚」を煮た土器は堝形土器であるとされ〔橋口 1987〕，それでできた「堅魚煎汁」を運搬した土器が平城宮跡出土の壺Gであるとされる。4本でほぼ「一升」になるという点や，静岡県藤枝市助宗古窯跡群や伊豆長岡町花坂古窯跡群で生産されていたことから，壺Gが「堅魚煎汁」の運搬容器であると考えられてきた〔巽 1991〕。しかし壺Gは平城京の土器編年では8世紀後半であり，木簡の記載の天平年間とは時代的には合わない〔瀬川 1997〕。また後述するように，「堅魚煎汁」は煮詰めるとゼリー状になるので，壺が容器として相応しいかどうか，疑問も残る。

「堅魚煎汁」の製法

『令集解』には煮汁を煮詰めると醤のようなものになるとある。『延喜式』大膳下には「凡諸国交易所レ進，醤大豆幷小豆等類，（中略），駿河国堅魚煎汁二斛，択＝好味者＝別器進之。若当年所レ輸中男作物，不レ満＝此数＝者，正税充レ直，交易進之」とあり，駿河国から貢納される堅魚煎汁で味のよいものは別の器で進上せよとある。さらにそれは中男作物として貢納されるものであるが，その数が不足するようであれば，正税で交易して進上せよという。ここから考えると，「堅魚煎汁」には味のよいものがあり，税を利用してでも不足分を補っているこ

とから，重要な貢納品であったことがうかがえる。

　『和名抄』では「堅魚煎汁」は塩・酢・末醬などの「塩梅」（調味料）の類にみえるから，『和名抄』段階では調味料として用いられていた。また鎌倉時代初期の『厨事類記』は平安時代の宮廷料理を記録したもので，それには酢・酒・塩・醬の４種の調味料のほかに「或止 ﹍醬用 ﹍色利 ﹍」とあって，醬の代わりに色利を用いるとあることから，「堅魚煎汁」が調味料として用いられていたことは明らかである。

3　「堅魚煎汁」・堅魚製品の復元実験

「鰹色利」の成分と保存性

　市販されていた「鰹色利」（カネサ鰹節商店）の成分分析では，食塩相当量は8.13 g/100 gで，濃い口醬油（塩分濃度約15％）・味噌（12％）・減塩醬油（7〜9％）と比較すると，減塩醬油と同程度であった。また遊離アミノ酸を分析した結果，苦味を感じるアミノ酸のヒスチジン，ロイシン，リジンが比較的多く含まれ，旨味・酸味を感じるアミノ酸のグルタミン酸，アスパラギン酸や甘味を感じるアラニンなどが次に多く含まれていた。また一般生菌数および大腸菌群の検査では，常温で21日間静置した試料中の微生物について，培養24時間ごとにシャーレに検出されたコロニー数をカウントした結果，寒天培地からはまったく微生物は検出されなかった。さらに48時間培養・72時間培養・96時間培養・120時間培養・144時間培養・168時間培養後も同様に好気性カビや好気性細菌・酵母・生酸菌などの微生物は検出されなかった。また，168時間培養後も微生物がまったく検出されなったことから，20日間室温にて静置した２つの試料についても好気性細菌および胞子形成細菌やカビや酵母など真菌類はほとんどいないと推察され，保存性のある食品であることが明らかとなった〔五百藏ほか 2015〕。

「煮堅魚」「堅魚」「麁堅魚」の復元

　次に市販品ではなく実際に生の鰹から「堅魚煎汁」や堅魚製品を作り，その保存性について分析した。まず堅魚製品の復元実験では，鰹を３枚におろして

図1　1節およそ100gに切り分けた鰹

図2　生鰹の塩漬け日
　　　干し（実験開始1
　　　ヶ月後）

1節がおよそ100gになるように切り分けた。その後堅魚煎汁の作成実験で使用するために鍋を2つ用意し、蒸留水をそれぞれ2ℓ入れて鰹の切り身を中心温度が80℃になるまで煮た。そこで鰹を煮ただけのもの（実験①）と鰹を煮て塩漬けにしたもの（実験②）、さらに海水と同じ濃度の食塩水（塩分濃度3.5%）で煮たもの（実験③）を、それぞれ1ヶ月間、屋外の風通しのよいところで干した。そのうえで、藤原宮跡出土木簡には「生堅魚」の記載があるものがあるので、煮鰹との保存性を比較するために、1節およそ100gの生鰹に塩を付けたものも1ヶ月間、屋外の風通しのよいところで干した（実験④）。

堅魚製品と「堅魚煎汁」の復元と保存性

　『延喜式』によると、「堅魚煎汁」の製法にはあらを入れるようなことは記載されていないが、現代の市販品ではあらを入れた製法のものがあるので、実験ではあらを入れたものと、あらを入れないものの2種類を作成し比較した。

　まず「煮堅魚」と「麁堅魚」を茹でた煮汁に蒸留水を加え、2つの鍋に2ℓずつに分け、1つの鍋は煮汁をそのまま煮詰め、もう1つの鍋は煮汁と鰹のあらと一緒に煮詰めた。そのうえでできた煎汁をそれぞれ滅菌されたシャーレにおよそ7gずつ入れ、学内の倉庫に1ヶ月静置した。その後、「堅魚煎汁」（あらあり、あらなし）と堅魚製品（実験①・実験②・実験③・実験④）について、pH・塩分濃度の測定と微生物検査（一般細菌検査・大腸菌群検査）を行った。

　その結果、堅魚製品では大腸菌群はいずれの試料からも検出されなかった

が，実験④から一般細菌が検出された。実験①②③からは，一般細菌は検出されなかった。また「堅魚煎汁」では，一般細菌も大腸菌群も検出されなかった。

「堅魚煎汁」のpHでは，あらありが5.8，あらなしが5.6で大きな差はなかったが，塩分濃度ではそれぞれ11.4と4.8で，あらを入れて煮た煎汁の方が塩分濃度は高かった。このことから堅魚製品では，保存のうえでは「煮堅魚」や「堅魚」「𩺊堅魚」は煮てから乾燥させるという製法で作られていたと考えられる。

また「堅魚煎汁」は煮詰めたため，一般細菌や大腸菌群が検出されなかったと思われる。塩分濃度の測定では，あらを入れると塩分濃度が高くなった（あらありの塩分濃度は信州味噌〈約12％〉，あらなしの塩分濃度は西京味噌〈5％〉に相当）。そのためあらを入れて煮詰めた方が保存性は高まるが，その理由としてあらの血液や骨などに含まれる塩分が出てきたのでないかと考えられる。同時に調味料としての旨味も感じられた。また「堅魚煎汁」は，冷めると煮凝りのように固まった。

おわりに

以上，実際に「堅魚煎汁」を作って分析した結果，調味料としての成分が検出されるとともに，その保存性も確かめられた。実験の結果，『令集解』に「醬類也」とあるように，古代から調味料として用いられていたことは明らかである。

またそのほかの堅魚製品についても，「堅魚」「𩺊堅魚」の貢納量が「十一斤十両」で，籠で運搬されたことを考えると，ほぼ同じ製品であるといえる。実験④では，生の鰹を塩漬けして干したものからは一般細菌が検出されたため，塩漬けして天日干ししただけでは十分な乾燥はできないことが判明した。

したがって実験②のように煮鰹に塩漬けして干したもの，あるいは実験③のように海水で煮て天日干ししたものが「堅魚」「𩺊堅魚」に該当し，「煮堅魚」は実験①のように煮て天日干ししたものの可能性が考えられる。少なくとも静岡県沼津市の藤井原遺跡からは大量の堝形土器が出土していることから，この遺跡で大量の堅魚が煮られていたことは明らかであり，「堅魚」「𩺊堅魚」も「煮堅魚」もいったん煮てから天日干しや塩漬けをして干したものであり，製造工

程が異なるものと考えたい。また「生堅魚」については藤原宮跡出土木簡の一例だけであり，今回比較のため塩漬けして保存度をみたが，保存性には疑問が生じた。

　仁藤敦史氏は，「䰞堅魚」に比較して「煮堅魚」の貢納量が少なく，貢納地域も限定的で高価であり，「堅魚煎汁」が「䰞堅魚」を貢進する地域からも貢進されていることから，「煮堅魚」の方が製造工程は念入りであるものの，基本的な工程は共通していると指摘している〔仁藤 1996b〕。籠で運ぶ乾燥品であるので，「堅魚」「䰞堅魚」も「煮堅魚」も製造工程は異なるものの製品には共通点が多いことが予想されるが，今回の実験でもその可能性を指摘することができた。

　なお，実際に実験で作成したものは非常に硬く，これをどのように調理して食したかについては不明である。ただ『厨事類記』には「海月，酒と塩にて，めでたく洗ひて，方に切りて，鰹を酒にひたして，其汁に和ふべし」とあって，堅魚自体を食するよりも，削り鰹節のようにして酒に浸して旨味を出すのに使われていたことが判明する。おそらく硬い堅魚製品はほかの楚割と同様に細く削り，旨味を出す調味料として使用されたのではなかろうか。調理方法は，今後の課題としたい。

参考文献

五百藏良・西念幸江・三舟隆之 2015「古代の調味料としての鰹色利―鰹色利における保存性―」『東京医療保健大学紀要』10-1

今泉隆雄 1998「貢進物付札の諸問題」『古代木簡の研究』吉川弘文館

亀谷弘明 2011「駿河国・伊豆国荷札木簡と堅魚貢進」『古代木簡と地域社会の研究』校倉書房

鬼頭清明 1993「荷札木簡と贄」『古代木簡の基礎的研究』塙書房

鬼頭清明 2000「都城出土の木簡が語る古代の東国」『古代木簡と都城の研究』塙書房

佐藤信 1997「古代安房国と木簡」『日本古代の宮都と木簡』吉川弘文館

佐藤雅明 1998「古代駿河国の堅魚貢進荷札について―その集成と若干の史料的検討―」『地方史静岡』26

静岡県教育委員会編 1994『静岡県史』通史編 1，原始・古代

瀬川裕市郎・小池裕子 1990「煮堅魚と堝形土器覚え書1」『沼津市博物館紀要』14

瀬川裕市郎 1991「煮堅魚と堝形土器覚え書2」『沼津市博物館紀要』15

瀬川裕市郎 1997「堅魚木簡に見える堅魚などの実態について」『沼津市博物館紀要』21

竹内亮 2006「古代の堅魚木簡」上代文献を読む会編『高橋氏文注釈　解説・論考篇』
　　翰林書房

巽淳一郎 1991「都の焼物の特質とその変容」『新版　古代の日本　近畿Ⅱ』角川書店

寺崎保広 2006「木簡論の展望―文書木簡と荷札木簡―」『古代日本の都城と木簡』吉川
　　弘文館

東野治之 1983「古代税制と荷札木簡」『日本古代木簡の研究』塙書房

仁藤敦史 1996a「伊豆国の成立とその特殊性」『静岡県史研究』12

仁藤敦史 1996b「駿河・伊豆の堅魚貢進」静岡県地域史研究会編『東海道交通史の研
　　究』清文堂

橋口尚武 1987「伊豆諸島からみた律令体制の地域的展開―堝形土器を中心として―」
　　『考古学研究』132

樋口知志 1991「「二条大路木簡」と古代の食料品貢進制度」『木簡研究』13

三舟隆之 1997「木簡からみた東国社会」『歴史学研究』703

宮下章 2000「古代人のカツオ」『鰹節』（ものと人間の文化史 97）法政大学出版局

森公章 2000「荷札木簡の研究課題」『長屋王家木簡の基礎的研究』吉川弘文館

付記：本研究は，国立歴史民俗博物館「古代の百科全書『延喜式』の多分野協働研究」
　　（研究代表者：小倉慈司）との共同研究の一部である。今回の再録にあたっては紙
　　数の関係上，実験部分を大幅に要約した。実験の詳細については，初出の三舟隆
　　之・中村絢子「古代堅魚製品の復元―堅魚煎汁を中心として―」（『国立歴史民俗
　　博物館研究報告』218，2019 年）を参照していただきたい。

附編5　古代における猪肉の加工と保存法

高橋由夏莉・内　藤　千　尋・西　念　幸　江
五百藏　良・三　舟　隆　之

1　古代における肉食と猪

　奈良・平安時代における肉食については，狩猟法は別として，その加工法や
調理法などはほとんどわかっていない。『日本書紀』天武4年 (675) 4月庚寅条
には，諸国に対し「且莫レ食二牛馬犬猿鶏之宍一，以外不レ在二禁例一。若有レ犯者罪
之」という「肉食禁止令」が出されており，仏教思想の浸透とともに肉食が忌
避されたと考えられている。しかし鹿や猪は天武4年の肉食禁止令の対象にな
っておらず，また藤原宮跡や平城宮跡などからは，猪や鹿などの肉が貢進され
ていたことが判明する多数の木簡が出土している。さらに遺跡から出土した猪
の骨の加工痕や，イノシシ科に寄生する有鉤条虫卵が平城京跡や秋田城跡・
鴻臚館跡のトイレ遺構から見つかっていることから，猪や豚を常食していた可
能性がある。そこで本章では，古代における肉食の実態について，猪を中心に
文献史料からの検討を行い，その加工法について実証を行いたい。

2　古代史料にみえる猪

木簡にみえる「猪」

　持統8年 (694) に遷都した藤原宮跡からは，「板野評津屋里猪脯」という木簡
が出土しており，阿波国板野評津屋里（現在の徳島県板野郡）から「猪脯」（猪肉
の干し肉）が貢進されていたことが判明する。また「猪膏油胡麻」という木簡も
出土しており，肉だけでなく「猪膏脂」という獣脂も貢進されていた。和銅3
年 (710) に遷都した平城宮跡からは，「上総国猪腊二斗和銅二年十一月十一日」

230

の木簡，平城京左京二条二坊十坪の二条大路木簡からは「猪宍一斗二升　十一月」「猪宍一斗二升」「猪宍小一斤」などの木簡が出土している（表）。これらは猪肉であるが，そのほかの部位として「猪足一皮一枚」や「猪五蔵七升」など，足や内臓も貢進されている。

　貢進の形態として注目されるのは「阿波国贄猪薦纏」の贄木簡で，「薦に纏う」とあるところから，ここでは捕獲された「猪」が薦に纏われた状態で貢進されていることが想像できる。しかし通常は加工されたものが貢進されたようで，干し肉の例としては，飛鳥藤原京跡から「干進猪」の木簡が出土しており，また滋賀県宮町遺跡からは「猪干宍」の木簡が出土している。そのほか，長岡京左京三条二坊八町からは「猪宍煮宍」の木簡が出土しており，これは煮て干した可能性がある。また，『延喜式』主計上では中男作物に「猪脯」がみえる。このように古代では，猪肉の貢進が少なくとも7世紀後半から9世紀まで行われていた。

説話・史料にみえる猪

　古代の説話には，猪に関する説話がいくつかみられる。『播磨国風土記』には，「猪飼野」という地名説話があり，賀毛郡猪養野条には以下のようにある。

　　　右，猪飼と号くるは，難波の高津の宮に御宇しめしし天皇のみ世，日向の
　　　肥人，朝戸君，天照大神の坐せる舟の於に，猪を持ち参来て，進りき。飼
　　　ふべき所を，求ぎ申し仰ぎき。仍りて，此処を賜はりて，猪を放ち飼ひき。
　　　故，猪飼野といふ。

　この説話では仁徳天皇の時代に，日向の朝戸君が猪を持ってきて，飼うべき場所を求めたところ播磨国賀毛郡に賜ったため，その地を「猪飼野」と号けたとある。

　以上のことから，一般的に猪は野生動物と考えられがちであるが，古代では猪を飼育していた可能性もある〔馬場 2015〕。

　一方『日本霊異記』には，猪の脂を髪に使用していた説話が存在する。中巻二十九縁「行基大徳，天眼を放ち，女人の頭に猪の油を塗れるを視て，呵嘖せし縁」では，

　　　（前略），聴衆の中に一の女人有り。髪に猪の油を塗り，中に居て法を聞く。

大徳見て，嘖みて言はく「我，甚だ臭きかな。彼の頭に血を蒙れる女は遠
　く引き棄てよ」といふ。女大きに恥ぢ，出で罷りき。（下略）
とあり，行基が法会の席で髪に猪の油を付けていた女性を追い出しているが，
これによれば猪の脂は鬢髪に用いられていたようである。そのほか，「正倉院
文書」の天平 6 年（734）「造仏所作物帳」には「猪脂壱斗壱升参合」「猪脂二合」
とあり，「裁銅鑿刃等泥料」などの用途が知られ，食用以外にも猪脂が用いられ
ていることが知られる。
　また中巻三十二縁「寺の息利の酒を貸へ用いて，償はずして死に，牛と作り
て役はれ，債を償ふ縁」では，
　　（前略），「我は桜の村に有りし物部の麿なり。〈字を塩春と号ふ。是の人存
　　けりし時に，矢を猪に中てぬに，『我当に射つ』と念ひ，塩を春き往きて荷
　　はむと見れば猪無し。但し矢のみ地に立てり。里人見て咲ひ，号けて塩春
　　と曰ふ〉。（下略）

とあり，猪を矢で射止め
たと勘違いした男の話が
あるが，「塩を春き往き
て荷はむと見れば」とあ
ることから，肉を塩漬け
にして保存したことが知
られる。
　以上の史料から日本で
は猪肉を食用としていた
ことがわかるが，東アジ
アでの状況も検討してみ
よう。

東アジアからみた猪肉
の加工
　『斉民要術』は中国北
魏の賈思勰が著した，

表　木簡にみえる「猪」

番号	釈　文	分類
1	板野評津屋里猪脯	荷札
2	由弥五猪宍	一
3	猪膏油胡麻	その他
4	猪宍煮宍	付札
5	上総国猪腊二斗和銅二年十一月十一日	荷札
6	猪宍一斗二升　十月	付札
7	阿波郡猪宍作料米五斗	荷札
8	阿波国贄猪薦纏	〃
9	猪宍一斗二升	付札
10	猪足一皮一枚	〃
11	猪宍小一斤	文書
12	猪五蔵七升	付札
13	猪干宍	〃
14	干進猪	文書
15	一年□猪油二／升荏升／四月二十六日	文書？

出典　『荷札集成』：独立行政法人国立文化財機構奈良文化財研
　　　宮』：奈良県教育委員会『藤原宮』（1969 年），『藤原宮Ⅲ』：奈良
　　　年），『飛鳥藤原京2』：奈良文化財研究所編『飛鳥藤原京木簡二』
　　　教育委員会，1999 年），『平城宮木簡概報』：『平城宮発掘調査出土

532～549 年に成立した中国最古の農書であるが，さまざまな料理法についても記されている。それによれば，たとえば「五味ほし肉」は，豆鼓・ネギ・サンショウ・ショウガ・「ちんぴ」という五種の香辛料を肉に染み込ませて干したもので，短冊型や薄切りにした猪肉を用いていたと考えられる。筋目に従って肉を切るのであって，筋を斜めに切断してはいけないことや，柔らかい「干し肉」の作り方として，湯のなかで材料をよく煮て箕の上で陰干しにするなどの方法が記載されている〔田中ほか 1997〕。

　また新羅・慶州の鴈鴨池は，新羅の王宮である慶州月城の北東にある統一新羅時代の臨海殿の苑池で，鴈鴨池からは鹿や猪の骨のほかに木簡が多数出土しており，そのなかの木簡に動物名として「豕」「猪」がみえ，「豕」は「豕」に通じて「いのしし」である可能性が指摘されている。またそのほかの木簡には，「醢」がみられる。「醢」とは「しおから」「ひしお」「ししびしお」などと訓じられ，魚や肉を塩漬けしたものであるが，単に塩漬けしたものではなく，麹や

遺跡名	遺構名	出　典
藤原宮跡北面中門地区	SD145	『荷札集成』232
藤原宮北辺地区	〃	『藤原宮』98
藤原宮跡東面大垣地区	SD170	『藤原宮Ⅲ』1394
長岡京左京三条二坊八町	SD1301B	『長岡京Ⅰ』129
平城京東院地区	SD8600	『平城宮木簡概報』12-12
平城京二条大路左京二条二坊十二坪	二条大路北側溝SD03A	『木簡研究』5-19 頁
長岡京左京五条二坊四町	7ANMYB	『木簡研究』13-33 頁
平城京左京三条二坊一・二・七・八坪長屋王邸	SD4750	『平城宮木簡概報』27-21
〃	〃	『平城宮木簡概報』27-22
〃	〃	『平城宮木簡概報』27-13
〃	〃	『平城宮木簡概報』25-17
平城京左京三条二坊八坪二条大路	SD5100	『平城宮木簡概報』31-36
宮町遺跡	SD16116	『宮町遺跡』42 頁
藤原京左京七条一坊西南坪	SX501	『飛鳥藤原京2』1578
草野遺跡（新潟県北蒲原郡中条町）	―	『木簡研究』25-164 頁

究所（以下，奈良文化財研究所）編『評制下荷札木簡集成』（東京大学出版会，2006年），『藤原文化財研究所『藤原宮木簡Ⅲ』（2012年），『長岡京Ⅰ』：向日市教育委員会『長岡京木簡Ⅰ』（1984（吉川弘文館，2009年），『宮町遺跡』：紫香楽宮跡調査委員会『宮町遺跡出土木簡概報Ⅰ』（信楽町木簡概報』（奈良国立文化財研究所），『木簡研究』：木簡学会

酒に漬けたものである。かつては，猪の皮の食醢も作られていたと考えられる。醢にした食料品については，①地方から材料となる魚や動物などが貢進され，それを王宮内で醢に加工した，②地方であらかじめ醢に加工したものが王宮に貢進された，という2通りの可能性が考えられる〔橋本 2014〕。醢は宮中での宴会に出されたほか，獄典，春典，祭典，龍王典などによる祭祀や，釈奠の祭祀の際に使用されていた。また，「犭五蔵」については，釈奠の祭祀に使用された可能性が考えられる。

　以上のように，中国・朝鮮半島においても猪肉などを食用としていたことが知られる。

古代における食肉加工法

　文献史料にみえる古代における食肉加工には，生肉（刺身）・干し肉がある。まず膾は生肉を細く切ったものである。膾は，『倭名類聚抄』15魚鳥では「鱠唐韻云，鱠音曽，和名奈万須，細切肉也」とあって，「ナマス」と読まれている。『万葉集』には「膾」「みげ」について書かれている歌がある。たとえば巻16-3907の「乞食人が詠ふ歌」には，

> いとこ汝背の君。をりをりて物にい行くとは，韓国の虎というふ神を，生け捕りに八頭取り持ち来，其皮を畳に刺して，八重畳平群，山に四月と五月の間に，薬猟仕ふる時に，足引きの比傍山に，二つ立つ櫟が下に，梓弓八つ手挟み，樋目鏑八つ手挟み，鹿待つと，我がをる時に，さ雄鹿の来立ち嘆かく，遽に我は死ぬべし。大君に我は仕へむ。我が角は御笠の栄し。我が耳は御墨の壺。我が目らはますみの鏡。我が爪は御弓の弭。我が毛らは御筆栄し。我が皮は御箱の皮に，我が肉は御膾栄し。我が肝も御膾栄し。我が反芻は御漿の栄し。老い果てぬ。我が身一つに，七重花咲く八重花咲くと申し賞へね。申し賞へね。
>
> 　　右の歌一首は，鹿のために痛みを述べて作る。

とある。この歌は食用とされる鹿の気持ちを詠んだものであるが，そこには食用の内容が描かれている。「我が肉は御膾栄し。我が肝も御膾栄し。我が反芻は御漿の栄し」の，「御膾栄し」の「膾」は生肉を切り刻んだ料理のことであり，「反芻」は内臓のことで塩辛の材料とされている。

一方，『日本書紀』には鹿の例ではあるが，塩を霜が降るように肉に振ったと書かれている例がある。仁徳天皇 38 年 7 月条には，

　　（前略），牡鹿，牝鹿に謂りて曰はく，『吾，今夜夢みらく，白霜多に降りて，吾が身をば覆ふと。是，何の祥（さが）ぞ』といふ。牝鹿，答へて曰はく，『汝，出行かむときに，必ず人の為に射られて死なむ。即ち白塩を以て其の身に塗られむこと，霜の素（しろ）きが如くならむ応（しるし）なり』といふ。（下略）

とあり，この説話は，仁徳紀の菟餓野の鹿の夢占いで，鹿が弓で射られた後，身体中に真白に塩が塗られるさまを表している。

　また雄略天皇 2 年 10 月辛未朔癸酉条には，

　　（前略），群臣に問ひて曰はく，「猟場の楽は，膳夫をして鮮（なます）を割らしむ。自ら割らむに何与に」とのたまふ。（中略），「膳臣長野，能く宍膾を作る。願はくは此を以て貢らむ」とまうしたまふ。（中略），茲より以後，大倭国造吾子籠宿禰，狭穂子鳥別を貢りて，宍人部とす。

とある。この説話は，皇太后の進言によって宍人部（天皇の料理人）を設置した話であるが，その際猟を行って，「宍膾」を作ることが示されている。

　次に『播磨国風土記』讃容郡柏原里筌戸条では，

　　（前略），故，筌戸と号く。魚入らずして，鹿入りき。此を取りて膾に作り，食したまふに，み口に入らずして，地に落ちき。

とある。この説話は，川に筌（うえ）（漁具）を置いて魚を捕ろうとしたが，魚ではなく，鹿が入ったため膾にしたとあり，ここでも鹿肉の生食が見られる。

　また脯は干し肉の加工法一つで，『新撰字鏡』巻第 1 肉部では「鯑〈欣衣反，助也，望也，視也，可レ従二日気一也，保志自，又佐加奈〉，腊〈昔音脯也，久也，支太比〉」とあって，腊は「キタヒ」と読まれていたことがわかる。『倭名類聚抄』16 の魚鳥条には，「鹿脯　説文云，脯〈音甫，和名保之々〉，乾肉也礼記云，牛脩鹿脯，〈脩亦脯也，音秋〉」とあり，『類聚名義抄』2 肉には，「脯　〈音甫，ホシシ，ホシシシ，ソシシ，ホシトリ〉，鹿脯　ホシ，腒腊　〈居昔二音，キタヒ〉」とあることからも，「腊」は「キタヒ」，脯は「ホシシ」と読まれていたことが知られる。食用ではないが，先述の『日本霊異記』の髪に猪の油を塗っていた話のほか，「正倉院文書」には銅の鑿や刃物に塗っていたとあり，猪はさまざまな用途に用いられていた。

以上のように，生肉を切り刻んだり内臓を塩辛にしたりした料理も存在する
が，保存については干し肉や「肉に霜が降るように」塩を振って加工していた
ことが古代の史料からわかる。このように猪肉に塩を振っていることがわかる
史料は『日本霊異記』中巻三十二縁と，鹿の例ではあるが『日本書紀』仁徳38
年条である。どちらも説話史料であるため，この方法が実際に肉の保存法とし
て適切であるか，検証する必要がある。そこで次に，実際に猪肉を用いて加工
実験を行い，その保存性を検証してみたい。

3　猪肉の加工・保存法に関する実験

実験工程

　『日本書紀』『播磨国風土記』『日本霊異記』『斉民要術』や木簡などを参考に
し，「猪脯」の加工・保存法に関する実験を行った。

　平城京跡から出土した猪の骨には，解体痕が認められるものがある。また骨
がバラバラに見つかっていることから，猪は解体されていたと考えられる。ま
た，肩甲骨に傷が見られることから，削ぎ落として肩ロースの部位を食べてい
た可能性がある。このことから『斉民要術』を参考に，猪肉の肩ロースを薄切
り・短冊切りに切った。

　そして『日本書紀』仁徳38年条には，「即ち白塩を以て其の身を塗られむこ
と，霜の素きが如くならむ応なり」と記されていることから，「霜が降る」程度
に塩を振った薄切り肉と，その2分の1の量の塩を振った短冊切り肉，塩を振
らない生肉をそれぞれ干した。また長岡京出土木簡に「猪宍煮宍」とあること
から，『斉民要術』では「ほし肉」の作り方として，湯の中でよく煮て材料を干
す方法があるので，猪肉を茹でて煮たものに塩を振り，それぞれ5日間天日干
しした。

加工した猪肉の細菌検査

　実験で加工した猪の干し肉について，食品としての安全性・保存性を判定す
るために一般細菌・大腸菌群の菌数を調べ，実際に猪肉がどのように保存され，
食されたのかを検証した。

一般細菌数は食品の衛生的取り扱いの良否を反映するものであり，衛生指標として重要な役割を担っている。一般細菌は自然界に多く存在しているが，細菌数が多いほど食用として適さない。そこで加工方法による一般細菌数の違いを調べ，食用として適しているかの検証を行った。

　また大腸菌群はグラム陰性，無芽胞桿菌で，乳糖を分解して酸とガスを産生する好気性または通性嫌気性の細菌群である。人や動物の糞便，下水，汚物などに含まれているだけでなく，自然界にも広く分布しており，とくに食品から検出されることは望ましくないとされている。大腸菌群の有無や加工方法による大腸菌群数の違いを調べ，食用として適しているかの検証を行った。

　その結果，塩漬けして干したものと，煮沸後に塩漬けをして干したものからは一般細菌・大腸菌群が検出されなかった一方で，塩漬けをせずに生のまま干したものからは一般細菌と大腸菌群が検出された。塩漬けをせずそのまま干すという方法は保存には適さないと考えられる。また，肉を煮沸・塩漬けすることで細菌の繁殖を防ぐことができた。これは加熱によって肉の中の微生物・寄生虫が死滅し，塩による高浸透圧によって肉の水分が引き出され微生物の繁殖を抑えられたといった効果から，保存に適する状態となったと考える〔小清水編 2012〕。このことから，古代の食肉加工法は，細菌の繁殖を防ぐ方法として理にかなっていると思われる。以上のことから，古代の塩漬けや乾燥などの加工法は，猪肉の利用に適切であったと考えられる。

4　古代における食肉加工・保存，そして調理法の可能性

　これまでの実験結果から，塩漬けや加熱処理を行えば，細菌の繁殖を大幅に防ぐことができることは明らかである。説話などの文献史料や木簡にみえる加工法は，猪肉の保存に適しており，古代における肉の加工・保存法の実態を反映している可能性がある。

　最後に，これらの干し肉では，中国の長沙馬王堆一号墓からも牛脯，鹿脯が出土しているが，これらの「脯」はそのまま食べる干し肉とみてよい。肉類を使った料理としては，まず「羹」（シチューないしスープ状のもの）のほかにポピュラーな焼き肉として「炙」があり，さらに串に刺して直接火に炙るという

方法が『釈名』釈飲食に記載されている〔林 1975〕。今後東アジアの肉食文化の
なかで，加工・保存法だけでなく調理法の可能性を探る必要があるのではない
かと考える。

参考文献

京都大学文学部国語学国文学研究室編 1967『新撰字鏡』増補版，臨川書店

小清水正美編 2012『つくってあそぼう 39　保存食の絵本④乳・肉』農山漁村文化協会

田中静一・小島麗逸・太田泰弘翻訳 1997『斉民要術　現存する最古の料理書』雄山閣
　　出版

橋本繁 2014『韓国古代木簡の研究』吉川弘文館

馬場基 2015「古代日本の動物利用」松井章編『野生から家畜へ』（食の文化フォーラム
　　33）ドメス出版

林巳奈夫 1975「漢代の飲食」京都大学人文科学研究所『東方学報』

平林章仁 2007『神々と肉食の古代史』吉川弘文館

付記：古代日本における肉食慣行については，有富純也「日本古代の肉食慣行―中国
　　との比較を中心に―」（『続日本紀研究』419, 2020 年）が，日本の肉食忌避が仏教
　　の影響を受けていることを明らかにしているが，一方では藤原京・平城京跡など
　　から解体痕のある動物骨も出土しており，実態として肉食は存在していたと思わ
　　れる。なお，今回の再録にあたっては紙数の関係上，実験部分を大幅に要約した。
　　実験の詳細については，初出の『東京医療保健大学紀要』12-1（2017 年）を参照
　　していただきたい。

附編6 古代における鰒の加工・保存法の復元とその成分

三 舟 隆 之・及 川 夏 菜

は じ め に

　古代において鰒は，神饌として奉納されたり，さまざまな儀式の際に用いられていたことが『延喜式』などの文献から判明する。また，平城宮跡などの都城遺跡からも鰒の貢進に関する木簡が多数出土しており，全国各地から貢進されていたことが知られる。

　鰒は『延喜式』神祇の四時祭をはじめ，各祭の祭神料では堅魚・腊・塩および海藻と同様にほかの品目に比べて多いが〔澁澤 1947〕，具体的な加工法については詳述されていない。さらに奈良時代の鰒についても木簡には，加工法や調理法などはあまり記載されておらず，その実態はほとんど明らかでない〔関根 1969〕。また鰒全体の研究でもその加工法や効能などは詳しく検討されていない〔矢野 1989，大場 2008〕。そこで本稿では古代の鰒について，加工法や保存法に関する復元実験と成分分析を行うことによって，古代に鰒が重視された理由を医療的な側面からも明らかにしたい。

1　史料にみえる鰒の貢納と加工

　木簡や『延喜式』にみえる「鰒」は，生息地と貢進地からクロアワビ・メガイアワビ・メダカアワビの3種である可能性が高い。鰒が生のままで貢進されていることは藤原宮跡出土木簡の事例からわかるが数は少なく，遠方の地域から貢進するとなると保存が難しいことが考えられる。そこで，実際に都城跡出土木簡や『延喜式』から，どのような鰒の加工品が貢納されているか確認したい。

木簡にみえる鰒の加工品

　平城宮・京跡から出土する木簡では，鰒の加工品として「薄鰒」「長鰒」「短鰒」「三耳鰒」「御取鰒」「玉貫鰒」などの形状を示すものや，「鮨鰒」「滑海藻纏鰒」「焼鰒」「蒸鰒」「鰒耳漬」などの加工・保存を示すもののほか，「夏鰒」「加岐鰒」などの名称がみえ，「東鰒」「息伎鰒」「耽羅鰒」など産地を示すと思われるものも存在する。

　さらに飛鳥京跡出土木簡には「古鮑一列」，藤原宮跡出土木簡には「酢鰒十三列」「生鰒廿孔」とあり，このうち「生鰒」は文字通り生の鰒と考えられる。長岡京跡からも「鮨鰒三斗」「鮑陸斤員九条」「薄鮑壱連」などの木簡が出土し，また大宰府跡からも「生鮑六十具」の木簡が出土していることから，都城や官衙で鰒の貢納品が用いられていた。

　「薄鰒」は『日本山海名産図会』には「干鮑，打ちあわび，ともに往昔の食類なり。また薄鮑とも云へり」とあり，「打鮑」と同じで薄く切って伸ばして乾燥させたもので，「熨斗鰒」のことであるとする。「長鰒」も「長薄鰒」とあることから，薄く切って長く伸ばして乾燥させたもので，今の熨斗鰒で食用品であるとする〔農商務省 1983〕。「短鰒」は「長鰒」に比較して「短い」という形状を考慮すると，鰒を小口切りにしたものであろう。

　「御取鰒」は，「御取鰒五十烈」「三取鰒四斤」「御取鮑一古」などの木簡がみられる。現在の伊勢神宮では「玉貫鰒」と同様に，薄く切って伸ばして乾燥させた鰒を小さく切り，ひもに通している。『日本水産製品誌』では「身取り」と考え貝殻から外したものとし，「打平らめ乾燥したる形状楕円形なり」とあって，鰒の身を叩いて乾燥させたものとする。「玉貫鰒」も「玉貫鰒廿烈」「玉貫鰒二古」などとあるところから本数で数えられ，同様に籠に収められる乾燥品であったと思われる。「麻生割鰒」は「麻生割鰒卅貝」とあり，「卅貝」という単位から鰒の貝の形状をとどめているものと思われる。「麻生割鰒二籠」という木簡も出土しているところから，「籠」で運搬するのであれば，乾燥品の可能性がある。

　「蒸鰒」は「蒸鰒卅貝」「蒸鮑壱籠々別三十貝」とあって，鰒自体を蒸したものであり，「腸蒸鰒卅四」「鰒腸五斤」「腸蒸鰒廿八貝」「鰒黄腸」などは鰒の腸を蒸したものと考えられる。「蒸鮑壱籠々別三十貝」とあることから，蒸鰒も

「一籠三十貝」という単位で籠に収めていたと考えられる。「焼鰒二籠」は焼いて乾燥させた鰒であろう。

　また「鮓鰒」「酢鰒」は「鰒鮓壱斗」「鮨鰒四斗五升」「鮓鰒四十二斤」などとあることから，「斗・升」の容積で量るものと「斤」の重量で量るものとがあり，個数単位で量れない形状であることを示している。古代の海産物の保存法には，なれ寿司のようにして乳酸菌で発酵させて保存する方法もあるので，「鮨鰒」とはこのように発酵させて保存させたものであろう。「滑海藻纏鰒九烈五条」「滑海藻纏鰒十烈」「米纏鰒」も，海藻や米と一緒に発酵させたものである可能性がある。

　このほか「鰒耳漬壱缶二斗」は鰒の耳（内臓）の部分を漬けたもので，『延喜式』にみえる「腸漬鰒」と同じであろう。「鮮鰒十貝」「阿波国生鰒五十貝」は生の鰒である。また鰒の旬は夏であるので，「夏鰒」「夏鰒百七十烈」「夏鰒百烈」「夏鮑一古」は旬の季節を示すものであろう。「賀吉鰒廿六貝」「賀吉鰒廿二貝」「賀吉鰒廿一貝」「加吉鰒卅七貝」「加岐鰒」「加古鰒」「加支鮑」などは「かき」と呼んでいたと思われ，「貝」とあるので貝の状態を保ったままのものと考えられるが，加工法などは不明である。

『延喜式』にみえる鰒の加工品

　『延喜式』にみえる鰒の加工品も，木簡と同様のものが多い。そのほかでは「鳥子鰒」「都都伎鰒」「串鰒」「横串鰒」「縄貫鰒」「細割鰒」「羽割鰒」「葛貫鰒」「蔭鰒」「鞭鰒」「醬鰒」「凡鰒」などの名称がみえ，産地を示すものには「東鰒」「安房雑鰒」「佐渡鰒」「阿波鰒」「長門鰒」「出雲鰒」「筑紫鰒」「隠岐鰒」「耽羅鰒」などが存在する。

　『延喜式』主計上には諸国の調庸や中男作物として貢納の規定があり，各地域の調庸では，志摩国や安房国・上総国の調庸が多く，そのほか若狭・出雲・隠岐・長門・阿波・伊予・筑前から調庸として鰒が貢納されている。また中男作物として貢納している国は，相模・常陸・佐渡・出雲・石見・長門・阿波・筑前・肥前である。「耽羅鰒」は韓国の済州島産の鰒が想定されているが，平城宮出土木簡には志摩国英虞郡名錐郷から調として「耽羅鰒六斤」が貢納されたとあり，『延喜式』主計上でも「耽羅鰒」は肥後・豊後から貢納されることになっ

ているので，地域ではなく鰒の種類を示している可能性も想定される。

　『延喜式』には木簡と同じ加工法がいくつかみえるが，そのほか木簡には見えない加工法もある。「羽割鰒」は『本朝食鑑』には「一片を割り開き，一片を連続して，これを開き，ちょうど蝶が羽を振ったような形にしたものである」とある。また『日本水産製品誌』には，「片々に切り形色殆ど鼈甲の如くにして実に美麗を極め」とある。

　『日本水産製品誌』では，「葛貫鰒」を「葛蔓に貫き乾したるも，粒を揃へ八個又は十六個を貫きたる様亦美事にして，三四年を貯ふるも形色を変せず」とする。「横串貫鰒」も「串刺にして何れも形状色沢美麗にして貯蔵久しきを保ち，変味せざる佳良の製品たり」とある。「縄貫鰒」は，「極めて小なる鰒を縄に貫きて乾す」とある。「都都伎鰒」も同様に，小鰒を糸で貫いたものとする。「細割鰒」は細く切って乾燥させたもの，「鞭鰒」は伸ばしたものとあり，「長鰒」と同じように薄く切って伸ばして乾燥させたものであろう。「鳥子鰒」は「鳥の子」，すなわち卵形の形状を指すものと思われ，丸鰒のままで乾燥させたものであろう。

　「耳着鰒」「耳放鰒」「腐耳鰒」の耳は鰒の周囲の内臓などの部分であると思われ，「耳放鰒」はその部分をとったもので，「耳着鰒」は反対に付着させたままのものであろう。「腐耳鰒」については，「腐」が発酵を意味するものであるならば，「鰒耳漬」や「腸漬鰒」と同じであろう。「陰鰒」「火焼鰒」は，ともに保存のための加工法と思われ，『日本水産製品誌』によれば陰鰒は陰干し，火焼鰒は火で乾燥させたものという。同様に「醤鰒」は文字通り，醤に漬けたものであろう。

　以上，『延喜式』にみえる鰒の加工法を概観してきたが，『延喜式』では計量方法がほとんど「斤」とあることから重量で計量していることがわかる。わずかに供御月料の「腸漬鰒」や，大宰府や土佐から貢納された「腸漬鰒」が「缶」という計量単位であるので，漬物用などの容器で貢納されたことが想定される。

　このように鰒の加工品についてはさまざまな種類が存在するが，木簡も『延喜式』も同様な加工・保存法であるにもかかわらず，地域によって名称が変わる可能性も否定できない。『日本水産製品誌』では「上古既に此の如き佳良の製法ありしも，中古廃絶して其の遺法を伝ふるもの甚だ稀なり」と述べているよ

うに，不明な点が多い。そこで鰒の形状が判明すれば，ある程度加工法も推測が可能であると思われるので，次に鰒加工品の計量単位について考証してみたい。

鰒加工品の数量単位

木簡にみえる鰒の貢納品の単位では，「籠」「古」「貝」「具」「孔」「列（烈）」「編」「連」「条」「斗」「升」「缶」がある。「貝」は，「焼鰒」「生鰒」など貝の原形をとどめるものに使われる個数の単位である。「列（烈）」「編」「条」は数量単位であると思われ，なかには「長鰒」のように長さの「尺」で計るものもある。「条」は員数であるところから束にして数えられるものであると思われ，これらは皆，薄く切って長く延ばして干した形状であると考えられる。「斗」「升」は重量の単位であり，1籠＝6斤であるから「六斤」が貢納されるときの標準単位であったと考えられる。『延喜式』神祇三臨時祭羅城御贖条でも「鰒，堅魚各八籠〈別受二六斤一〉」とあることから1籠＝6斤であることは間違いなく，基本的に籠で貢納されるものであるため，乾燥品であることが判明する。

「養老賦役令」では鰒は「鰒十八斤」とあり，これは小称であると考えられている。小称の三倍が大称であるところから，大称では6斤となり，木簡の数量と一致する。その一方で重量と数量が併記された木簡もあり，たとえば「六斤卅四条」の場合，「条」は加工した鰒1本の形態を示す員数であるから，ここでは鰒は6斤の重さで34条（本）の数量であることが判明する。そして1斤＝約670gとすると，1条は0.18斤で約120gとなる。

同様に「鰒六斤三列長四尺五寸束一束」という木簡から，鰒6斤は，長さ4尺5寸（約135cm）の鰒を一束に束ねたものが3列（束）あることになるので，「烈・列」は束ねたものの数量の単位で，おそらく「編」「連」も同様かと思われる。木簡にみえる「堅魚」の場合も「十連三節」などで計量されており，「節」が堅魚1本で，何本かまとめて「一連」として大斤で計量するという〔関根1969〕。また「薄鰒三十七斤」も「五編」という木簡があり，これによれば1編は7.4斤に相当するであろうか。このほか「上総国鰒十連三列」という木簡でも「十連」（10束）の鰒が3列（本）であるから，合計30本の鰒が束ねられたと思われる。「連」「列」は「編」と同様な計量単位であるので，この鰒は6斤に

相当し，これが1籠の単位となったのであろう。したがって「一籠」は6斤に相当し，現在の約4,000g（4kg）に相当するものと思われる。

また，「長鰒壱籠納参拾漆条卅一条七尺六条六尺四寸」という木簡から，「一籠」に「七尺（約210cm）」の鰒が31本と，6尺4寸（約192mm）の鰒が6本納められていたことが明らかであり，「六斤為壱籠五烈／長三尺」の木簡では「壱籠」＝「六斤」で，鰒は「五烈（束）」で長さは「三尺」（約90cm）であることが知られる。先の安房国の調の木簡には，鰒6斤が3列で長さ4尺5寸を1束にするとあり，木簡にみえる「六斤」の鰒の本数は，だいたい30〜34条，50〜55条，59条，60条である。ただ「鰒」と表記されたものでも，数量が「条」「烈」「束」となっているものは，基本的には「長鰒」「薄鰒」を示すのではなかろうか。

一方，「蒸鮑壱籠々別三十貝」という木簡史料から「蒸鮑」は30個で「壱籠」の単位であることがわかり，重量は6斤となる。とすれば蒸鮑1個は0.2斤となり，1斤が16両とすると3.2両で，1両は大両41.9g，小両13.9gであるから，1斤＝16両＝4分＝24銖で約670gとすると，「蒸鮑」1個は約134gになろう。

以上から考察すると，個数単位で計量しているものは個体を「焼く」「蒸す」「干す」などの乾燥法で加工したものと考えられる。また数量単位では「長鰒」と「薄鰒」のように，少なくとも名称は異なるものの，その形状から同じものを示していると思われるものは多い。『延喜式』で多種類の名称となっているのは，貢納段階で示された名称が統一されることなく，そのまま使用されて『延喜式』に記載されたからであろう。しかし，江戸時代の『本朝食鑑』ではすでに詳細はわからないとしているところから，これらの名称が定着しなかったことを示している。

鰒加工品の調理法

近世の料理書などをみると，鰒は生で薄く切って食べたり，煮て食べたりしている。為永春水の『閑窓瑣談』には，「昔は熨斗鮑を食物にせしを，当今は唯祝儀の贈りものに添えて遣はす物とのみ思へり。併夫も長生不老の薬なればこそ。寿きて添贈るものと知るべし」とあって，祝儀の贈り物である熨斗鰒は，本来長命のための食べ物であったことが記されている。乾燥鰒は長寿の食品と

して贈答にも使われ，江戸時代では「熨斗揉」のように，酒に浸して柔らかくしてから食べるものであったらしいが〔大場 2008〕，その後一般的な食品としては姿を消していった。

2　熨斗鰒の復元加工実験

　古代の木簡や『延喜式』にみえる鰒の加工品がどのようなものであったかは不明な点が多く，その復元を試みるのはかなり困難である。現在古代の鰒の加工法に近いとされるのが，伊勢神宮に納められている神饌の熨斗鰒である。そこで，三重県鳥羽市国崎の伊勢神宮御料鰒調製所で行われている熨斗鰒の加工法を参考に，本学で熨斗鰒の復元加工実験を行った。この実験は，鰒を薄く切って延ばすことにより，乾燥が進んで保存が可能になるかどうかと，乾燥させることによって鰒の成分がどのように変化するかを目的とした。

生アワビの加工
　まず志摩産の生のメガイアワビに刃（刺身包丁）を入れ，貝柱を外して貝から身を外し，次に腸・内臓を取って身の部分をタワシで洗浄しぬめりをよく取った。身の口の部分と耳を切り落とした後，厚さ5mmで「片剥き（桂剥き）」を行い，「長鰒」状に伸ばした。30〜40度のぬるま湯（蒸留水）で2時間程度洗浄し，その後室外で竿にかけて2日間天日干しした。その後，味の素食品研究所に送って成分分析を依頼した。

成分分析結果（表）
　乾燥させたことによって水分が減少し，タンパク質や炭水化物が増加した。次に遊離アミノ酸は，タウリン・セリン・グルタミン酸・グリシン・アラニン・イソロイシン・アルギニンなどが検出され，乾燥させたことによって生の状態より増加していた。
　核酸ではイノシン酸が乾燥させた鰒から検出されたが，有機酸類は未検出で，ビタミン類もビタミンB1を除いてはさほど多く検出されてはいない。なお，分析に出したアワビは「メガイアワビ」で，『日本食品標準成分表 2015（七

表　鰒の成分分析（検体100gあたり）

	分析項目	生	乾燥(干し)		分析項目	生	乾燥(干し)
栄養成分	水分	73.9 g	12.2 g	遊離アミノ酸	ヒスチジン	31.0 mg	85.3 mg
	タンパク質	16.1 g	54.3 g		アルギニン	507 mg	1,250 mg
	脂質	0.5 g	1.7 g		プロリン	37.3 mg	184 mg
	灰分	1.3 g	2.8 g	核酸	イノシン酸	検出せず	6.1 mg
	炭水化物	8.2 g	29.0 g		グアニル酸	2.02 mg	9.6 mg
	エネルギー	106 kcal	364 kcal	有機酸	クエン酸	検出せず	検出せず
遊離アミノ酸	タウリン	1,900 mg	2,500 mg		酒石酸	〃	〃
	アスパラギン酸	20.5 mg	検出せず		リンゴ酸	〃	〃
	スレオニン	63.4 mg	146 mg		コハク酸	〃	〃
	セリン	50.6 mg	244 mg		乳酸	23.0 mg	191 mg
	グルタミン酸	112 mg	468 mg		ギ酸	検出せず	検出せず
	グリシン	51.8 mg	386 mg		酢酸	〃	〃
	アラニン	104 mg	299 mg		レブリン酸	〃	〃
	シスチン	検出せず	検出せず	ビタミン類	ビタミンB1	0.19 mg	0.36 mg
	バリン	21.6 mg	101 mg		ビタミンB2	0.1 mg	0.06 mg
	メチオニン	9.7 mg	30 mg		総ビタミンC	2 mg	検出せず
	イソロイシン	11.5 mg	51.6 mg		ビタミンD	検出せず	1.0 μg
	ロイシン	18.4 mg	81.9 mg		ナイアシン	2.67 mg	6.17 mg
	チロシン	47.6 mg	162 mg	その他	カルシウム	14.4 mg	29.8 mg
	フェニルアラニン	17.9 mg	64.4 mg		セレン	4 μg	15 μg
	リジン	51.8 mg	108 mg		ヒドロキシプロリン	0.28 g	0.91 g

訂）』（以下，『食品成分表』）の「アワビ」は「クロアワビ」である。

〈タウリン〉

　今回生アワビでは約1,900 mg/100 gと多く，さらに乾燥させることで2,500 mgに増加した。タウリンは，生体内に最も豊富に存在する遊離アミノ酸の1つで，機能としては，浸抗酸化作用と抗炎症作用，肝機能に対する作用，神経系の調節作用，心臓機能の調節作用など，大変豊富である〔門脇ほか監修 2013〕。動脈硬化や糖尿病・心不全などの生活習慣病などを改善する効果が高い。また中国で道教的神仙思想を著した『抱朴子』には目をよくするものとして「石決明」が挙げられているが，タウリンは網膜機能に関与するため，アワビを食べると目がよくなるという俗信も，あながち根拠のないことではないと思われる。

〈アスパラギン酸〉

　疲労回復に効果があるとされるアミノ酸の1種で，心臓や肝機能を保護し，免疫力を高めるほか，ストレス抵抗性を高め，美容などにも効果があるとされる。アワビは生では 1,000 mg/100 g であるが，乾燥させるとさらに 3,000 mg/100 g に増加する。

〈グルタミン酸〉

　分析結果では，生で 112 mg/100 g，乾燥品では 468 mg/100 g 検出された。『食品成分表』ではアワビは生で 1,700 mg/100 g で，メガイアワビは 1,500 mg/100 g であり，アワビは乾燥させるとグルタミン酸は 4,900 mg/100 g に増加するとある。グルタミン酸はうま味成分として有名で，アルギニンとともに疲労回復剤などの医薬品の成分としても用いられる。

〈アルギニン〉

　分析では，生で 507 mg/100 g，乾燥で 1,250 mg/100 g 検出された。アルギニンも疲労回復や精力増強などの効果があり，ほかのアミノ酸と配合し免疫力向上や疲労回復剤や栄養補給などに用いられ，免疫反応の活性化，細胞増殖を促進し，コラーゲン生成促進により創傷治療を促すなど，多機能な成分である。

〈核酸（イノシン酸・グアルニン酸）〉

　今回の分析ではイノシン酸は生では検出されなかったが，乾燥で 6.1 mg/100 g 検出された。グアニル酸に関しては約5倍ほど増加しており，うま味成分である核酸が増えている。

〈ビタミン類〉

　ビタミン B1 は，一般に食用の魚介類には 0.01～0.1 mg/100 g 含まれるが，今回の分析では 0.19 mg と多かった。ビタミン B1 欠乏症としては脚気が有名であるが，不足すると神経に炎症が生じて精神的な障害があらわれ，エネルギーを作るのが遅くなり，疲労物質である乳酸ができる〔三好 2004〕。またナイアシンは不足すると口の中が炎症を起こし，食欲不良，消化不良を起こすこともある。ナイアシンは，インスリン合成にも働くため糖尿病に効き目がある。

〈その他〉

　カルシウム・セレン・ヒドロキシプロリンなどが検出された。セレンは抗酸化作用，抗ガン能力の向上，体内での有害金属，水銀，カドミウムの働きを封

ずる作用などがあり，不足すると動脈硬化や器官の老化が起こる。

　今回の成分分析で特徴的なのが，グルタミン酸，イノシン酸，グアニル酸などのうま味成分とコラーゲン・タウリン・アルギニンである。グルタミン酸においては生で 112 mg/100 g，乾燥で 468 mg/100 g であり，乾燥させることで約 4.2 倍に増加している。イノシン酸については，生では検出されなかったが，乾燥して濃縮されたことにより 6.1 mg 検出され，干すことで確実にうま味が向上することがわかった。イノシン酸はカツオ節のうま味成分として有名だが鰒にもしっかり含まれていた〔星名ほか 2014〕。

　ヒドロキシプロリンについては，コラーゲンの全構成アミノ酸の約 10% を占め，コラーゲンの特徴となっている〔藤本 2012〕。今回は生で 0.28 g/100 g であるが，乾燥で 0.91 g/100 g であり約 3.3 倍に増加している。コラーゲンが不足すると，皮膚・骨・関節・血管などに老化や老年病が目立って起こる〔藤本 2012〕。鰒を摂取することでコラーゲンによる上記のような効果を得られ，老化の防止に繋がるのではないかと思われる。

　以上から，鰒は滋養・強壮の効能があり，薬用にも用いられる長寿食品であるといえるだろう〔難波 2000〕。さらにアルギニンやアスパラギン酸など疲労回復効果のあるアミノ酸や，グルタミン酸のようなうま味成分は，生より干して乾燥させた方がより増加していることも明らかになった。鰒を乾燥させるのは保存のためであるが，そのことによってさまざまな効能が現れることも，鰒が重用された理由の 1 つと考えたい。

お わ り に

　『倭名類聚抄』によれば，鰒の漢名は「石決明」，和名は「阿波比」であり，「崔禹錫食経云，石決明，〈和名同レ上〉，食レ之心目聡了」として，薬の 1 種とされている。『医心方』には眼病の治療や精力を強化するとあり，『医心方』の引く『崔禹錫食経』によれば，鰒を食べると体にある 9 つの穴の器官に利き，知恵を聡くし目がはっきりするなどのさまざまな効用があり，秦の始皇帝が東海に求めた不死の薬は鰒ではないかとする。鰒のもつ希少性や神秘性，高貴性が，中国で鰒を不老不死の仙薬と評価するもとになった。

『政事要略』巻九十五「服薬駐老験記」には，斉衡2年（855）に文徳天皇が病になった時，衆医が「石決明酒」を供したとあり，天皇の疲労回復の薬であったことが知られる。また同書には，「近代有二宮内卿十世王一，二品長野親王之男也，臨レ老無レ歯，不レ能咬二蔬菜一，唯以レ漿飲，送二乾石決明屑一，気色強壮鬢髪無レ白」とあり，乾した鰒を削って食していたため，長命を保ったことが記されている。このような漢方薬としての鰒の効能は，陶弘景の『神農本草経集注』にも「石決明」の項目があることから，道教的な仙薬としての影響もあることは間違いない。

　古代の木簡や『延喜式』をみると各地から鰒が貢進されているが，『肥前国風土記』松浦郡条では土蜘蛛が降伏する際，「御贄を造り奉りて，恆に御膳を貢らむとまをして，即て，木の皮を取りて，長鮑・鞭鰒・短鰒・陰鮑・羽割鮑等の様を作りて，御所に献りき」とあり，鰒が御贄という天皇への食料貢納の意味をもっていることが記されている。

　その理由としては，鰒の加工の容易性や保存性のほかに，実験の成分分析結果にも明らかなように，食品としての機能や薬品としての効能が知られていた可能性がある。とくに古代においては，鰒が「不老不死の薬」であることが中国より伝わり，天皇や皇族において神仙思想の受容とともに鰒も重用されたのではないかと考えられる。ただ鰒の捕獲の難しさや調理の難しさから，古代以降は次第に食品としての価値が失われ，伊勢神宮に代表されるような神饌としての性格に限定されていったものと思われる。

参考文献

大場俊雄 2008『あわび文化と日本人』成山堂書店

門脇基二・鳥居邦夫・高橋迪雄監修 2013「機能素材としてのアミノ酸　タウリン」『アミノ酸の科学と最新応用技術』シーエムシー出版（初版 2008）

木村蒹葭堂 1799『日本山海名産図会』『日本名所図会全集』名著普及会，1975

吉良哲明 1954『原色日本貝類図鑑』保育社

澁澤敬三 1947「『延喜式』内水産神饌に関する考察若干」（『澁澤敬三著作集』第1巻，平凡社，1992）

関根真隆 1969「魚類」『奈良朝食生活の研究』吉川弘文館

為永春水 1841『閑窓瑣談』後編第四十九熨斗（『日本随筆大成』吉川弘文館，1975）

丹波康頼選・槇佐知子全訳精解 1993『医心方』巻 30 食養篇，筑摩書房

栃久保修・安東敏彦 2010「付表　各種アミノ酸」『アミノ酸と生活習慣病　最新アミノグラムで探る「いのち」の科学』女子栄養大学出版部

鳥羽市教育委員会生涯学習課 2014『国崎の熨斗鰒調整法と用具』

難波恒雄 2000「薬膳原理と食・薬剤の効用（2）―薬膳に用いる身近な食物―」『日本調理科学会誌』33-1

農商務省水産局編纂 1983『日本水産製品誌』復刻版，岩崎美術社（農商務省水産局，初版 1913〜16）

人見必大著・島田勇雄訳注 1981『本朝食鑑』5（東洋文庫）平凡社

藤本大三郎 2012「生化学の時代」『コラーゲン物語　第 2 版』（科学のとびら 52）東京化学同人

星名桂治・栗原堅三・二宮くみ子 2014「だしのうま味を科学する」『だし＝うま味の事典』東京堂出版

三好義光 2004「ビタミン B 群の効果と摂取量」『成人病を予防するビタミン・ミネラル』土屋書店（初版 1986）

矢野憲一 1989『鮑』（ものと人間の文化史 62）法政大学出版局

付記：本研究は，科学研究費助成基盤 B「古代食の総合的復元による食生活と疾病の関係解明」（課題番号：17H02393，研究代表者：三舟隆之）による研究成果の一部であり，国立歴史民俗博物館「古代の百科全書『延喜式』の多分野協働研究」との共同研究の一部である。なお 2 節については及川夏菜が分担執筆し，そのほかについては三舟隆之が執筆した。また，鰒に関する木簡史料は，奈良文化財研究所『藤原宮木簡』I〜III（1978〜2012 年）・同『飛鳥藤原京木簡』I・II（2007・09 年）・同『平城宮木簡』I・II・VII（1966・75・2010 年），同『平城京木簡』I〜III（1995・2001・06 年），同『飛鳥藤原京木簡二』（吉川弘文館，2009 年），同『平城宮発掘調査出土木簡概報』11〜38（1977〜2007 年），財団法人向日市埋蔵文化財センター・向日市教育委員会『長岡京木簡 I』（1984 年），九州歴史資料館『大宰府史跡出土木簡概報』2（1985 年），『木簡研究』3・7・12・14・25・30・33（木簡学会，1981・85・90・92・2001・06・09 年）を参照した。なお，今回の再録にあたっては紙数の関係上，内容や実験部分を大幅に要約した。詳細については，初出の『古代文化』71-3（2019 年）を参照していただきたい。

附編7　古代における「豉」の復元

小松本里菜・今野里咲・峰村貴央
西　念　幸　江・三　舟　隆　之

はじめに──大豆製品としての「豉」──

東アジアの大豆製品

　アジアでは大豆を発酵させた食品が古くから存在しており，これらの食品の
なかに「豉」（くき）が位置付けられることは間違いない。「豉」は納豆製品と考えられ
ているが，世界で「納豆」とされる食品には，大きく2つの系統がある。まず
1つは煮た大豆が枯草菌（納豆菌）によって発酵したものであり，「糸引き納豆」
である。インドネシアの「テンペ」やネパールの「キネマ」，韓国の「清国醬」（チョングッチャン）
などは枯草菌によって発酵させるもので，アジアでは主流の「納豆」である〔稲
津康弘ほか 2008〕。もう1つは麴菌で発酵させたもので，中国の「豆豉」は，「納
豆」よりは味噌に近い大豆調味料で，日本の「寺納豆」「浜納豆」がこの系譜を
引く。

　「浜納豆」は静岡県浜松地方の名産であり，「寺納豆」は京都の名産で，「大徳
寺納豆」や「天竜寺納豆」などがある。製作方法は，まず蒸し大豆に麴菌と香
辛料をふりかけて麴をつくり，数日してから樽に移す。豆麴が漬かる程度まで
塩水を入れ，重しを載せて半年から1年間ほど熟成させる。出てきた汁分を除
き，天日で乾燥して製品とする。色は黒褐色の粒状で，食塩を約10%含む。風
味は味噌に似ている〔高野 2016〕。

古代の「豉」

　「豉」は『倭名類聚抄』（以下『和名抄』）には塩・醬（ひしお）・未醬（みびしお）などの塩梅類とと
もに「豉　釈名云豉〈是義反和名久木〉五味調和者也」とあり，和名では「ク

251

キ」と読むことが知られる。一方，平安時代に成立した『延喜式』大膳下造雑物法には「豉料。大豆一石六斗六升七合，海藻四斤八両，得_一石_」とあって，「豉」の製造法が記載され，塩を用いず大豆を原料とすることから現代の納豆に近いものではないかという説があるが〔廣野 1998〕，詳細は不明である。現代では「藁苞納豆」という，藁に含まれる枯草菌（納豆菌）によって糸を引く納豆<ruby>藁苞納豆<rt>わらづとなっとう</rt></ruby>が一般的で市販されているが，古代では「糸引き納豆」ではなく「浜納豆」や「寺納豆」のようなものであったのではないか，という説もある。

たとえば『国史大辞典』4巻には「調味料の一種。奈良時代までに伝えられた豆醤の一種と思われ，『大宝令』の定めでは，宮内省大膳職の主醤が醸造をうけもち，『延喜式』大膳職には，醤に似た製法の一端が記されている。（中略）江戸時代の初めには味噌・醤油に代わられ，浜納豆の類を鹹豉とも呼ぶだけで，淡豉は醤とともにあまり用いられなくなった」という「豉」の解説がある〔菊地 1983〕。

しかし大豆を原料とすることは明らかであるが，それ以外については不明な点が多い。そこで，『延喜式』に記載されている製造方法を参考に「豉」の復元を行い，また成分分析を行って，その特性についても考察したい。

1　古代の史料にみえる「豉」

調味料としての「豉」

「職員令」大膳職には「大夫一人。〈掌。諸国調雑物。及造_庶膳羞_。醢・菹・醤・豉・未醤・肴・菓・雑餅・食料。率_膳部_以供_其事_〉」とあるほか，「主醤二人。〈掌。造_雑醤豉未醤等_事〉」とあり，醤・未醤などと一緒に記載されていることから調味料であることが想定される。『延喜式』には大豆と海藻が原料であることが記されているが，天平10年（738）の「駿河国正税帳」にも「豉料大豆漆斛伍斗直稲漆拾伍束〈斛別十束〉」（『大日本古文書』2-68，以下『大日古』と略）とあることから，大豆が主な原料であることは明らかである。ただし，後述するようにその製法は明らかではない。また『延喜式』では内膳司供御月料に「芥子・豉各四升合」とあるほか，大膳上宴会雑給条にも「豉一勺」とあることから，先述したように「豉」は，奈良時代では末醤・荒醤などと同

様に調味料であったと考えられる。

「正倉院文書」では，神護景雲4年（770）の「銭用帳」に「弐伯伍拾文豉一升直」（『大日古』17-242），同年の「奉写一切経所告朔解」に「二百五十文豉一升直」（『大日古』6-87），「奉写一切経所解案」に「二百五十文豉一升直」（『大日古』18-3）とあるほか，宝亀元年（770）「奉写一切経所解　申請用雑物等事」にも末醤・荒醤と並んで「二百五十文豉一升直」とある。また宝亀2年の「奉写一切経料銭用帳」では「新銭」で「廿八文豉二升直〈升別十四文〉」とあって，「豉」の値段が判明する。神護景雲4年段階で末醤は1升が60～100文であるから，豉は末醤の2.5～4倍の値段になる。宝亀2年の米が1升で60～70文なので，「豉」の方が高価であることが知られる。

また平城宮跡や平城京跡から出土した木簡には，「武蔵国男衾郡余戸里大贄豉一斗　天平八年十一月」「武蔵国秩父郡大贄豉一斗　天平十七年」「武蔵国豉一斗」などの武蔵国や，「相模国豉一斗升」「相模国豉二斗」などの相模国から貢進されたものがある（表1）。また『延喜式』民部下では交易雑物として，武蔵国からは「豉六石五斗」，相模国からは「豉二石五斗」を貢進するとあり，また典薬寮諸国進年料雑薬条では相模国から「豉大五斗」，武蔵国から「豉大一斗」を貢進するとあって，奈良から平安時代までこの両国で「豉」が製造されていたことが知られる。『延喜式』民部下の交易雑物条をみると，近江国のように大豆は多くの国で生産され，「醤大豆」なども近江・丹波・但馬や備前・備中など多くの国にみられるが，「豉」については武蔵・相模国のみである。このようにみると，「豉」は武蔵・相模国の特産品とみてよい。神奈川県平塚市の相模国府跡推定地にある稲荷前A遺跡からは「旧豉一」と書かれた墨書土器が出土しており，現地でも生産されていたことが知られる。

『延喜式』主計上では，京までの上りの日程は武蔵国で29日，相模国で25日であるから，「豉」は当然その間保存が利くものでなければならない。平城宮出土木簡（表1-10）には「豉三籠」とあるから，「豉」が籠で運搬されるような固形物で，なおかつ乾燥品であることが推測される。また表1-1の木簡に11月と記されていることから贄の貢進時期が知られるが，この時期でも保存が可能な製品でなければならない。また豉の計量が「斗・升」とあることから，升などの容積で計測されていたことが明らかである。

薬品としての「豉」

飛鳥池北遺跡の第84次調査で検出された南北溝SD01からは,「丁丑年」と記された木簡が出土しており,「丁丑年」は天武3年(674)にあたる。飛鳥池北遺跡は,唐から留学を終えて帰国した道昭が建立した飛鳥寺東南禅院に関係する遺跡で,薬品名の記された木簡が多く出土している。なかでも飛鳥池遺跡北地区出土木簡には「甘草一両・豉一升・桂心二両半」とあ

表1 木簡にみえる「豉」

番号	本　文
1	武蔵国男衾那余戸里大贄豉一斗天平八年十一月
2	武蔵国秩父郡大贄豉一斗／天平十七年
3	武蔵国豉一斗
4	武蔵国豉二斗
5	武蔵国豉一斗・五升
6	□蔵国豉四斗
7	相模国豉一斗□升
8	相模国豉二斗
9	〃
10	豉三籠
11	豉納三斗八升
12	甘草一両　豉一升・桂心二両／半
13	病斉下甚寒・薬師等薬酒食教豉酒

出典　平城宮1：『平城宮木簡I』(奈良国立文化財研究所,原京木簡I』(奈良文化財研究所,2007年),城22・29・30・6・25：『木簡研究』6・25号(木簡学会,1984・2003年)

って,「豉」が「甘草」や「桂心」などの薬草と並んで記されている。また同様に飛鳥京苑池遺跡の水路SD0013から出土した木簡には「病斉下甚寒／薬師等薬酒食教豉酒」と記されているものがあり,腹部の冷えの症状に対し「薬師」(典薬寮の医師)らが薬として「豉酒」(または豉と酒)を勧めたものである。そのほか飛鳥京苑池遺構から出土した木簡には米や酒,医療に関するものが多く,付近に典薬寮が存在していた可能性が高く,「豉」は薬品として扱われていたと考えられる。

『類聚符宣抄』天平9年6月26日太政官符によれば天平9年の疫病の大流行の際に,飲食の禁令が出ているが,「豉」は「其蘇蜜幷豉等不在禁例」とあって,蘇(牛乳を煎じたもの)や「蜜」とともに薬品として扱われていたため,禁令の例外となっている。このことから「豉」は「蘇」などと同じような食品でありながら,薬品としての効能をもっていたことが知られる。同様に『類聚国史』巻百七十三災異七疾病でも,大同3年(808)正月13日条には,

　　勅。頃者疫癘方熾,死亡稍多。庶資=恵力=,救=茲病苦=。宜レ令下諸大寺及畿内七道諸国=奉中読大般若経上。又給=京中病民米幷塩豉等=。

型式	遺跡名	遺構番号	出　典
032	平城宮内裏北方官衙地区	SK820	平城宮 1-404
032	〃	〃	平城宮 1-406
032	平城京左京二条二坊五坪二条大路濠状遺構(北)	SD5300	城 29-32 下 (369)
032	平城京左京二条二坊五坪二条大路濠状遺構(南)	SD5100	城 30-7 上 (33)
032	〃	〃	城 31-27 上 (380)
019		〃	城 31-27 上 (381)
032	平城京二条大路・左京二条二坊十二坪	SD02	木研 6-19 頁 (10)
032	平城京左京二条二坊五坪二条大路濠状遺構(南)	SD5100	城 22-30 上 (296)
032	〃	〃	城 30-7 上 (33)
039	平城宮	SD3410	平城宮 3-3567
032	平城宮東方官衙地区	SK19189	城 39-15 上 (77)
081	飛鳥池遺跡北地区	SD1110	飛鳥藤原京 1-771
081	飛鳥京跡苑池遺構	SD0013	木研 25-45 頁 (10)

1969 年），平城宮 3：『平城宮木簡Ⅲ』（奈良国立文化財研究所，1980 年），飛鳥藤原京 1：『飛鳥藤
31・39：『平城宮発掘調査出土木簡概報』（奈良国立文化財研究所，1990・94・95・2009 年），木研

とあって，病民に米・塩と並んで「豉」が支給されている。

　また『延喜式』典薬寮臘月御薬条には「豉丸一剤〈解二寒食一散レ有レ澼，頭痛
目疼乍寒。小便不利用之乍熱。面目黄黒及傷寒也。朱本云云。〉」とあり，中宮
臘月御薬条にも「豉二両」，雑給料にも「豉一斤」，諸司年料雑薬条斎宮寮五十
三種にも「豉一合一勺」とあって，「豉」が薬として扱われていたことが知られ
る。これによれば「豉」の効能は寒気を解消し，頭痛や目のうずき，利尿作用
や傷などに有効であるという。これは，先述した飛鳥京苑池遺跡の木簡の内容
とも符合していて興味深い。さらに『延喜式』典薬寮には，

　　造二儲御薬一料

　　胡麻二石〈練料〉，豉一斗〈造二雑薬一料〉，粟二斗〈煮湯料〉，塩三斗〈湯幷
　　熨料〉，調布帳一条〈長七尺三幅〉，明櫃一合，臼一口〈加レ杵〉，薪七百廿
　　斤

　　　右塩已上毎年十二月中旬申レ省。但帳幷明櫃・臼等並随レ損請受。

とあり，「豉」は「造二雑薬一料」として用いられ，胡麻と練って粟などと煮て薬
としたことがうかがえる。このように古代史料にみえる「豉」は，調味料とし

ての機能をもっているとともに，一方では薬として用いられていたことが判明する。

　このため「豉」がどこから伝来してきたかということも重要である。『唐大和上東征伝』には，鑑真が招来したもののなかに「甜豉三十石」とある。『唐大和上東征伝』の「豉」の項目の前後に米や麺などがみられることから，この「甜豉」は食品であることは間違いない。仮にこの「甜豉」が『斉民要術』などにみえる「豉」であるとしたら，「糸引き納豆」であった可能性は高い。しかし調味料として考えるのであれば，「寺納豆」の類の可能性もあろう。そこで「豉」がどのような食品であるかを，現在提唱されている「糸引き納豆」と「寺納豆」の２つの説に基づいて実験し，復元を試みたい。

2　「豉」の復元実験

糸引き納豆としての「豉」

　『延喜式』の大膳下造雑物法には，「豉料。大豆一石六斗六升七合，海藻四斤八両，得_二一石_」とあり，食品成分表を基に現代の値へ換算すると，大豆１升は0.8ℓであるから大豆１石６斗６升７合は166.7升であり，１ℓは750ℊとなるため100.1㎏とした。海藻（ワカメ）４斤８両は72両で，大両が42.1ℊとすると，3031ℊとなり，約３㎏とした。大豆：海藻は100㎏：３㎏となるので，今回は大豆300ℊ，海藻９ℊで実験を行った。しかし『延喜式』に記載されている海藻は，海水で洗った塩蔵ワカメなのか，真水で洗った素干しワカメなのか不明であり，またどのような形で使用するのかも不明なため，今回の実験では塩蔵ワカメと素干しワカメの両方を使用した。また「正倉院文書」に「搗海藻」とあることから粉末状と考えられるため，ワカメはフードプロセッサーで粉末状にして使用した。

　まず，乾燥大豆３㎏を約24時間浸水し，大豆が親指と人差し指でつまむと潰れる柔らかさになるまで煮た。その後粗熱を取って細かく切った乾燥ワカメと混ぜ合わせただけのものと，藁の上に乗せたものを作成し，倉庫に保管した。また『延喜式』の原料だけでは発酵が難しいと予想されるため，発酵のスターターとして米麹を混ぜたものも作成した。その結果すべて腐敗し，『延喜式』記

載の原料だけでは納豆はできないことが判明した。

　そこで次に『斉民要術』を参考に，わらに包む形で「糸引き納豆」の復元を行った。この「糸ひき納豆」は気温30度に近いなか，作成2日ほどですべて糸を引いたが，一部にカビがみられた。このカビはワカメの周辺に多くあった。味や匂いは，市販されている糸引き納豆と変わらなかった。

「寺納豆」としての「豉」

　今回の実験は，大徳寺納豆の製造方法を参考に行った。大徳寺納豆は，まず大豆を煮た後，炒ったオオムギやハダカムギを挽いた「はったい粉」をまぶし，室に入れて麹菌を自然発酵させて作られる。発酵後は大きな桶に入れ，そこに塩水を入れ混ぜ合わせる。なじんだ頃に天日干しを行い，1日に何度となくかき混ぜ熟成させ，これを2ヶ月前後かけて自然乾燥させる。乾燥すると固まってくるため，それを1粒ずつ手で分け，もう一度天日干しして完成となる。大徳寺納豆を製造するには，はったい粉と麹菌が必要であり，今回はその2つを使用して復元実験を行っ

図1　糸引き納豆

図2　寺納豆（製造直後）

図3　寺納豆（1ヶ月後）

た。

　「糸引き納豆」の製作と同様に，浸漬した大豆3kgを親指と人差し指でつまむと潰れる柔らかさになるまで100分煮て，その後中心温度が35度になるまで冷まし，大豆にはったい粉と種麴を入れて混ぜ，倉庫に保管した。発酵が進んだ段階で「大徳寺納豆」と同様に食塩濃度13％の食塩水を加えて毎日かき混ぜて，天日干しを行った。その結果，約1ヶ月で現代の大徳寺納豆のようなものになった。味や匂いは醬油や味噌に近かった。

実験の結果

〈重量変化〉

　『延喜式』の製法では，大豆と海藻の総量から約58％の「豉」ができるとある。そこで，各実験の重量を比較すると，「糸ひき納豆」の重量は発酵後に約63.4％まで減少していた。「寺納豆」は発酵後約60％に減少していた。

〈成分分析〉

　この実験で用いた煮豆と，「糸ひき納豆」の素干しワカメを用いたもの，塩蔵わかめを用いたもの，「寺納豆」の成分分析を味の素株式会社食品研究所に依頼した。

　成分分析の結果，「寺納豆」の方が分岐アミノ酸であるバリン・ロイシン・イソロイシンやアスパラギン酸，うま味成分であるグルタミン酸の値が高かった。特にアスパラギン酸とグルタミン酸は，煮豆や「糸引き納豆」よりもかなり高くなっている。

　実験の結果，2回目の「糸引き納豆」はすべて糸を引いたが，ワカメの周辺にはカビが発生した。ワカメでは発酵せず，大豆が「糸引き納豆」となるには藁の枯草菌が必要であるということになる。また仮にワカメが海水程度の塩分を含んでいても，食塩濃度は低いため，保存には影響しないことは明らかである。

　「寺納豆」は，『斉民要術』に「自家用として長く貯蔵する場合には，熟成した豉を日に曝して保存する」とあったため，晴天時には天日干しを行った。その結果，約1ヶ月後には大徳寺納豆のような「寺納豆」となった。

　「寺納豆」で多く検出されたバリン・ロイシン・イソロイシン（分岐鎖アミノ酸）は必須アミノ酸の約40％を占めており，肝臓では代謝されず主に筋肉でタ

表2 煮豆，A実験（糸引き納豆）とB実験（寺納豆）の遊離アミノ酸の比較（単位：mg）

	分析項目	煮豆	素干しわかめ A実験①	塩蔵わかめ A実験②	寺納豆 B実験
遊離アミノ酸	アスパラギン酸	2.4	79.4	106.0	1020.00
	スレオニン	—	43.0	62.6	379.00
	セリン	—	35.5	30.0	457.00
	グルタミン酸	3.7	275.0	303.0	1360.00
	グリシン	—	55.1	79.7	332.00
	アラニン	6.1	106.0	180.0	461.00
	シスチン	—	—	—	6.31
	バリン	—	119.0	209.0	463.00
	メチオニン	—	53.0	79.0	73.40
	イソロイシン	—	84.8	168.0	443.00
	ロイシン	—	196.0	349.0	726.00
	チロシン	—	157.0	260.0	406.00
	フェニルアラニン	1.9	222.0	360.0	400.00
	リジン	1.6	172.0	257.0	517.00
	ヒスチジン	—	83.6	144.0	143.00
	アルギニン	10.9	27.0	34.8	562.00
	プロニン	—	567.0	87.2	396.00

※「一」は検出されなかったことを示す。

ンパク質合成に働いたり，糖新生に働いたりする。生体活動を行ううえで重要なエネルギー源となる。とくにロイシンはタンパク質の合成を促進するため，筋肉の崩壊を防ぐ作用が強いとされている。つまり，これらには体力回復効果があり，現在では経腸栄養剤やサプリメントとして利用されている。このことから「豉」は，古代にも薬として使用された可能性が高いと考えられる。

　また「寺納豆」では，うま味成分であるグルタミン酸も多く検出された。グルタミン酸は，昆布などに含まれるうま味成分としてよく知られている。現代でもうま味調味料として使用されており，『和名抄』にみえるように，古代から調味料として使用されていた可能性が高い。そのほかにもグルタミン酸はα-ケトグルタール酸を介してTCAサイクル（クエン酸回路＝エネルギーの生成）に入り，エネルギー源などになる。また侵襲時に需要が増すことがわかっており，不足すると筋肉萎縮・筋力低下など日常生活活動の低下に繋がるとされる。また，腸管免疫を高めるとされている〔飯島正平 2010〕。

飛鳥京苑池遺構出土木簡には「病斉下甚寒薬師等薬酒食教豉酒」とあり，木簡の意味から考えると，「豉」は薬として使われていたという事実を実験結果からも裏付けられたと考えられる。またグルタミン酸はうま味成分でもあるので，『和名抄』などにもあるように調味料として用いられていたことも裏付けることができた。したがって古代の「豉」は，現代の寺納豆に近いものである可能性が高い。

お わ り に――課題として――

　豉は，古代より薬や調味料として人々に重宝されてきた。今回の実験では，『延喜式』に記載されている豉が「糸ひき納豆」のようなものだったのか，「寺納豆」のようなものだったのかは断定できなかったが，成分分析の結果によれば，復元した「寺納豆」には遊離アミノ酸が豊富に含まれていたことから，薬として使用されてきたという「豉」は「寺納豆」に近いものの可能性が高い。
　ただ「豉」が中国の「豆豉」に近いものとすれば，その伝来ルートが問題になる。『唐大和上東征伝』によれば，「豉」は鑑真招来品のなかにあるが，7世紀後半の飛鳥京苑池遺跡出土木簡にはすでに「豉」がみられる。中国だけでなく朝鮮半島からの伝来の可能性もあるが〔荒井 2005〕，現在の朝鮮半島に残る「清国醬」は「寺納豆」ではなく「糸引き納豆」なので，「豉」が朝鮮半島から伝来したとは断定できない。またなぜ武蔵・相模国からのみ貢進されているかという理由も明らかにできなかった。
　今回の実験では，ワカメを用いて「豉」を作ることはできなかった。『延喜式』の記載は材料と分量のみであるため，実際の製法は不明である。実験ではワカメを粉砕したり，ワカメを小さく切って混ぜたりしたが，『延喜式』の分量では海藻に含まれる塩分量はわずか0.3％しかなく，これでは保存のための塩分量としては有効ではない〔廣野 1998〕。またアジアの納豆で海藻を混ぜる事例はなく，したがって今回『延喜式』の製法で海藻を混ぜている理由を明らかにすることはできなかった。今後の課題としたい。

参考文献

荒井秀規 1993「古代相模・武蔵の特産物たる豉（クキ）に関するノート」『大磯町史研究』2

荒井秀規 2005「美濃から東国への渡来文化の伝播─絁・豉・丹参─」相模の古代を考える会編『論叢　古代相模』

稲津康弘ほか 2008「世界の納豆類」木内幹・永井利郎・木村啓太郎編著『納豆の科学　最新情報による総合的考察』建帛社

高野秀行 2016「納豆とは何か」『謎のアジア納豆』新潮社

菊地勇次郎 1983「豉」『国史大辞典』4，吉川弘文館

田中静一・小島麗逸・太田泰弘翻訳 1997『斉民要術　現存する最古の料理書』雄山閣

飯島正平 2010「とくに重要なアミノ酸」東口高志編『「治る力」を引き出す　実践！臨床栄養』医学書院

廣野卓 1998『食の万葉集』（中公新書）中央公論社

松本忠久 2008『平安時代の納豆を味わう』丸善プラネット

付記：本研究は，科学研究費助成基盤Ｂ「古代食の総合的復元による食生活と疾病の関係解明」（課題番号：17H02393，研究代表者：三舟隆之）による研究成果の一部であり，国立歴史民俗博物館「古代の百科全書『延喜式』の多分野協働研究」（研究代表者：小倉慈司）との共同研究の一部である。なお，今回の再録にあたっては紙数の関係上，実験部分を大幅に要約した。実験の詳細については，初出の『東京医療保健大学紀要』13-1（2019年）を参照していただきたい。

附編8 『延喜式』にみえる古代の酢の製法

小 嶋 莉 乃・小 牧 佳 代・峰 村 貴 央
五 百 藏 良・三 舟 隆 之

1 古代の酢の作り方

　日本では，米から醸造した酒が変質したものが「酢」であるとされた。『倭名類聚抄』巻十六には，

　　本草云酢酒味酸温無毒〈酢音倉故反字亦作醋，和名須酸音索官反〉陶隠居
　　曰俗呼為苦酒〈今案鄙語酢為加良佐介此類也〉

とあって，酢には酸味があり，俗に「加良佐介」と呼ばれていたことが判明する。平城宮跡出土木簡や『延喜式』などの文献史料から，平城宮などでは当時酢が造酒司で製造されていたことが明らかとなっている。養老職員令造酒司条には，「造酒司一人，〈掌，醸＝酒醴酢＿事〉」とあり，古代の酢は酒・醴（あまざけ）とともに造酒司で製造されていた。また，「造レ酢料六十斛。右以＝庸米＿受＝民部省＿」とあって，酢の原料には民部省の庸米が用いられていたことが知られる。

平城宮造酒司

　平城宮における造酒司は，1964年から発掘調査によってその遺構が明らかになりつつある。その結果，内裏東方の南北約125m・東西約110mを築地塀で囲んだ区画が造酒司と考えられており，南北門や掘立柱建物・井戸跡などが発見されている。掘立柱建物の内部には甕の据え付け穴がならんでおり，醸造・保管にかかわる施設であったことがわかる。また井戸跡は六角形の周囲を石敷きでめぐらせる巨大なものである。このほか，区画内には竪穴が掘られており，これは種麹の保存施設の可能性がある。遺構からは酒造に関する木簡のほ

かに酢に関する木簡も出土しており，「中酢」「臭酢鼠入在／臭臭臭臭臭」など
と書かれたものも見つかっている。前者は酢の等級を示すもので，後者は酢の
中に鼠が入り腐敗している様子を示していると考えられる。そのほか須恵器坏
の底部外面に「酢」と書かれた墨書土器も出土しており，甕の蓋に使用された
可能性がある。

「正倉院文書」にみえる酢

　天平11年（739）の「伊豆国正税帳」（『大日本古文書』2-197，以下『大日古』と
略）には「合酒弐拾捌斛柒斗壱升壱合　雑用参斛玖斗壱升陸合〈三斗七升，織
錦，幷神明膏万病膏等酢分〉」とあり，古くなった酒を酢として計上している。
神護景雲4年（770）の「奉写一切経所告朔解」（『大日古』6-93，18-9/25）には，
「酢壱斛弐斛捌斗肆升伍合　二斗八升〈七月三日請〉　二斛伍斗六升五合〈以同
月十二日請斛納米二斛八斗五升〉得汁〈斛別九斗〉」とあって，米2石8斗5升
から酢2石5斗6升を製造しており，米1斛から酢9斗を作ることができるこ
とになる。

　この酢の残り滓が「酢滓（糟）」で，神護景雲4年の「奉写一切経所解案」（『大
日古』18-1，史料1）には，酢糟が漬物や調味料として支給されているほか，腐
敗して使用できないものも記されている。

・史料1　奉写一切経所解案（神護景雲4年）
　酢糟七斗
　　　　七月中請〈二斗三日，五斗十二日〉
　用尽
　　　三斗漬茄子一十三斛四斗六升料
　　　二斗自進五百十六人仕丁四百九人幷九百二十五人料〈人別二夕〉
　　　　　　二斗依㲵不用

このような酢糟では「酢四斛一斗二升〈交糟〉」のように，酢の糟が混じった
ものもあり品質はよくない一方，「吉酢」とあるような上等な酢も存在する。

　酢は調味料や漬物に用いるなど食用では必需品であり，市でも販売されてい
た。天平宝字7年（763）の「奉写経所解」（『大日古』16-348）には「五百卅文酢
二斗直〈升別廿七文，市〉」とあり，酢の価格はおおよそ酢1升が米3升に相当

し，醬（ひしお）と同じである。

『延喜式』にみえる酢

平安時代には，『延喜式』「造酒司造₋雑給酒及酢₋法条」に，

　　酢一石料。米六斗九升，糵四斗一升，水一石二斗（中略）酢起₋六月₋，各始₋
　　醸造。経₋旬為₋醅，並限₋四度₋

とあって，造酒司では陰暦6月に仕込み，10日ごとに4回に分けて醸造していたことがわかる。

このほか，酢は調味料や漬料としても必需品であったので，貴族や豪族の家でも製造されていた。『うつほ物語』吹上上では，紀伊国牟婁郡の大豪族である神南備種松の屋敷の様子が描かれているが，そこには「これは酒殿。十石入るばかりの甕二十ばかり据ゑて，酒造りたり。酢，醬，漬物，みな同じごとしたり。贄どもなどもあり」とあって，酒殿で酒・醬などともに製造されていることが知られる。

『万葉集』巻16-3829「酢，醬，蒜，鯛，水葱を詠む歌」に「醬酢に蒜搗き合てて鯛願ふ我れにな見せそ水葱の羹」とあるように，鯛の刺身を酢につけて食べていたことがわかる。平安時代の大饗料理でも，醬・塩・酒・酢が「四種器」として手もとに調味料として置かれている。

それゆえ奈良時代には官人の給与としても支給されていた。「正倉院文書」には写経生に支給される給食の品目・量を決めた「食法」という史料があるが（『大日古』18-486〜488），そこには「醬・未醬（みびしお）各一合，酢五勺，塩六勺〈已上六種長充〉」とあって，酢が醬・未醬・塩などとともに調味料として支給されていたことが知られる。また『延喜式』大膳上新嘗祭条（史料2）では，神祇祭祀の際の神饌としても必需品であることがわかる。

・史料2　『延喜式』大膳上新嘗祭

　　輿籠二脚　置簣二枚〈並供神料〉

　　小斎給食総三百卅四人〈五位已上廿人，六位已下二百五十五人／命婦十人，女孺・采女卅四人，御巫五人〉。五位已上一人，醬・酢・塩各一合，東鰒七両・堅魚一両・烏賊十二両，熬海鼠・腊各五両，鮨八両・海藻十二両，清蒜房・蒜英各二合，漬菜一合，韮搗二合。六位已下一人，醬五勺，塩五勺，

東鰒七両，熬海鼠・腊各五両，海藻四両，鮨六両，韮搗五勺，漬菜一合。

　右依_前件_，其男辰日旦，女卯日夕，辰日旦給之。

　このように酢は一般に調味料として利用されてきたことが明らかであるが，一方，酢漬けにも欠かせないものであった。「正倉院文書」には「酢漬冬瓜」などの漬物がみえ，野菜を酢漬けにして保存していた可能性がある。また平城宮跡出土木簡に「酢鰒」「酢年魚」などの加工品がみえるが，一般にこの「酢」は「鮓（鮓）」と理解され，発酵食品と考えられている。しかし「酢漬け」の可能性もあろう。

　以上のように，古代の酢は酒とともに造酒司などで製造され，調味料や保存料として古代の食生活に不可欠なものであったことが知られる。

『斉民要術』にみえる酢の製法

　『斉民要術』は，山東省の農務官である賈思勰（かしきょう）が 6 世紀に書いた中国最古の農書であり，酢の製法は『斉民要術』の第 71 章に記載されている。「酢」という漢字は古くから用いられていたが，中国では主に「醋」という漢字が用いられている。また，「苦酒」という異名ももち，このことから酒が酸敗したものが酢として扱われていたことがわかる。

　『斉民要術』に記された酢の製法は，『延喜式』と同様に飯，水，麴を用いている例がほとんどである。『斉民要術』では，米の代わりにアワ飯，米麴の代わりにムギ麴を用いたものがとくに多い。たとえば「大酢」はムギ麴 1 斗，水 3斗，アワ飯 3 斗を甕に仕込み，甕の口を綿で覆って造られる。7 日目の朝に「初汲みの水」を 1 椀加え，21 日目に再び加えると酢ができるとされている。甕の上には刀を横たえておき，酢酸によって刀が錆びて緑青が発生することで，酢のでき具合を判断していたようだ〔田中ほか 1997〕。

2　酢の復元実験

福山酢の製造方法

　酢は醸造酢と合成酢に分類され，醸造酢は原料を酢酸菌で発酵させたものである〔小泉 2016〕。穀物酢は醸造酢のうち，米，大麦，小麦，酒かす，コーンな

ど1種または2種以上の穀類を使用したもので，米の使用量が穀物酢1ℓに対して40g以上のものを米酢といい，そのほかに米黒酢，大麦黒酢がある。黒酢はJAS規格では米黒酢として分類され，米が1ℓにつき180g以上使用され，発酵と熟成によって褐色または黒褐色になったものである。なかでも鹿児島県福山町周辺で造られる酢を「壺酢」といい，中国から伝来した原始的な製造法で作られている。まず蒸米と麹と水を壺に入れ，日当たりのよい庭に並べて放置しておくと3ヶ月くらいで食酢になり，これをさらに数ヶ月熟成させる。仕込み当日か翌日に乾燥麹を液面に浮かせておくように加える（「振り麹」という）。この「振り麹」が雑菌の侵入を抑えて壺酢特有の香味を醸すのに役立ち，さらに麹菌糸が繁殖し熱い蓋を形成する。糖化とアルコール発酵が進むとこの麹の蓋は内側から沈み，酢酸菌の菌膜が一面に張り，酢酸発酵が進む。この造り方は，江戸時代の『本朝食鑑』に出てくる酢の造り方に似ている。

　『本朝食鑑』には，粳の早場米を籾がついたまま蒸し，それを搗いてから篩<ruby>篩<rt>ふるい</rt></ruby>にかけ，その米を炊いて飯にし，麹・水とともに壺に仕込み，1年ほど寝かせて仕上げる，と記されている。『本朝食鑑』の酢も鹿児島県の黒酢も，仕込んだ壺の中で糖化とアルコール発酵，酢酸発酵が同時に並行して行われている。黒酢は玄米そのものを原料にするため，米の表面に多いタンパク質が麹菌の酵素で分解されてアミノ酸になり，そのアミノ酸が米のデンプン由来のブドウ糖と結合して，黒色のメラニン系の色素ができて黒くなる〔小泉 2016〕。

　以上が現代に続く酢の製法であるが，古代では酢の存在やその原料は明らかであるにもかかわらず，製法については不明である。そこで次に『延喜式』にみえる酢の原料から，どのような酢がどのようにできるかを検討してみたい。

『延喜式』にみえる酢の復元実験

　『延喜式』に記載されている材料と分量で復元実験を行い，酢の製造方法を検証する。『延喜式』には「酢一石料。米六斗九升，蘖四斗一升，水一石二斗」とあり，これが酢の材料と分量にあたる。古代の度量衡では酢1石は10斗＝100升で約80ℓになり，酢1升は約0.8ℓである。同じく米6斗9升は69升で，米1升は約4.5合，米1合は約150gであるため，46.6kgに換算した。蘖とは米麹のことで，蘖4斗1升は41升，米麹の1升は約4.5合で米麹1合は約123g

であるため，22.6 kg に換算した。水1石2斗は120升，水1升は0.8ℓ であるため，96ℓ に換算した。すなわち，酢80ℓ を造るには米49.6 kg，米麹22.6 kg，水96ℓ が必要ということになる。実験では『延喜式』や壺酢の製法を参考に酢を1ℓ 造ることにし，米620 g，米麹283 g，水1.2ℓ を用意して復元実験を行った。

　まず精白米620 g をさらしで包んで洗った後，蒸留水で2時間浸漬し，100℃に設定したスチームコンベクションオーブンで40分間蒸して，その後38℃程度まで冷ました。福山酢の製法を参考に，雑菌を防ぐため最後に「振り麹」を行うこととし，漬物用の甕に米麹，蒸し米，蒸留水，振り麹の順で入れ，さらしで蓋をした。しかしこれでは発酵しない可能性があったので，ドライイースト14.3 g を添加し，28℃ に保ったインキュベーター内に入れたものを製作した。また『延喜式』には「経┕旬為┙醸，並限┙四度┑」とあることから，3段仕込みを行った。さらに発酵が進むように酒米（山田錦）を使用したうえに，活性原酒（180 mℓ）を添加したものも作成した。原料が精白米であるものよりも，原料が酒米であるものの方がアルコール濃度は高かった。糖度は13〜14% であったが，活性原酒の投入後，徐々に上昇し17.4% まで達した。しかし徐々に低下し，14.1% に落ちついた（図の②）。糖が消費され，アルコールを生成したこ

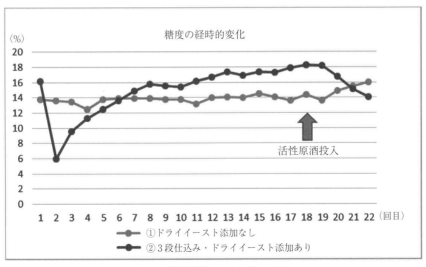

図　活性原酒投入時の糖度変化

とがわかる。

このことから古代の酢には,『延喜式』に記載されている材料だけでなく,独自の酵母が添加されていたと思われ,造酒司で製造されていることから,酒の酵母が混入した可能性が考えられる。また,『延喜式』の酢が福山酢の製造方法に近いとするならば,甕に住み着いている酵母を利用していたと推測することもできる。

また,『延喜式』では10日ごとに「醸す」とあるので,現代の3段仕込みのような醸造法で製造していた可能性も考えられる。復元実験ではほかの個体に比べ,糖度の上昇が安定しており,活性原酒投入前にはアルコール発酵するのに十分な糖が生成されていた。前述したように,ここに独自の酵母があればアルコール発酵を促し,酢を製造することも可能だと考えられる。

復元実験の結果

酢を醸造するうえで最も重要なのはアルコール発酵であるが,『延喜式』の材料で作成したものは発酵が起きず,すべて腐敗してしまった。3段仕込みを行ったものや,酒米を使用して活性原酒を投入したものについては発酵が認められたが,その後酢酸菌を加えたにもかかわらず,酢になるときの皮膜や匂いは認められなかった。発酵濃度が約10%と高かったのが,失敗の原因と考えられる。

そのためさらに追加実験を行い,『延喜式』と同様の材料・分量で,精白米・酒米620g・米麹283g(うち振り麹100g)・水1.2ℓとしたものと,ドライイースト(ワイン酵母)15gを添加し,水1.2ℓを入れて攪拌した後振り麹をしたものをそれぞれ2つずつ作成し(①と②),それぞれインキュベーター内で温度を管理した(28℃に設定)。仕込み時では,酒米を使用したもの(表B①②)はそれぞれpH3.8で糖度も11.5・11.1%,ワイン酵母を用いたもの(表C①②)はpH4.7・4.8で糖度は14.2・14.3%と高かった。いずれもまだ発酵はしていなかった。

2週間後に発酵濃度を測定したところ,酒米とワイン酵母を用いたものは糖度が高く,pHの値も低下していた。そこで酢酸の発酵に適した濃度(5〜7%)にするために蒸留水500mℓを加水し,酢酸菌50mℓをそれぞれに投入した。

その後,皮膜が認められ酢の匂いもしたので,成分分析を行うため味の素食

表　酢酸菌添加直前の温度・pH・糖度・アルコール
濃度

個　体	温度	pH	糖度	アルコール濃度
A ①（精白米）	28℃	3.8	12.1%	11.0%
A ②（精白米）	28℃	3.8	11.7%	10.0%
B ①（酒米）	28℃	3.7	11.5%	11.0%
B ②（酒米）	28℃	3.7	11.1%	10.5%
C ①（ワイン酵母）	28℃	4.7	14.2%	8.5%
C ②（ワイン酵母）	28℃	4.8	14.3%	5.5%

品研究所に送った。分析の結果，発酵濃度が0％になり，酢酸も100gあたり7,300mgに増えていることが認められたため，『延喜式』にみられる古代の酢の復元に成功したと考えられる。

酢の復元実験からわかること

　以上の実験から，たんに『延喜式』の材料のみで，酢を作るのは難しいと考えられる。やはりアルコール発酵の技術に熟練した工人が必要であり，またそれに適した原料や環境が必要であろう。造酒司跡から「酒米」「赤米」などの木簡が出土しているのは，それらが醸造に適したものであることを理解していたに違いない。

ま　と　め——古代の醸造の問題点——

　最初の実験は『延喜式』に記載されている材料・分量のみで行い，アルコールを作るのに必要な糖を生成することに成功したものの，酢を製造することはできなかった。その後の追加実験でアルコール発酵させたうえで酢酸菌を投入したところ，古代の酢を復元することに成功した。アルコール発酵の方法や酢酸発酵させるために適切なアルコール濃度など，『延喜式』に記載された材料だけでは簡単に酢ができないことが明らかとなった。そのため造酒司などのように酒の醸造を行う場所や，専門の工人が必要であると考えられる。今回の実験から，酢だけでなく，古代における醸造の問題点も明らかにできたと考える。

参考文献

飴山實・大塚滋編 2002『酢の科学』（シリーズ食品の科学）朝倉書店（初版 1990）

小泉武夫 2016『醤油・味噌・酢はすごい　三大発酵調味料と日本人』（中公新書）中央
　　公論新社

坂本卓 2015『おもしろサイエンス発酵食品の科学　第 2 版』日刊工業新聞社（初版
　　2012）

高見伸治ほか 2016『改訂　食品微生物学』建帛社

舘博監修 2015『図解でよくわかる　発酵のきほん』誠文堂新光社

田中静一・小島麗逸・太田泰弘翻訳 1997『斉民要術　現存する最古の料理書』雄山閣

農山漁村文化協会編 2012『農家が教える　続・発行食の知恵』農山漁村文化協会

三舟隆之 2019「大甕を使う」『官衙・集落と大甕』第 22 回古代官衙・集落研究会

付記：本研究は，科学研究費助成基盤 B「古代食の総合的復元による食生活と疾病の
　　関係解明」（課題番号：17H02393）による研究成果の一部であり，国立歴史民俗博
　　物館「古代の百科全書『延喜式』の多分野協働研究」（研究代表者：小倉慈司）と
　　の共同研究の一部である。なお，今回の再録にあたっては紙数の関係上，実験部
　　分を大幅に要約した。実験の詳細については，初出の『東京医療保健大学紀要』
　　13-1（2019 年）を参照していただきたい。

附編9 西大寺食堂院跡出土木簡にみえる 漬物の復元

佐 藤 清 香・佐 藤 彩 乃・五 百 藏　良・三 舟 隆 之

は じ め に

　天平宝字8年（764）に孝謙太上天皇が発願・造営した西大寺の食堂院跡が近年発掘調査され，食堂などの建物跡や井戸跡・埋甕列が見つかった。また瓜・茄子などの種子や野菜類が記載された木簡，製塩土器が出土している。

　野菜は生の状態で長期間保存することが難しく，古代には現代のような冷蔵技術もないため，漬物にしていたとみられる。木簡には食品名しか記載されていないため，実際それがどのようなものであるか不明である。そこで瓜と茄子を使って復元実験を行うことにした。実験には「正倉院文書」や『延喜式』などの史料も参照した。

1　西大寺食堂院跡出土木簡と古代の漬物

西大寺食堂院跡の発掘調査

　西大寺食堂院跡付近の発掘調査では，奈良市教育委員会による第15次調査で合計28基の埋甕列が発見されている〔奈良市教育委員会 2006〕。

　2006年に平城京跡右京一条三坊八坪（西大寺旧境内食堂院跡推定地）および右京北辺三坊三坪におけるマンション建設に伴う発掘調査で，西大寺の食堂院跡に関連するものと思われる遺構が検出された〔奈良文化財研究所 2007〕。

　西大寺は天平宝字8年の藤原仲麻呂の乱の際に，孝謙太上天皇が反乱の鎮圧を祈願して発願された寺院で，天平神護2年（766）には造営が進んでいたとされる。宝亀11年（780）の「西大寺資財流記帳」によれば，創建当初の西大寺は，平城京右京一条三・四坊に位置し，薬師・弥勒の両金堂，東西両塔，四王

院など多数の堂舎が存在したとみられる。なかでも食堂院は，「瓦葺食堂一宇
〈長十一丈，広六丈〉」のほかに「檜皮殿」「檜皮双軒廊三宇」「瓦葺大炊殿」「東
檜皮厨」「瓦葺倉代」「西檜皮厨」「瓦葺倉代」「瓦葺甲双倉」などの建物があっ
た。

　2006年の発掘調査で発見された遺構は，礎石建ちの東西棟建物SB955と
SB960で，「西大寺資財流記帳」にみえる「殿」「大炊殿」に比定されている。ま
た食堂・大炊殿・甲双倉が南北に並ぶ建物配置が確認され，「西大寺資財流記
帳」の「食堂」を中心に「殿（盛殿）」「大炊殿」「厨」「甲双倉」「倉代」などに
該当すると考えられる。そのほか，軒廊や「甲双倉」とみられる建物跡のほか，
井戸跡や埋甕列が検出されている。この埋甕列は奈良市教育委員会の第15次
調査で見つかったものとあわせて，東西4基の列が南北に20列，合計80基以
上になると推定されている〔奈良文化財研究所 2007〕。

　出土した遺物には須恵器・土師器・製塩土器のほか，木簡や墨書土器などの
文字史料などがある。木簡には，「飯壱升　伊賀栗拾使間食料　八月廿七日
目代　□□」「飯弐升　客房侍倉人一人鎰取一人合二人間食料」「飯壱斗壱升
蔓菁洗漬並□／上座　寺主「信如」可信」など飯の支給を示すもののほかに，
「醬漬瓜六斗」「漬蕪六升」などの漬物類や「東薗進上瓜伍拾壱果　又木瓜拾丸
大角豆十把／茄子壱斗弐升」「茄子十五石六斗」「四斗五升茄九石　二斗一升知
□□斗□瓜一石五斗五升干瓜」「東薗進上大根三升　知佐二升」などの野菜類の
進上，さらには「浄酒弐升□□□料又酒」「□酒壱升弐合□□」などの酒の貯蔵
を示すものが存在する。木簡には延暦5年（786）・10年・11年と書かれたもの
があることから，おおよそ8世紀末のものとみてよい〔浅野 2012〕。また，瓜・
蕪菁・茄子などの種子も出土している。

　以上の発掘調査の知見から，西大寺食堂院では関連する荘園から米や野菜，
塩などが貢進されており，それらを漬物にしたり，醬や酒の醸造を行っていた
と考えられる。

古代の漬物──『延喜式』にみえる漬物──

『延喜式』には古代の食品が散見されるが，まず内膳司漬年料雑菜条には，
瓜・茄子の漬春菜料として，「瓜味漬一石〈料塩三斗〉」とあり，漬秋菜料とし

て「瓜八石〈料塩四斗八升〉。糟漬瓜
九斗〈料塩一斗九升八合，汁糟一斗
九升八合，滓醬二斗七升，醬二斗七
升〉。醬漬瓜九斗〈料塩，醬，滓醬各
一斗九升八合〉，糟漬冬瓜一石〈料塩
二斗二升，汁糟四斗六升〉，醬漬冬瓜

表　『延喜式』内膳司漬年料雑菜条漬秋菜料

	材料	塩	塩分濃度
塩漬瓜	8石	4斗8升	6%
醬漬瓜	9斗	3斗9升6合	44%
醬茄子	6斗	4斗8升	80%
糟茄子	〃	2斗7升	45%

四斗〈料塩八升八合，滓醬・未醬 各一斗六升八合〉」「茄子五石〈料塩三升〉。
醬茄子六斗〈料塩一斗二升，味醬・滓醬各一斗八升〉，糟茄子六斗〈料塩一斗二
升，汁糟一斗八升〉」「荏褁二石六斗〈料瓜九斗，冬瓜七斗，茄子六斗，塩一斗
二升，醬・未醬・滓醬各一石〉」とある。

　このように瓜・茄子の漬物には塩漬・醬漬・糟漬があり，『延喜式』の記載の
分量から塩分濃度をまとめれば表のようになる。ただし，これは単純に容積比
の割合から算出したものである。

　次に『延喜式』内膳司供奉雑菜条には，「日別一斗薑料三升生瓜三十顆〈進三
升自五月迄八月所進〉。茄子三十顆〈進二升，六・七・八・九月〉」とあり，生
瓜や茄子の採れる時期が判明する。さらに『延喜式』大膳下醬瓜条には，「瓜四
斛七斗六升〈直〉，塩一石一斗四升二合四勺，滓醬三斛一斗四升一合六勺。右正
月最勝王経斎会醬瓜料」とあり，また「瓜二石九斗一升五合〈直〉，塩七斗二合
三勺三撮，滓醬一斛九斗二合。右，従=八月一日=迄=来年七月卅日=，供御醬瓜
料〈中宮同之〉。瓜八斛五斗七升〈直〉，塩二斛四升九合六勺，滓醬五斛六斗三
升六合四勺。右儲=醬瓜料=」とあって，「醬瓜」が正月の最勝王経斎会に用いら
れ，さらに８月１日より来年の７月 30 日まで供御（天皇の食事）とされている
ことから，保存の利くものであることが判明する。

　同様に造雑物法では，

　　醬茄子一千四百二十八顆，未醬茄子一千四百二十八顆，荏褁四百七十六顆
　　〈呉桃子二斗，生姜六斗，山蘭・竜葵子各一斗，舌就一斗〉，未醬冬瓜二十
　　五顆，漬生姜一斛〈通=用神態料=〉，荷九斗五升二合，漬糟冬瓜二十四顆，
　　漬蔓菁根九斗五升二合，楡蔓菁四斗七刋六合，楡皮蔓菁九斗五升二合。

　　　右，雑菜正月最勝王経斎会料，夏時造儲。其造法見=内膳式=。

とあって，醬漬けの茄子についても，夏に作ったものを正月に用いていること

が判明する。

　以上のように，長期間保存する際には醬漬け，反対に日常に食する際は塩漬けであったことがうかがえる。

「正倉院文書」にみえる「瓜」「茄子」の漬物

　一方，『延喜式』だけでなく「正倉院文書」にも，瓜と茄子の漬物が散見する。瓜の「醬漬」の例では，「醬一斗五升〈六升瓜漬料〉」（天平宝字2年食物用帳『大日本古文書』13-298，以下『大日古』と略）が，茄子醬漬では「醬漬茄子五升」（天平宝字2年食料下充帳『大日古』14-101），「醬漬茄子　用尽」（天平宝字2年類収『大日古』14-216）がある。ほかには末醬漬もあったらしく，「末醬瓜一椀」（天平勝宝2年〈750〉浄清所解『大日古』11-352）・「末醬茄子一椀」（天平勝宝2年浄清所解『大日古』11-352）とある。

　塩漬けの例では，漬物に用いたと思われる塩として「〔塩〕二升〈干茄子三斗料〉」（神護景雲4年〈770〉奉写一切経所告朔解『大日古』6-92），「塩三升〈瓜曝料〉」（天平宝字2年下充帳『大日古』13-473）があり，瓜の塩漬では，「瓜一百果別塩二升」（天平11年〈739〉写経司解『大日古』7-273），「又青瓜二百十果〈漬料〉（中略）又塩六升〈瓜漬料〉」（天平宝字2年食物用帳『大日古』13-312）がある。茄子の塩漬の例としては，「〔塩〕四斗四升茄子十一石漬料〈斗別四合〉」（宝亀2年〈771〉奉写一切経所解『大日古』6-233）がある。ほかに「甘漬瓜一椀」「甘漬茄子一椀」（天平勝宝2年浄清所解『大日本古文書』11-352），「甘漬瓜茄子一叩戸」（天平勝宝2年浄清所解『大日古』11-352）とあって，「甘漬」とは塩分濃度が低い漬物を指すものと思われる。

2　古代の漬物の復元実験

　古代の食品を復元にするにあたって，最も難しいのが計量である。当時の計量には一般に升が用いられていたが，野菜などをどのように量っていたのかは不明な点が多い。実際野菜を升で量ることは難しく，『延喜式』に記載されている内容では復元が困難であったため，「正倉院文書」を基に実験を行った。また，漬物を漬ける際の手順については現代の作り方を参考とした。

「正倉院文書」にみえる茄子の漬物実験

「正倉院文書」の「(塩)四斗四升茄子十一石漬料」(前節参照)を手がかりに実験を行うことにした。今回は枡で量りやすいように,市販されている小茄子を用いた。

最初に,枡で量ったものを重量に換算する必要がある。まず一升枡に小茄子を詰め,入った茄子の分量を量った。この操作を合計5回行い,平均した値を今回の小茄子の重量とした。その結果,平均は714gであったが,漬ける瓶の大きさの都合上,半分の量(357g)で実験することにした。次に同じ史料に記述されている,塩と茄子の割合から塩の量を計算した。茄子11石に対し塩4斗4升とあるので,現代の比率に直すと茄子:塩は100:4となることから,塩の分量は14.2gとした。

まず小茄子はよく洗い,へたととげの部分を軽く取り除き,塩をすりこんだ後,漬物瓶につめた。そして,木製の落し蓋の上に重石(小茄子の2倍の重さ)を載せたものと,重石なしのものの2種類を作成し,風通しのよい屋外に4日間静置した。

その結果,重石なしのものは3日後には色が退色し,酸臭がした。4日後にカビの発生がみられ,匂いも確認できた。また,重石ありのものは4日後でもカビの匂いは確認されず,酸のような匂いが確認されたのみであった。今回の実験から,カビの発生を防ぐためには,重石を用いて酸素を遮断することが重要であると判明した。しかし重石ありのものもその3日後にはカビが発生し,すべて腐敗した。十分な酸素の遮断ができていなかったことと,漬け汁が十分に出なかったことが原因であると考えられる。

このように,漬物の保存を行うためには嫌気的な環境を整える重要性がわかったため,茄子より水分含有量の多い瓜に絞って実験を続けることとした。

「正倉院文書」にみえる瓜の漬物実験

「瓜一百果別塩二升」(前節参照)の分量を基に実験を行った。瓜556gに対して塩27.8gのものを瓜1A,瓜557gに対して塩27.9gのものを瓜1Bとした。現代の1升は古代の0.45升に相当し,現代の1升は約1,800 cm^{3}であるから,古代の1升は約810 cm^{3}となる。水は小さじ1杯5gに対し,塩は小さじ1杯

が約3gであるため，塩2升は約972gである。史料から瓜100個に対して塩2升約972gとあるので，瓜1個に対する塩の分量は約9.72gである。種を除いた瓜1個が200gとすると，塩の割合は5%の分量となる。

　まず瓜の重量（種あり）をすべて測定し，平均を出した。次に瓜の両端を切り，種を除去した後もう一度重量を測定し，平均を出した。瓜を半分に分け，瓜2A，瓜2Bに分けて実験した。

　瓜2Aは5%塩水で洗浄後，重量1,167g（6個分）に対して5%の塩58gをまぶし，切り口が上になるようにして漬け込んだ。5%塩水は，水950mlに塩50gを入れて作った。瓜2Aでは，アルミ箔の蓋をかぶせた上から落し蓋をのせ，さらに2.5kg分の重石をのせた。新聞紙をかぶせて紐で結んだ後，蓋をのせて風通しのよい屋外に静置した。

　瓜2Bは5%塩水で洗浄後，重量1,139g（6個分）に対して5%の塩57gをまぶし，切り口が上になるようにして漬け込んだ。5%塩水は，水950mlに塩50gを入れて作った。落し蓋をのせ，2.5kg分の重石をのせた。上から新聞紙をかぶせて紐で結んだ後，蓋をのせて風通しのよい屋外に静置した。その結果，瓜2A・2Bどちらも4日後にはカビの発生が確認されたので，すぐに腐敗が進んだと考えられる。

　次にまた新たに瓜の塩漬けを作り，培地で微生物の観察を行った。瓜は縦半分に切り，ヘタと種を除いた全重量（6本，1,003g）に対して塩50.15gを用いた。まず瓜をよく洗った後，用意した5%の塩を表面によくまぶし，皮を上側にして漬物瓶に平らになるように詰めた。木製の落し蓋をし，2kgの重石をのせ，風通しのよい屋外にて1週間静置した。

　その結果，落し蓋と重石をのせたことにより，瓜は漬け汁に漬かった状態に維持できたが，今回も観察開始から1週間でカビの発生がみられた。2週間たつとカビは表面全体に広がり，カビ臭も感じられた。今回の実験では1週間経った時点では腐っておらず，見た目だけだと食せそうであった。

塩分濃度およびpHと微生物検査

　試料の漬け汁を採取しポケット塩分計を用いて塩分濃度を測定した。また同様にpH計を用いて測定した。微生物の検出は，標準寒天培地，デソオキシコ

ーレイト培地，炭酸カルシウム添加 MRS 寒天培地を用い，滅菌済み生理食塩水に試料の漬け汁を加えて行った。

標準寒天培地は $10^6 \sim 10^8$，デソオキシコーレイト培地は $10^1 \sim 10^4$，炭酸カルシウム添加 MRS 寒天培地は $10^6 \sim 10^8$ の倍率で希釈を行った後，シャーレに希釈試料液を各 0.5 mℓ ずつ入れ，30℃ にて混合培養を行い，シャーレ上に検出されたコロニー数を調べた。

食塩濃度は，測定した場所により差はあるが，平均 4.65% であった。これは，「正倉院文書」に記載されていた「瓜一百果別塩二升」を現在の分量に変換した塩分濃度約 5% とほぼ同じであった。また pH は，測定開始日は pH 5.1 だったが，約 2 週間後には pH 4.5 と酸性に傾いた。このことから，生酸菌が関与していることがわかった。

微生物については，標準寒天培地で観察された一般細菌数は 1.4×10^8 cfu/mℓ，デソオキシコーレイト培地で観察された大腸菌群は 1.15×10^5 cfu/mℓ，炭酸カルシウム添加 MRS 寒天培地で観察された生産菌数は 4.7×10^6 cfu/mℓ であった。

外観は腐っていなかったことから，瓜を漬ける際には皮を上側にすることが重要であると確認できた。しかし木製の落し蓋では瓶との間にわずかな隙間ができてしまうため，酸素をすべて遮断することができず，カビが発生したのではないかと考えられる。5% の塩分濃度は現代の浅漬けに相当するため，野菜を長期間保存するためには，史料に記載されている濃度より強くする必要があるのではないかと考えられる。漬物を保存するためには，酸素の遮断と塩分濃

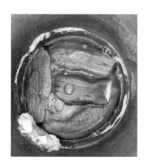 

図 1　瓜塩漬けの様子
（左：1 週間後，右：2 週間後）

度が重要であると確認できた。

『延喜式』にみえる瓜の醬漬物実験

次に瓜の醬漬けを作成した。醬は市販品（森文醸造）を用い，『延喜式』の分量に基づき，瓜：塩：醬が4：1：3になるよう，瓜300 g，塩75 g，醬225 gをガラス瓶に詰めた。今回は中の状態も観察するため，ガラス瓶を用いた。醬の塩分濃度は6.7%であったため，この醬漬けの塩分濃度は約30%になる。まず瓜を縦半分に切り，種を除いた。塩をよくまぶし，醬のもろみを瓜の舟に詰め，平らになるようにガラス瓶に敷き詰めた。瓶の口径と内径が異なるため，落し蓋を用いるのは困難だと考え，ビニール袋に790 gの水を入れたものを重石の代わりとし，空気を遮断できるようにした。また，それを冷暗所に静置した。

試料の漬け汁を採取し，ポケット塩分計を用いて塩分濃度を測定した。また同様にpH計を用いてpHを測定した。微生物の検出は標準寒天培地，炭酸カルシウムを添加したMRS寒天培地，デソオキシコーレイト培地を用い，4.5 mℓの滅菌済み生理食塩水に試料の漬け汁0.5 mℓを加えた。標準寒天培地は10^5，10^6，10^7，炭酸カルシウム添加MRS寒天培地は10^1，10^4，10^5，10^6，デソオキシコーレイト培地は原液，10^1，10^2，10^3まで希釈を行った後，シャーレに希釈試料液を各0.5 mℓずつ入れて30℃にて混釈培養を行った。シャーレ上に検出されたコロニーより生菌数（cfu/mℓ）を求めた。

その結果，静置後1週間がたってもカビがみられなかったため，さらに1週間静置した。試食を行ったところ，漬物に近い歯ごたえが感じられたが，塩味がかなり強かった。さらに2ヶ月静置してもカビの発生はみられなかった。こ

図2　漬けた時の様子

の漬け汁を光学顕微鏡観察した結果，桿状の菌がみられた。塩分濃度は5.3～6.8%で，pHは4.4であった。

微生物の検出実験では，標準寒天培地で観察された一般細菌数は$6.7×10^6$ cfu/mℓであった。炭酸ナトリウム添加MRS寒天培地，デソオキシコーレイト培地ではコロニーは検出されなかった。また，

光学顕微鏡観察の結果，漬物に生育する酵母特有のコロニーは検出されなかった。

　塩漬けでは1週間ほどでカビの発生がみられたが，醬漬けでは2ヶ月たってもカビの発生がみられなかった。1週間後の塩漬けの塩分濃度は3.4％，2ヶ月後の醬漬けの塩分濃度は6.1％であり，醬漬けの方が塩分濃度は高かった。大腸菌群も検出されなかったため，醬漬けは食せる可能性があると思われる。炭酸ナトリウムを添加したMRS寒天培地でコロニーがみられなかったのは，生酸菌が長期の保存により死滅してしまったからだと考えられる。よって，長期保存のためには塩分濃度を高くする必要があることが実験でも確かめられた。

実験結果から

　今回の実験では，目視でカビの発生を確認するとともに，漬け汁を用いて微生物検査を行った。古代と現代では味覚が違うことも考えられるため，カビと大腸菌群の有無から食せるかどうかの判定を行った。

　「正倉院文書」の塩分濃度をもとに漬けた瓜では，観察を始めてから1週間後にはカビの発生が確認された。また，微生物検査の結果は一般細菌数が$1.4×10^8$，生酸菌数が$4.7×10^6$だったが，大腸菌群が$1.15×10^5$検出されてしまった。一方醬漬けでは1週間，2週間と観察を続けたが，見た目に大きな変化はみられず，2ヶ月後もカビの発生はみられなかった。また，微生物検査の結果，大腸菌群は検出されなかった。

　1〜2ヶ月保存するためには5〜8％の塩分濃度が必要であり，3〜6ヶ月保存するためには10〜12％，6ヶ月以上保存するためには15〜25％の塩分濃度が必要である。また，「微生物の繁殖は温度によって大きく支配される。防腐のために加える塩の量は季節によって変えることが大切である。冬では，当座漬けの場合4〜5％でよいのが，夏ではこの濃度では腐敗菌の繁殖を抑えることができず，8〜10％から最高20％程度まで使わなければ安心できない」とある〔河野 1991〕。瓜の塩漬けは史料から塩分量を5％として実験を行ったが，やはり長期保存のためには塩分量が足りなかった。したがって「正倉院文書」の材料だけでは，野菜の長期保存は困難であることがわかった。一方で醬漬けは，塩分濃度が30％あったため夏場でもカビの発生がなく，大腸菌群も検出され

ず，長期保存ができたと考えられる。

おわりに

　瓜の塩漬けは，『延喜式』や「正倉院文書」の塩分濃度では，1週間ほどでカビが発生してしまい，長期の保存が困難であった。よって，現代でいうところの浅漬けのように，短期の保存食品として用いられていたと考えられる。瓜の塩漬けと比較して，瓜の醤漬けは『延喜式』の塩分濃度でもカビは生えず，2ヶ月以上の長期保存ができた。このことから，古代では短期の保存には塩漬け，長期の保存には醤漬け，というような使い分けがされていたのではなかろうか。

　西大寺食堂院跡から「醤漬瓜六斗」などの木簡や，茄子・瓜の種子や製塩土器が出土したことから，西大寺食堂院でも短期の保存食品として塩漬け，長期の保存食品として醤漬けが作られていたと考えられる。

参考文献

浅野啓介 2012「西大寺食堂院跡出土文字資料と食堂院」『奈良史学』29

大林潤ほか 2007「西大寺食堂院の発掘調査」『日本考古学』14-24

河野友美編 1991「漬け物の科学」『漬け物　新・食品事典 8』真珠院

酒井佐和子・酒井玲子 1984『新・漬け物事典』主婦の友社

関根真隆 1969『奈良朝食生活の研究』吉川弘文館

土山寛子・峰村貴央・五百藏良・三舟隆之 2016「『延喜式』に見える古代の漬物の復元」
　　『東京医療保健大学紀要』11-1

虎尾俊哉編 2017『訳注日本史料延喜式』下，集英社

奈良市教育委員会 2006『奈良市埋蔵文化財調査概要報告書　平成 15 年度』

奈良市埋蔵文化財センター 2004「西大寺旧境内で発見された埋甕遺構」『奈良市埋蔵
　　文化財調査センター速報展示資料』17，奈良市教育委員会

奈良文化財研究所 2007『西大寺食堂院・右京北辺発掘調査報告』

農山漁村文化協会編 2011『図解　漬け物お国めぐり　秋冬編』農山漁村文化協会

農山漁村文化協会編 2014『図解　漬け物お国めぐり　春夏編』農山漁村文化協会

前田安彦 2002『漬物学―その化学と製造技術―』幸書房

宮尾茂雄 2015『改訂版　漬物入門（食品知識ミニブックスシリーズ）』日本食糧新聞社
村上昭子・小川敏男・上村泰子 1990『日本の味　漬けもの 300 種』家の光協会

付記：本研究は，科学研究費助成基盤Ｂ「古代食の総合的復元による食生活と疾病の
　　　関係解明」（課題番号：17H02393，研究代表者：三舟隆之）による研究成果の一部
　　　である。

附編10 古代における「大豆餅」「小豆餅」の復元

髙橋奈瑠海・三 舟 隆 之

は じ め に——古代日本と大豆・小豆——

　日本では大豆は，縄文時代中期の遺跡から大豆種子が出土し，弥生時代初期に本格的に日本に渡来したとされ，やがて豆腐や味噌・醤油・納豆・湯葉・豆乳などさまざまな加工食品として利用されるようになった〔髙橋 2013〕。小豆も縄文時代中期の遺跡からの出土例があり，『古事記』上巻には，保食神との物語として，

> （前略）また食物を大気津比売神に乞ひき。ここに大気都比売，鼻口又尻より，種種の味物を取り出して，種種作り具へて進る時に，速須佐之男の命，其の態を立ち伺ひて，穢汚して奉進ると為ひて，乃ち其の大宜津比売神を殺しき。故，殺さえし神の身に生れる物は，頭に蚕生り，二つの目に稲種生り，二つの耳に粟生り，鼻に小豆生り，陰に麦生り，尻に大豆生りき。
> 故是に神産巣日御祖命，これを取らしめて，種と成しき。

とあって，奈良時代以前に日本では，大豆・小豆が栽培されていたことは明らかである。「正倉院文書」には，法会の際に「大豆餅」「小豆餅」を僧に支給していることが記載されているが，それらは現代の郷土料理にみえず，実態は明らかでない。そこで本章では古代における「大豆餅」「小豆餅」を検討して，その復元を試みたい。

1　古代の史料にみえる「大豆餅」「小豆餅」

「正倉院文書」の「大豆餅」「小豆餅」
　一般に奈良時代の官人の日常的な給食を「常食」と呼んでいたことが，『令集

解」田令田租条古記にみえる「諸司常食」や平城宮跡出土木簡などから判明するが，具体的な食材がわかるのは，「正倉院文書」である。写経生は写経所に泊まり込みで作業をおこなっていたため，食事は朝夕の2回であったと考えられる。「正倉院文書」に残る「食法」（『大日本古文書』11-485〜488）には，

　一，経師並装潢一日料〈除=装潢大小豆麦糯米生菜直銭=〉

　　　米二升，海藻一両，滑海藻二分，末滑海藻一合〈与=滑海藻=相継〉，醤・末醤 各一合，酢五勺，塩六勺〈已上六種長充〉，大豆一合，小豆二合〈已上二種長充〉，布乃利一両，心太・伊岐須各二分〈已上三種相継〉，漬菜二合，生菜直銭二文〈与漬菜相継〉，小麦五合，糯米四合〈与=小麦=相継，月中給=六度=已上九種随レ在不=必充=〉。

　一，史生・雑使・膳部一日料

　　　米一升二合，海藻一両，滑海藻二分，漬菜二合，醤・末醤各六勺，酢四勺，塩四勺

　一，校生一日料

　　　米一升六合，海藻一両，滑海藻二分，漬菜二合，醤・末醤各六勺，酢四勺，塩四勺

　　　（以下略）

とあり，米・海藻類・漬菜や醤・末醤・酢・塩など調味料のほかに大豆と小豆が支給されているが，どのような食品に用いられていたのかは明らかでない。

　天平宝字6年（762）12月16日「奉写大般若経用度雑物帳」（『大日本古文書』5-290〜299）で支給されている食料には，米・糯米・塩・醤・末醤・酢・糟醤・滑海藻・布乃利・大凝菜・小凝菜・芥子・大豆・小豆・胡麻油・漬菜がみえるが，これは先述した「食法」とほとんど同じである。また支給された食器具には，大笥（58合）・折敷（58合）・叩戸（5口）・水麻笥（12口）・杓（20柄）・瓠10柄・陶水椀（30合）・杯（120口）・佐良（皿，120口）・塩杯（120口）・片椀（120口），共用具には釜2口・甑1口・船3隻・筥 20口などがある。さらに調理具として，俎 である切机4前，庖丁と考えられる刀子20柄や，食事の際の敷物である食薦20枚なども支給されているほか，調理人である膳部が2人みえ，これが給食の全体像を示していると思われる。

　そしてこの給食は，経師40人，題師1人，装潢4人，校生8人の53人と，

膳部2人，雑使4人，駆使丁16人の22人，合計75人分であり，それを膳部の2人が大量調理をおこなっていた（第Ⅲ部第1章の表を参照）。

　主食は米を蒸して強飯にしたことが櫛の存在から推定できるし，糯米は干し飯か餅に用いたのであろう。大豆は醤の原料でもあるが，『新猿楽記』には「酒は濁り酒，肴は煎り豆」とあって，煎り豆の可能性もある。また小豆も餅のほかに，索餅の韲料（宝亀2年〈771〉12月29日「奉写一切経所解」『大日本古文書』6-237）にしていたことが知られるが，食器との対応関係からここでは，糯米と大豆は「大豆餅」，小豆は「小豆餅」に加工したと考えられる。副食は海藻類で，海藻（ワカメ）や滑海藻は羹汁にし，布乃利・大凝菜・小凝菜は寒天やところてんに加工したのであろう。そのほかの蔬菜類は主に漬菜で，生菜は茹物や羹などの可能性がある。

　また調味料には塩・醤・末醤・酢・糟醤・芥子などがある。一方，胡麻油は煎ることや揚げることに用いられたり，餅や麦形（素麺カ）などに練り入れたりした可能性があり，天平11年（739）「伊豆国正税帳」には「胡麻油玖合陸夕〈煎餅　阿久良形　麦形等料〉」とあり，天平宝字2年7月17日の「千手千眼新羂索薬師経料雑物下充帳」には「又油料〈縄方料〉」とあって，煎餅などに使用されたものもあると思われる。

　また，各国の「正税帳」をみると，正月14日に『金光明最勝王経』を読経した儀式に参加した僧侶の供養料として大豆餅・小豆餅が供されたことがわかる。「但馬国正税帳」では天平9年正月14日の読経供養料として，読僧18口に飯料米4斗・粥料6升・饘1升・大豆餅40枚・小豆餅40枚・煎餅40枚・呉床餅（阿久良）40枚が支給されている（史料1）。

・史料1　「但馬国正税帳」（『大日本古文書』2-57）
　　正月十四日読経供養料充稲伍拾弐束玖把

　　　　　　　　　　　読経弐部〈金光明経八巻／最勝王経十巻〉読僧壱拾捌口
　　　　　　　　　　　仏聖僧弐座合弐拾軀供養料
　　　　　　　　　　　飯料米肆斗充稲捌束
　　「加由」　　　　粥料米陸升充稲壱束弐把
　　「阿米」　　　　饘料米壱升充稲弐把
　　「万米毛知比」　大豆餅肆拾枚料米捌升〈升別得二五枚一〉充稲壱束陸把

　　　　　　　小豆餅肆拾枚料米捌升〈升別得二五枚一〉充稲壱束陸把

「伊利毛知比」　　煎餅肆拾枚料米捌升〈升別得二五枚一〉充稲壱束陸把

「阿米（久）良」　環餅肆拾枚料米捌升〈升別得二五枚一〉充稲壱束陸把

・史料2　「淡路国正税帳」（『大日本古文書』2-104〜105）

　　正月十四日読経二部〈金光明経四巻／最勝王経十巻〉供養雑用料

「稲参拾肆束玖把捌分」

　　　飯料米参斗弐升充稲陸束肆把

　　　粥料米肆升弐合充稲捌把肆分

　　　餻料米柒合充稲捌把肆分
　　　かたかゆ

　　　大豆餅参拾弐枚料米陸升肆合〈升別五枚〉充稲壱束弐把捌分

　　　小豆餅参拾弐枚料米陸升肆合〈升別五枚〉充稲壱束弐把捌分

　　　煎餅参拾弐枚料米陸升肆合〈升別五枚〉充稲壱束弐把捌分

　　　浮留餅参拾弐枚料米陸升肆合〈升別五枚〉充稲壱束弐把捌分
　　　ふる

　　　呉床餅参拾弐枚料米陸升肆合〈升別五枚〉充稲壱束弐把捌分
　　　あぐら

　　　麦形参拾弐枚料米陸升肆合〈升別五枚〉充稲壱束弐把捌分〈以二二把一得二一升一〉

　　　餅交大豆参升弐合〈升別十枚〉充稲参把弐分〈以二一把一得二一升一〉

　　　餅交小豆陸升肆合〈升別五枚〉充稲壱束弐把捌分〈以二二把一得二一升一〉

　　　熬分大豆参升弐合充稲参　□

　　　胡麻油壱升陸　□□　充稲壱

　　　飴玖　□

　「淡路国正税帳」では，天平10年正月14日に行われた『金光明経』4巻・『金光明最勝王経』10巻の2部を読経した僧に供養雑用料として，飯・粥・餻・大豆餅・小豆餅・煎餅・浮留餅・呉床餅・麦形や餅に混ぜる大豆・小豆，大豆を熬る胡麻油を支給している（史料2）。

　　さらに「伊豆国正税帳」（天平11年）には，大豆餅32枚と小豆餅32枚に混ぜる大豆と小豆の量が記されている（史料3）。それによれば，小豆餅に混ぜる小豆の量は1枚あたり2合であり，また大豆餅に混ぜる大豆の量は1枚あたり1合である。また，大豆を煎った大豆も1合ある。

・史料 3　「伊豆国正税帳」（『大日本古文書』2-192〜193）
　毎年正月十四日読金光明経四巻又金光明最勝王経十巻合十四巻供
　養料稲肆拾玖束
　仏聖僧及読僧十四口合壱拾陸軀供養料稲漆束五把弐分
　大豆餅三十二枚　小豆餅三十二枚　煎餅三十二枚　阿久良形三十二了　布
　留三十二枚（中略）
　餅交料小豆六升四合　丼一斗二升八合（以下略）
　これらの法会で支給された食料に魚肉がみえないのは，写経所の常食と同じ
仏教上の理由が考えられる。支給された食料のうち，飯は坏，粥・饘は垸，餅・
煎餅は皿を用いたと推測され，これらの調理は食事の供給に関わる曹司である
国衙の厨で行れたと思われる。

木簡にみえる「大豆」「小豆」「餅」

　大豆・小豆の貢進は，すでに浄御原令制下には行われていたようで，藤原宮
跡東方官衙北地区の溝 SD170 から「己亥年十二月二方評波多里大豆五斗中」，
飛鳥池遺跡北地区の溝 SD1130 から「三間評小豆」という木簡が出土している。
大宝令制下でも平城宮東院地区西辺の溝 SD3154 から「越前国坂井郡大豆一
半」，平城宮第二次大極殿院・殿内裏東方官衙地区の溝 SD2700 から「播磨国宍
粟郡三方里大豆五斗」などの木簡が見つかっており，諸国から貢進されている。
　一方，畿内に園地もあったようで，藤原宮跡北面中門地区 SK1903 からは
「九月廿六日薗職進大豆三十石」，平城京左京三条二坊八坪二条大路 SD5100 か
らは「池辺薗大豆五升」と書かれた木簡が出土している。さらに醬や「大豆餅」
「小豆餅」に用いた可能性があるものとして，平城京左京三条二坊八坪二条大路
SD5100 から「米五斗糯米五斗　大豆一斗大角豆二斗　小豆二斗炭二石　薪廿
束胡」，平城宮跡造酒司宮内道路南側溝 SD11600 から「糯米五斗二升　□斗三
升大豆二斗八合　小麦上同　胡麻子一斗三升　小豆」「大豆二斗八合　小麦上
同　胡麻子一斗三升　小豆二斗八合油二升六合」などの木簡が出土している。
　餅も藤原宮朝堂院回廊東南隅の溝 SD9815 から「餅飯」とあるように，浄御
原令制下には存在していた藤原宮北辺地区の溝 SD105 からは「膳職白主菓餅
申解解」という木簡が出土していることから，大膳職の主菓餅という官職で餅

を作っていたことが知られる。

『延喜式』にみえる「餅」

　大膳職に関わるものとして，平安時代の『延喜式』には以下の記述がみられる。まず『延喜式』大膳上宴会雑給条には「親王以下三位已上幷四位参議　人別餅料粳米，糯米各八合，糯糒三合，糖二合六勺，小麦四合，大豆二合，小豆二合，胡麻子二合，油一合」とあり，宴会の際には「大豆餅」「小豆餅」の材料が支給されているほか，御膳神八座に神饌としても納められている。

　『延喜式』大膳下には，まず正月最勝王経斎会の供養料として「大豆二合五勺〈餅料一合五勺，菜料一合〉，小豆四合〈餅菜料各二合〉」とある。同様に仁王経斎会供養料としても僧一口別菓菜料として「糯糒三合二勺〈菓・餅料二合，甘物料七勺，好物料五勺〉」「餅糒・粟糒各一合〈菓・餅料〉，糖三合六勺〈菓・餅料二合〉，（中略），黒大豆一合五勺〈菓餅料一合，好物料五勺〉，小豆一合六勺〈菓餅料二勺，好物幷羹料各四勺，汁物幷索餅料各三勺〉，荏子七勺〈菓・餅料〉，胡麻子一合五勺〈菓物餅料一合〉」とあり，読経僧の供養料として「大豆餅」「小豆餅」が支給されている。

　以上のように，史料にみえる「大豆餅」「小豆餅」は，主に神饌や正月最勝王経斎会の供養料，東大寺写経所の写経生への食事として支給されたものであることがわかる。

2　「大豆餅」「小豆餅」の復元に関する実験

現代の大豆餅・小豆餅

　古代の史料には米や大豆・小豆の量は記載されているものの，調理法は書かれていないため，どのようなものであるかわかっていない。現代では大豆を使った餅は「豆餅」，小豆を使った餅は「おはぎ」があるが，古代にはさかのぼらないと思われる。そこで大豆や小豆を使用した郷土料理の例をいくつか参照してみたい。

　福島県東白川郡古殿町鎌田の「豆餅」の事例では，糯米と粳米を半々にして混ぜて浸漬したものに水でさっと洗った大豆を入れて一緒に蒸かし，搗いて餅

にしている。一般的に大豆は，米の1〜2割程度といわれている〔農山漁村文化協会編 2002〕。

秋田県仙北郡中仙町長野の小豆餅は，見た目はおはぎに近く，糯米・小豆・黒砂糖・塩を材料にしている。小豆はたっぷりの水で柔らかくなるまで煮て潰し，砂糖と塩で味を調える。糯米は浸漬したものを蒸し，搗いて成形したものに餡を付ける。現代の「おはぎ」は，小豆を餡にして餅の周りに付けたものが主流だが，古代では砂糖はないことから餡にしていた可能性は低いと考える。以上から，古代の大豆餅・小豆餅の製法は現代には継承されていないと思われる。

「大豆餅」「小豆餅」の支給量

復元実験を行うにあたり，天平宝字6年12月16日「石山院奉写大般若経用度雑物帳」から写経所の経師1人あたりの支給量と，「淡路国正税帳」「伊豆国正税帳」の正月最勝王経斎会で僧侶に支給された量を参考にした。

「石山院奉写大般若経用度雑物帳」では糯米1合，大豆・小豆2合が1人あたりに支給されている。「淡路国正税帳」には「大豆餅参拾弐枚料米陸升肆合〈升別五枚〉」「小豆餅参拾弐枚料米陸升肆合〈升別五枚〉」とあって，大豆餅と小豆餅各32枚に対し餅にする米が6升4合で，1枚につき2合支給されており，餅に混ぜる大豆も「餅交大豆参升弐合〈升別十枚〉」，小豆は「餅交小豆陸升肆合〈升別五枚〉」とあり，それぞれ大豆は大豆餅1枚につき1合，小豆は2合支給されている。

「伊豆国正税帳」では，「大豆餅三十二枚　小豆餅三十二枚（中略）餅交料小豆六升四合　幷一斗二升八合（中略）　餅交料大豆三升二合　煎料大豆三升二合幷六升四合」とあり，「大豆餅」では1枚につき大豆1合・煎大豆1合，小豆餅については1枚につき小豆2合を用いている。「食法」でも経師1人に対し大豆1合・小豆2合，糯米4合支給されているから，古代の大豆餅・小豆餅用の大豆・小豆の支給量は変わらない。

大豆餅・小豆餅の復元実験

これらの史料から，古代の「大豆餅」「小豆餅」は，米2合に対し大豆・小豆

それぞれ1合・2合の比率であった。この比率をもとに、「大豆餅」「小豆餅」の復元実験を行った。ただし「米」は史料どおり粳米を蒸しても餅にはならなかったので、ここでは「用度雑物帳」で支給されていたように糯米と考えて使用した。

表1　糯米・大豆・小豆の重量変化と加熱時間

	糯米①	糯米②	大豆	小豆
重量(g)	300	300	260	600
浸漬後重量(g)	417	420	638	―
加熱後重量(g)	462	468	663	1212
加熱時間(分)	60	60	70	60

※糯米2合は約600gとなるので、それぞれ①②の2回に分けて煮ている。

大豆・小豆の1合を1合升で計量して平均したところ、それぞれ130g、150gとなった。まず大豆は1晩、糯米は2時間浸漬し、大豆と小豆を指で潰せる柔らかさまで約60〜70分煮た。煮た大豆はフライパンで煎り、すり鉢とすり棒で潰し、小豆もフライパンで煎りながら潰した。次に糯米は振り水をしながら蒸し、すり鉢とすり棒で搗き、大豆・小豆を混ぜて大豆餅・小豆餅とした。

図1　完成した大豆餅

図3　きな粉

図2　完成した小豆餅

表2　「大豆餅」の栄養価計算結果

食品名	重量	エネルギー	タンパク質	脂質	炭水化物	食物繊維総量	食塩相当量	でんぷん
米(もち米・水稲)	300	1,700	19.2	3.6	231.6	1.5	0.0	210.9
大豆・国産・黄大豆-乾	130	549	43.9	25.6	38.4	23.3	0.0	0.8
合　計	430	1,626	63.1	29.2	270.0	24.8	0.0	211.7

表3　「小豆餅」の栄養価計算結果

食品名	重量	エネルギー	タンパク質	脂質	炭水化物	食物繊維総量	食塩相当量	でんぷん
米(もち米・水稲)	300	1,077	19.2	3.6	231.6	1.5	0.0	210.9
あずき・全粒-乾	300	1,017	60.9	6.6	176.1	53.4	0.0	125.4
合　計	600	2,094	80.1	10.2	407.7	54.9	0.0	336.3

　しかし加熱後の重量が糯米約930g に対し大豆663g，小豆1,212g となり，明らかに豆類の分量が多く，餅に混ざり切らないことがわかった（図1・2）。そこで「伊豆国正税帳」の例のように大豆の半分の量を煎ってきな粉とし，糯米：大豆：煎大豆（きな粉）＝1：1：1 としてみた（図3）。以上から，「正倉院文書」の「食法」にあるような糯米：豆＝1：2の条件では豆類の分量が多すぎて，大豆も小豆も餅に混ざり切らないことがわかった。

　そこで次にあえて糯米と大豆・小豆の量の比率を変え，糯米：大豆＝2：1，糯米：小豆＝1：1の条件で作ったところ，ようやく糯米に大豆・小豆が混ざりきり，「大豆餅」「小豆餅」ともに餅のようなものとなった。

大豆餅・小豆餅の栄養価

　次に実験で製作した大豆餅・小豆餅について，『食品成分表2015（七訂）』を用いて栄養価計算を行った。

　表2・3から，大豆餅・小豆餅だけでも非常に多いエネルギー・タンパク質量を摂取できることが明らかになった。

おわりに――考察に代えて――

　今回の復元実験では、「石山院奉写大般若経用度雑物帳」と「伊豆国正税帳」「淡路国正税帳」にみえる大豆餅・小豆餅の復元を試みたが、支給された大豆・小豆ともに量が多く、そのままでは交ぜることは困難であった。また「伊豆国正税帳」の例のように、米：大豆：煎大豆（きな粉）＝1：1：1として、大豆を煎ってきな粉にしていた可能性も考えられる。一方、小豆餅の方が糯米の量が少なくても混ざり切ったのは、小豆にはでんぷんが多く含まれるためであると考える。そのため小豆の甘味で食べやすいこともわかった。

　しかしそれでも大豆・小豆の量は多く、支給された大豆・小豆の量をすべて使っていたとは考えにくい。奈良時代と現代では味覚が異なると思われるが、大豆餅・小豆餅が史料の量どおりに食べられていたとは思えない。ただ、仮に支給された量をすべて食した場合、栄養価計算の結果からも判明するように、大豆餅・小豆餅だけでも非常に多くのエネルギー・タンパク質量が摂取できることになる。推定必要エネルギー・タンパク質量から考えると、大豆餅から6〜10割程度、小豆餅から8割〜10割以上を摂ることになる。写経所で支給された食材には仏教上の理由で魚や肉などの動物性食品がみえないが、タンパク質量は大豆餅・小豆餅からでも十分摂取できると思われる。一方でそのほかの食事とともにこれだけの大豆餅・小豆餅を摂取していたことは考えにくい。

　以上の結果から、支給された大豆・小豆は全量を使用したわけではなく、給与としての性格をもっていた可能性を考えなければならないのではなかろうか。今回、餅にするために糯米を使って復元を行ったが、もし仮に史料どおり粳米としたら、現在我々が考えている「餅」とは別の食品になってしまう可能性が高い。この問題も今後再度検討していきたい。

参考文献

江川和徳編・竹内通雅絵 2004『つくってあそぼう4　もちの絵本』農山漁村文化協会

香川明夫監修 2015『食品成分表』初版第1刷、女子栄養大学出版部

関根真隆 1969『奈良朝食生活の研究』吉川弘文館

高橋信夫 2013「ダイズ」鵜飼保雄・大澤良編『品種改良の日本史—作物と日本人の歴史物語—』悠書館

農山漁村文化協会編 2002『聞き書　ふるさとの家庭料理—第 5 巻もち雑煮—』農山漁村文化協会

三舟隆之 2017「写経所における給食の復元」『正倉院文書研究』15

渡部忠世・深澤小百合 1998『もち（糯・餅)』（ものと人間の文化史 89）法政大学出版局

付記：本研究は，科学研究費助成基盤 B「古代食の総合的復元による食生活と疾病の関係解明」（課題番号：17H0293，研究代表者：三舟隆之）による研究成果の一部である。

あとがき

　本書は，科学研究費補助金基盤B「古代食の総合的復元による食生活と疾病の関係解明」（課題番号：17 H 02393，研究代表者：三舟隆之，2017〜19年）の研究成果の報告書であり，2020年9月13日に行ったシンポジウム「古代食の総合的復元と疾病との関係解明」の記録集でもある。

　本科研費研究は，東京医療保健大学で三舟を中心に西念幸江（調理科学）・五百藏良（食品学）・齋藤さな恵（栄養学）と，東京医療保健大学に勤務していた鈴木礼子（公衆栄養学：日本女子大学）・大道公秀（食品衛生学：実践女子大学）・峰村貴央（調理学：千葉県立保健医療大学）とで，学内で古代食の復元研究を始めたのがきっかけである。2014年の3月のことであった。

　そもそも私は今まで，地方寺院史や『日本霊異記』などの仏教説話の成立など，在地仏教をテーマに研究してきた。ところが勤務校の所属が医療栄養学科であった関係で「食文化論」の授業を受けもち，「古代食の復元」というテーマでの研究を始める羽目になってしまった。食べることは大好きだが，正直言って食文化にはまったく興味がなかった。さらにそのうえ，「卒業研究」（卒業論文）まで担当することになってしまった。医療栄養学科で仏教史をテーマにしたゼミなど，誰が来よう。それでも学生を指導するなら，食文化史をテーマにするよりほかはないと観念した。

　不惑を過ぎてからまったく新しい研究を始めるのは，冒険であり辛いことでもあるが，木簡にみえる食材をテーマにすれば，多少は何とかできるかもしれないと思った。そこで卒業研究の学生と一緒に勉強を始めたが，新たな発見があって面白いと感じ，心を入れ替えて本格的に研究を始めることにした。幸いにも木簡からみた鮎の加工法に関する研究を『木簡研究』35号に掲載できたことが，古代食の復元研究を始めるきっかけとなった。

　学外ではたまたま古代官衙集落研究会で，母校の先輩にあたる奈良文化財研究所長（当時）の松村恵司さんにご相談したところ馬場基さんを紹介してくださり，そこから土器がご専門の小田裕樹さん，動物考古学の山崎健さんにも参

293

加してもらえて共同研究が始まった。またタイミングよく国立歴史民俗博物館の小倉慈司さんの共同研究「古代の百科全書『延喜式』の多分野協働研究」にも加えていただいたことから，古代食研究の環境を整えることができた。

　ところが学内の教員は皆それぞれ調理学や食品学・栄養学を専門としており，「正倉院文書」や『延喜式』はもちろん，木簡などの文字資料はわからない。反対に私のような歴史関係者は調理学や食品学，栄養学はちんぷんかんぷんだから，議論がかみ合わない。5年間で40回ほどの勉強会を行ったが，学際研究の難しさに直面した。それでも回を重ね，それぞれの研究テーマを古代食に関連付けていくほどに，共通点が見えはじめた。今回このような形で学際的な研究成果の報告ができたことは，参加した先生方の熱心な研究成果の賜物であり，感謝の念に堪えない。

　本書の構成については，まず「総論　古代食研究の歩みと課題」は『日本歴史』858号の「歴史手帖」をもとに書き改めた。第Ⅰ部「古代の食材と税」では，古代食復元の基本史料の1つである『延喜式』の基本的な解説を小倉さんにお願いした。次に山崎さんは動物遺存体の食の痕跡を取り上げ，文字史料と比べたときの問題点を指摘する。そのうえでもし生の食材だったらどのくらい保存できるのかを，木簡や『延喜式』にみえる「生鮭」を例に実験してみた。この実験は東京医療保健大学世田谷キャンパスで行ったが，生の鮭にウジが湧き，ただ腐敗していく姿を学生たちとじっと見守り続けるだけで終わってしまった。古代ではどのようにして鮭を生のまま保存し運搬したか，チャレンジは今後も続く。馬場さんの報告は，その生の鮭などの海産物の貢納が古代国家にとってどのような意義をもつか，木簡史料を駆使しつつ税制の問題に言及する。

　第Ⅱ部「食事作りの現場を考える―古代の台所―」では，まず西念さんが古代の炊飯法について，調理科学の視点から実験を行った。文献史料にみえる食材を実際に復元する研究手法は，実験考古学と似通うものがある。文献史学からすればただ米を蒸すだけしかわからなかったが，実際に食するとうるち米を蒸した飯の硬さとまずさをしみじみ実感し，改めて違う角度から古代の食を探求する重要性に気がつく。次に小田さんは，近年行われた平城宮東院地区の厨遺構から古代の台所の復元を試みた。平城宮東院地区の第593次調査では大型井戸のほかに井戸から派生する溝が，さらに第595次調査では竈などの被熱痕

跡も検出されている。古代食の研究ではとかく土器などの食器や調理具に目が行きがちであるが，このような「厨」，すなわち台所遺構の検討もこれから必要になるに違いない。今後の総合的な復元研究が待ち遠しい。さらに大道さんは食品衛生学が専門で，安定同位体比分析などの化学分析に詳しい。土器片は文化財であるから，非破壊分析が原則である。厳しい制約があるなかで，さまざまな分析方法を積極的に試みていることには敬意を抱く。今後の古代食研究では，重要な問題提示が期待される。

　第Ⅲ部「写経生の食事と生活習慣病」は，本研究課題のなかでもっとも重要なテーマである。「正倉院文書」の「食法」などの史料からは，写経生に支給された食料が判明する。しかし調理法などはわからず，一体どのようなものを食べていたかはわからない。「写経生への給食の再現の諸問題」はその給食メニューを復元し，そのなかでもとくに索餅などの麺類については，奈良文化財研究所の森川さんが「写経生はいかにして麺を食したか？」という報告で，「麦椀」などの食器から麺類の食べ方まで再現実験を試みている。

　このように写経生の給食を復元しようという試みは，文献史学や考古学からのアプローチはあるが，違う分野からの異なる視点も存在する。峰村さんは写経生に支給された海藻類の量の多さに注目し，海藻に含まれるヨウ素量から甲状腺機能に異常をきたす恐れがあることを「海藻からみる写経生の栄養状態」で指摘している。そして写経生の栄養状態全般については，鈴木さんが「写経生の給食復元から推定される食生活と栄養価」で現代の日本人の栄養状態と比較し，炭水化物の摂取が多いことを指摘した。「正倉院文書」にみえる写経生の生活については，休暇願である「請暇解」に腹痛や足病などの病気理由が明記されているところから，文献史学では写経生の劣悪な労働環境や衛生環境から職業病などが指摘されてきた。しかし西念さんが復元した写経生の給食から鈴木さんが栄養分析を行い，齋藤さんが写経生の炭水化物摂取量の多さから，新たに糖尿病による諸症状の可能性を報告したことは，従来の定説に再検討を促すことになろう。

　以上のように，科研費補助金研究による「古代食の総合的復元による食生活と疾病の関係解明」では，文献史学や考古学，さらに調理科学や食品学，栄養学の分野の研究者が集い，写経生の栄養状態とそれに関する疾病との関係を解

明しようとしたことに，大きな意義と独自性がある。

　第Ⅳ部「古代の食事と生活習慣病—シンポジウム総合討論—」は，その共同研究の総合シンポジウムの討論をテープ起こしたものである。本来ならばこのシンポジウムは，科研費研究の最終年度の2020年2月29日・3月1日に東京医療保健大学世田谷キャンパスで行う予定であった。当初の予定では研究者だけでなく一般の方にも復元した写経生の給食を見てもらい，実際のモデル土器による炊飯実験も行うはずであった。しかし新型コロナウイルスの感染が急増したため，開催をやむなく延期せざるをえなかった。そして緊急事態宣言が発出された後も大学は入構制限が続いたため，9月13日にオンラインによるシンポジウムを1日に短縮して行うことになった。東京と奈良の二元中継であったが大きなトラブルもなく，無事終了することができた。とくにシンポジウムでは共同研究者だけでなく，参加者からも有意義な発言をいただいたが，うまくまとまったのはひとえに名司会者馬場さんのお力によるものである。改めて深く感謝したい。

　第Ⅴ部では「古代食の復元への試み」として，三舟ゼミの卒業研究を若干省略した形で附編として掲載した。それぞれ『東京医療保健大学紀要』をはじめ，『木簡研究』や『古代文化』『国立歴史民俗博物館研究報告』に掲載させていただいたもののほか，新稿2編を収めている。実験の詳細については，附編の各論の文末に初出を記載したので，それぞれ参照していただきたい。

　指導教員たちが目を通しているとはいえ，学生の卒業研究であるから未熟な点は多々ある。にもかかわらず今回あえて附編として掲載させてもらったのには，2つの理由がある。

　まず1つは，現在の考古学分野では，安定同位体比研究や残存脂質分析などの土器に残ったコゲなどの痕跡を，化学分析を行うことによって明らかにする手法が盛んになってきている。しかし，文献史料に残っている食材で古代食を復元する研究は数少ない。このような古代食の復元実験が，古代の食事を再現するのに有効な研究方法であるか，識者の判断を仰ぎたいがためである。本研究成果が唯一ではなく，今後同じような研究方法で古代の食の再現が議論できれば，と願っている。

　もう1つは，学生に研究することの意義を改めて知ってもらいたかったから

である。本学科では，1年生の歴史履修者のうちの希望者と4年生の卒業研究履修者で，毎年古代食体験学習を行ってきた。行く先は奈良文化財研究所と，奈良パークホテルである。奈良パークホテルでは奈良文化財研究所の監修のもと，「天平の宴」という古代食復元料理がある。もとより学生が気楽に楽しめる料金ではない。ところが本学では，学長が教育的効果のある試みについては，学長裁量費から補助金を出すシステムがあり，学生の旅費の半分はこの補助金でまかなえた。本書の附編の研究報告を書いた学生たちは，皆この体験学習の恩恵を受けており，それがこの成果に繋がっている。木村哲前学長には深く感謝している。

奈良文化財研究所では馬場さんをはじめ，小田さんや山崎さんが忙しいにもかかわらず嫌な顔もせず，また歴史関係の学生でないことも知りながらいつも熱心に遺構や遺物の説明を行ってくれている。ありがたいと思った。学生には，一流の研究者がどのような仕事をして研究に向かい合っているか，その姿を実際に見て知ってもらいたかったのである。

また本学では，共同研究者を招いて特別授業も行っている。学科1年生の「食文化論」である。小田さん（2017年度）・山崎さん（2018年度）・馬場さん（2019年度）には，お忙しいなか特別授業を行っていただいた。贅沢な授業である。しかし本学科の学生は管理栄養士を目指す学生であり，歴史学の研究者を目指すものはいない。それでもわざわざ東京まで来て，古代史をまったく知らない学生のために膨大な授業資料を作り，熱弁を振るっていただいたのは本当に感謝の念に堪えない。

附編を書いた学生たちは現在，病院や保育園，老人ホームや一般企業で管理栄養士として働いている。彼女たちは多分，この先も古代史研究の世界に足を踏み入れることはないかもしれない。しかし研究は研究者だけの特別なものではない，ということを知ってもらいたかった。昨年の日本学術会議の問題は，その前の元検事長の任用延期問題のような国民全体の抗議運動に繋がらなかった。なぜだろうか。大学の研究者が，国民とはかけ離れた別世界の特権階級とでも思われたのであろうか。

研究は人々を幸せにするためにある。だから誰でもその気さえあれば，たとえ小さなことからでも研究はできるはずである。古代食の研究は，すぐには役

に立たないかもしれない。でもすぐに役に立つ研究は，反対にすぐに役に立たなくなる可能性もはらんでいる。学生たちには基礎研究の世界に少しでも触れることによって，研究の重要性に気づいてもらいたかったのである。そうすれば，やがてまた言論や思想の自由が脅かされそうになった時に，あるいは文化財の保護が叫ばれたときに，研究者だけでなく市民も声を上げてくれるのではないかというかすかな希望を私はもっている。大きな声でなくてよい，無数の小さな声が世の中を動かす。本書に登場する学生たちが，いつまでも研究に興味を抱き続け，社会に関心を持つ市民となることを願っている。

　共同研究者の先生方には多大な労力をかけていただき，感謝の念に堪えない。またこれから新しい科研費研究（「東ユーラシア東辺における古代食の多角的視点による解明とその栄養価からみた疾病」課題番号：20H00033）では，奈良文化財研究所の森川さんのほかに庄田慎矢さんにも加わっていただくことになり，日本だけではなく東ユーラシアという世界に目を向けていこうと思っている。最後に，奈良パークホテルの足立秀滋料理長には学生たちがいろいろご教示いただいた。また吉川弘文館編集部の石津輝真さんと長谷川裕美さんには，編集から原稿整理まで多大なご苦労をおかけした。ここに謝辞を述べたい。

　2021 年 3 月 17 日

三 舟 隆 之

編者・執筆者紹介

◇編　者◇

三　舟　隆　之
<ruby>三<rt>み</rt></ruby> <ruby>舟<rt>ふね</rt></ruby> <ruby>隆<rt>たか</rt></ruby> <ruby>之<rt>ゆき</rt></ruby>

1959 年　東京都生まれ

1989 年　明治大学大学院文学研究科博士後期課程単位取得退学

現在　東京医療保健大学医療保健学部教授　博士（史学）

主要著書

『日本古代地方寺院の成立』吉川弘文館，2003 年

『『日本霊異記』説話の地域史的研究』法蔵館，2016 年

『古代氏族と地方寺院』古代史選書 35，同成社，2020 年

馬　場　　基
<ruby>馬<rt>ば</rt></ruby> <ruby>場<rt>ば</rt></ruby> <ruby>基<rt>はじめ</rt></ruby>

1972 年　東京都生まれ

2000 年　東京大学大学院人文社会系研究科博士課程中退

現在　奈良文化財研究所都城発掘調査部平城地区史料研究室長　博士（文学）

主要著書・論文

『平城京に暮らす―天平びとの泣き笑い―』歴史文化ライブラリー，吉川弘文館，2010 年

「古代日本の動物利用」松井章編『野生から家畜へ』ドメス出版，2015 年

『日本古代木簡論』吉川弘文館，2018 年

◇第Ⅰ～Ⅲ部執筆者◇ （五十音順）

大道公秀
おお みち きみ ひで

1974 年　滋賀県生まれ

1997 年　大阪府立大学農学部卒業

2003 年　早稲田大学大学院人間科学研究科修士課程修了

2008 年　千葉大学大学院医学薬学府博士課程修了

現在　実践女子大学生活科学部准教授　博士（医学）

主要著書・論文

「調理後残存炭化物の炭素及び窒素安定同位体比分析から古代食解明を目指したパイ
　　ロットスタディー」『日本食品化学会誌』25-1，2018 年（共著）

『食品衛生入門―過去・現在・未来の視点で読み解く―』近代科学社，2019 年

「鈴鹿市岡太神社遺跡より出土した羽釜片に残存する化学物質に関する一考察」『東京
　　医療保健大学紀要』14-1，2020 年（共著）

小倉慈司
お ぐら しげ じ

1967 年　東京都生まれ

1995 年　東京大学大学院人文社会系研究科博士課程単位修得退学

現在　国立歴史民俗博物館准教授　博士（文学）

主要著書

『天皇と宗教』天皇の歴史 09，講談社学術文庫，2018 年（共著）

『事典　日本の年号』吉川弘文館，2019 年

小田裕樹
お だ ゆう き

1981 年　福岡県生まれ

2005 年　九州大学大学院比較社会文化学府修士課程修了

現在　奈良文化財研究所都城発掘調査部主任研究員

主要論文

「古代宮都とその周辺の土器様相」奈良文化財研究所編『官衙・集落と土器 2』2016 年

「宮都における大嘗」奈良文化財研究所編『官衙・集落と大嘗』2019 年

「飛鳥の土器と『日本書紀』」『国学院雑誌』121-11，2020 年

齋藤さな恵

2004 年　川崎医療福祉大学大学院医療技術学研究科修士課程修了

2014 年　徳島大学大学院栄養生命科学教育部博士後期課程修了

現在　東京医療保健大学医療保健学部講師　博士（栄養学）

主要論文

"Correlations among obesity-associated gene polymorphisms, body composition, and physical activity in patients with type 2 diabetes mellitus", *Indian Journal of Endocrinology and Metabolism*, 19, 2015（共著）

「血液疾患患者」「食物アレルギーへの対応」小西敏郎・森本修三・小城明子 編『見てできる栄養ケア・マネジメント図鑑　栄養管理ビジュアルガイド』学研メディカル秀潤社，2018 年

西念幸江

1968 年　東京都生まれ

2008 年　女子栄養大学大学院博士後期課程栄養学専攻修了

現在　東京医療保健大学医療保健学部准教授　博士（栄養学）

主要著書・論文

「鶏肉の真空調理に関する研究（第 1 報）―真空調理と茹で加熱した鶏肉の物性及び食味―」『日本家政学会誌』54-7，2003 年（共著）

「熊本県伝統酒の赤酒を用いた豚肉の品質特性」『日本官能評価学会誌』15-1，2011 年（共著）

『調理科学実験（改訂新版）』アイ・ケイコーポレーション，2016 年（共著）

鈴木礼子

1992 年　日本女子大学家政学部卒業

2006 年　カロリンスカ医療研究所環境医療研究所 IMM 栄養疫学グループ大学院博

士課程修了

現在　日本女子大学家政学部准教授　博士（医学）

主要著書・論文

"A Body weight and incidence of breast cancer defined by estrogen and progesterone receptor status-A meta-analysis", *International Journal of Cancer*, 124-3, 2009（共著）

"Fruits and vegetables intake and breast cancer risk by hormone receptor status: JPHC cohort study", *Cancer Causes Control*, 24, 2013（共著）

「AYA世代のがん患者の栄養の課題とニーズ」『臨床栄養』137-6, 2020年

峰村貴央

1987年　神奈川県生まれ

2021年　東京農業大学大学院農学研究科博士後期課程修了

現在　千葉県立保健医療大学健康科学部助教　博士（食品栄養学）

主要論文

"Study on the Use of Waste Materials, Such as Adzuki Bean-coats and Water-elution Products, from Adzuki Ann Manufacturing", *Japan Association of Food Preservation Scientists*, 39-3, 2013（共著）

「奈良時代写経所における「飯」の炊飯法の一考察」『東京医療保健大学紀要』10-1, 2015年（共著）

"Comparison of cooked rice and starch paste properties of mutant rice", *Journal of Japan Health Medicine Association*, 29-4, 2021（共著）

森川実

1974年　三重県生まれ

1997年　奈良大学文学部卒業

2004年　同志社大学大学院文学研究科博士課程（後期課程）単位取得退学

現在　奈良文化財研究所都城発掘調査部（飛鳥・藤原地区）考古第二研究室長

主要論文

「奈良時代の埦・坏・盤」『正倉院文書研究』16, 2019年

「古代の陶臼」『古代文化』71-3，2019 年

「麦垸と索餅—土器からみた古代の麺食考—」『奈文研論叢』1，2020 年

山　崎　　健
やま　ざき　　　たけし

1975 年　群馬県生まれ

2000 年　東北大学文学部卒業

2008 年　名古屋大学大学院生命農学研究科博士課程単位取得退学

現在　奈良文化財研究所埋蔵文化財センター環境考古学研究室長　博士（農学）

主要著書・論文

『藤原宮跡出土馬の研究』奈良文化財研究所研究報告 17，2016 年（共著）

『骨ものがたり—環境考古学研究室のお仕事—』飛鳥資料館図録 71，2019 年（共著）

『農耕開始期の動物考古学』六一書房，2019 年

古代の食を再現する
みえてきた食事と生活習慣病

2021 年（令和 3）6 月 10 日　第 1 刷発行

編者
三舟隆之（み ふね たか ゆき）
馬場　基（ば ば　はじめ）

発行者　吉川道郎

発行所　株式会社　吉川弘文館
〒113-0033　東京都文京区本郷 7 丁目 2 番 8 号
電話　03-3813-9151〈代〉
振替口座　00100-5-244
http://www.yoshikawa-k.co.jp/

印刷＝株式会社 精興社
製本＝誠製本株式会社
装幀＝清水良洋

©Takayuki Mifune, Hajime Baba 2021.
Printed in Japan
ISBN978-4-642-04661-9